CINE DE TERROR
GUÍA 2016

Edición B/N

Pablo Mérida

CINE DE TERROR. GUÍA 2016

Edición B/N

Primera edición, marzo 2016

© Pablo Mérida (edición y textos)

ISBN: 978-1530574797

Printed by CreateSpace

Fotografía de portada: *True Love Ways.* © Grand Hotel Pictures, Klusfilm Berlin, ARRI Film and TV Services

Fotografía de contraportada: *The Lazarus Effect.* © Blumhouse Productions, Lionsgate, Mosaic Media Group

CONTENIDOS

Introducción...................................... 5

La Guía 13

Agradecimientos 223

Índice de películas 227

Hay miedos que no lo son. O, al menos, lo son
menos si se cuenta con la adecuada compañía.
A Mónica, Pablo y Teo.

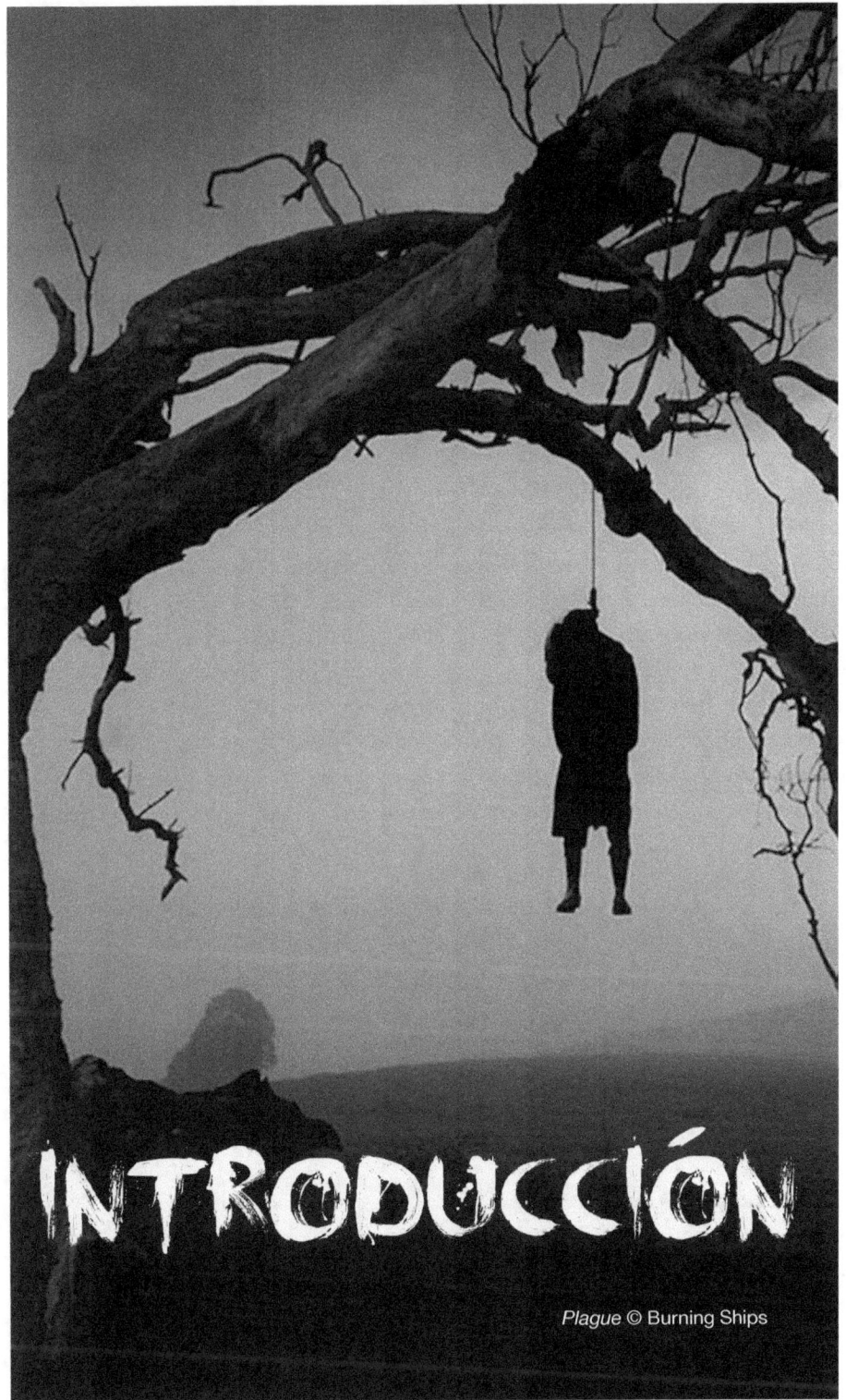

Plague © Burning Ships

Casas encantadas, posesiones diabólicas, zombis... El terror se apoder de las pantallas y los aficionados al género disfrutan más que nunca de una producción variada, divertida y muy abundante. Según datos de la página web Internet Movie Data Base (IMDB), en el año 2015 se produjeron más de 5.500 producciones audiovisuales de terror en todo el mundo, el tercer año más productivo del género en toda la historia —desde el año 2010, el número de producciones audiovisuales de terror nunca ha descendido de 4.000 obras al año—. Atendiendo a estos datos, ¿podríamos decir que el cine de terror está de moda? Quizá, aunque ¿cuándo no lo ha estado? Por lo general, desde la conquista del sonido, el terror ha sido uno de los géneros que más éxito y continuidad ha tenido año a año, sin verse demasiado afectado por los cambios sociales, económicos o políticos, que sí han ido haciendo mella a otros géneros. Bien es cierto que el terror sabe adaptarse como ninguno al avance de los tiempos, tanto a la hora de renovar sus argumentos —con la introducción, por ejemplo, del protagonismo de las nuevas tecnologías en la sociedad—, como de explorar caminos diferentes en su exhibición, lanzando títulos directamente para su estreno en DVD o plataformas de *streaming*.

Para conocer un poco mejor lo que el género ha aportado en el último año, *Cine de terror. Guía 2016* recoge una selección de estos títulos, con el objetivo de dar una visión global de la producción del cine de terror más actual.

LOS TEMAS DEL AÑO

Después de años de supremacía, los zombis no se dan por vencido y continúan protagonizando un buen puñado de producciones. Los guionistas no dejan de innovar y plantean, como ocurre en *Maggie*, incluso una visión sentimental del asunto, que ya es querer sacarle partido a la cosa. En cualquier caso, el horror puro que provocaban los muertos andantes está dando paso a una creciente producción de comedias y parodias, donde el zombi se convierte en un personaje más bien payasesco, lo que podría estar dándonos pistas de un posible final de su época dorada.

¿Y qué nos llegará después de los zombis? Si nos fijamos con atención en las películas revisadas en *Cine de terror. Guía 2016*, comprobaremos cómo hay un notable número de cineastas que han decidido volver a fijarse en los terrores más cotidianos. Un caso bien claro ocurre con el fenómeno del acoso o *bullyng*. Se trata de un problema creciente en la sociedad, tanto en los centros de enseñanza como en las redes sociales. Las personas que se ven sometidas a cualquier tipo de acoso en su ambiente de estudio o trabajo, viven una auténtica pesadilla. Sin duda, ese es el motivo por el que muchos guionistas y directores se hayan asomado al fenómeno, en ocasiones para convertir el acoso en un auténtico objeto de terror, y en otras modalidades para justificar que el acosado pueda convertirse en una implacable arma de venganza.

Pese a que el acoso destaca como uno de los argumentos principales del género de este año, hay también quien apuesta por los elementos clásicos del cine de terror, como por ejemplo son las casas encantadas. La presencia de fantasmas y de todo tipo de fenómenos paranormales han llenado también las pantallas gracias a diversas producciones que siguen explotando este tipo de miedo.

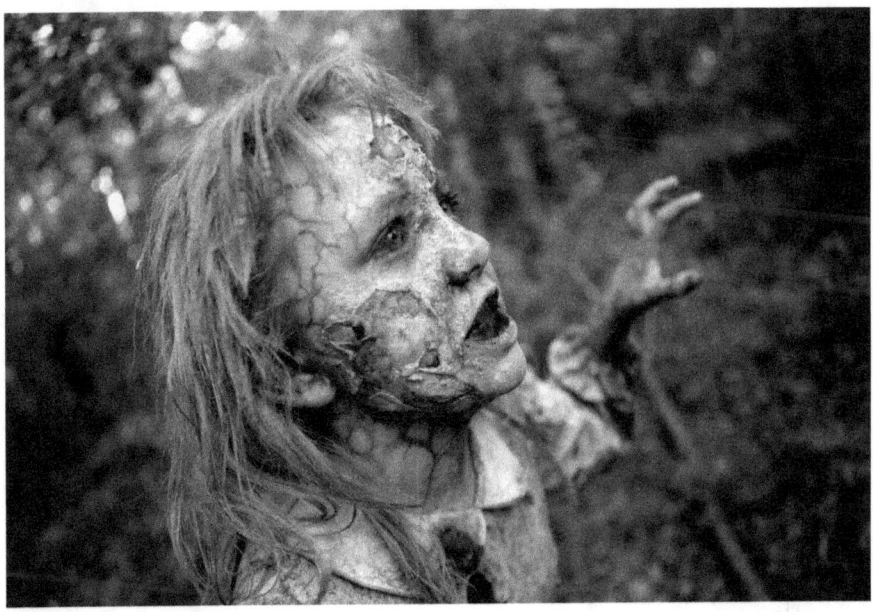

Maggie ofrece una mirada diferente al universo zombi.

Por supuesto, tampoco hay que perder de vista las posesiones y la influencia diabólicas de todo tipo, algo que quizá ya nunca nos abandone, desde que William Friedkin revolucionara el género con su venerado clásico *El exorcista*. Sí, los endemoniados, los espíritus diabólicos y los exorcistas también se han sumado a la producción anual.

LAS NUEVAS AMENAZAS

Otra característica del cine de terror es su decida apuesta por el público juvenil. En parte porque muchas producciones las ponen en marcha equipos muy jóvenes, y en parte porque las productoras más o menos potentes saben que la audiencia juvenil es la más fiel. Sea como sea, en las películas de terror abundan los institutos, las primeras relaciones de pareja y, por supuesto, el despertar sexual. Como ya viene ocurriendo desde hace algunos años, el sexo sigue jugando un papel más que destacado en el género. Ese instinto de los psicópatas de castigar las relaciones sexuales de los adolescentes —algo que puso de moda Jason desde los tiempos de la saga original de *Viernes 13*— sigue más que vivo. Y también la explotación de la protagonista femenina estilo «cañón» —siempre vestida con ropa ceñida y provocativa— como principal víctima de los peligros que se plantean en la pantalla.

Con la juventud también aparecen inesperados enemigos. Por supuesto que los sanguinarios asesinos no han dejado de campar por los bosques. Pero a ellos y a los monstruos de todo pelaje, hay que añadir ahora algunos villanos poco previsibles, como son los niños y los adorables ancianitos. A pequeños diablos podemos verlos en *Dulces criaturas* o *Hellions*, mientras que de la «bondad» de los abuelitos se encargó de hablarnos M. Night Shyamalan en la divertida propuesta *La visita*. ¿Quién iba a sospechar que nuestras peores pesadillas pudieran provenir de la infancia o de la tercera edad?

Pero las amenazas no se terminan ahí. En una época en la que el medio ambiente y el cambio climático comienza a ocupar cada día más portadas de periódicos y revistas, no podía dejar de estar presente en el cine de terror. Plagas y epidemias se repiten en la pantalla, al tiempo que sufrimos el ataque inesperado de animales, como osos enormes o jaurías de perros.

CON SENTIDO DEL HUMOR

Más constantes del cine de terror: sangre, sangre y un poco más de sangre. ¿Vivimos en el apogeo del Gore? No, tampoco es eso. Es cierto que hay quien nos regala alguna escena que otra solo digna de los estómagos más curtidos, como ocurre con las secuencias finales de la producción turca *Baskin*. Pero, en honor a la verdad, hay que decir que quienes más litros de sangre se han gastado este año han sido los promotores de comedias y parodias de terror. ¿Un ejemplo? Los exagerados baños de sangre de *Bloodsucking Bastards*.

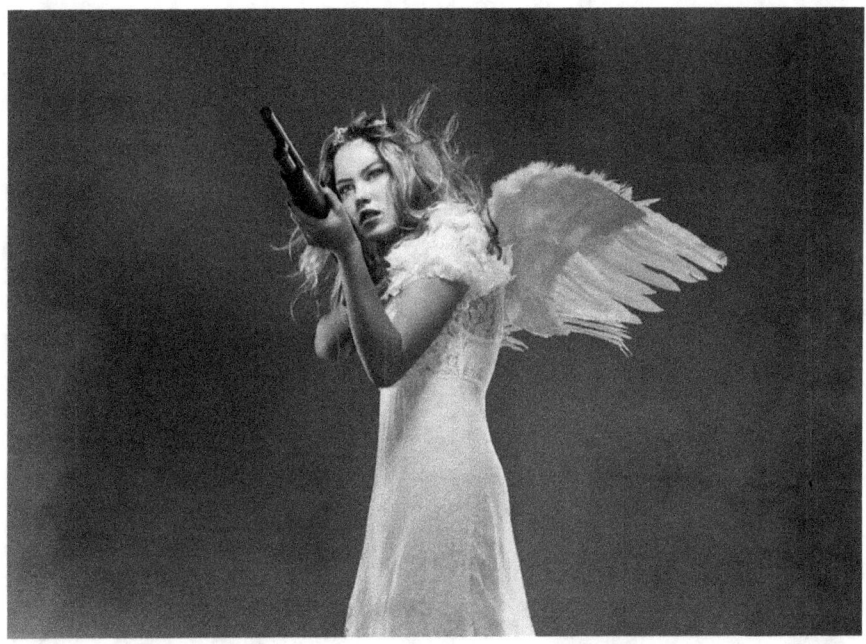

Chloe Rose, la angelical protagonista de *Hellions*.

Las comedias de terror no hacen sino que aumentar con el paso de los años. En algunos casos, se tratan de ejercicios gamberros con los que aficionados al género rinden homenaje a los clásicos con los que crecieron. Ojo, por ejemplo, a las constantes referencias a los grandes *slashers* de los años 80, un subgénero que sin lugar a dudas tiene enamorado a más de uno. También encontramos otro estilo de comedias más ambiciosas, tipo *Pesadillas*, que posiblemente trata de convertir el género del terror en un entretenimiento que casi pueda disfrutarse en familia y no provoque terrores nocturnos.

GRITOS CON ACENTO LATINO

Pese a que Estados Unidos lidera con diferencia la producción de películas de terror, merece la pena llamar la atención sobre la fuerza con la que el género se está manifestando en algunas cinematografías latinas. Un caso de especial relevancia es el de Perú. Este cine humilde de medios ya avisó hace algunos años de que podía llegar a encandilar a su audiencia con propuestas de terror locales, claramente inspiradas en las tendencias procedentes de Hollywood. En 2015, las película de terror peruanas han regresado con fuerza, batiendo incluso récords de taquilla. Tampoco se puede menospreciar el esfuerzo de los cineastas jóvenes españoles por dar un aire fresco al género con aportaciones de distinto nivel de calidad, pero siempre sorprendentes.

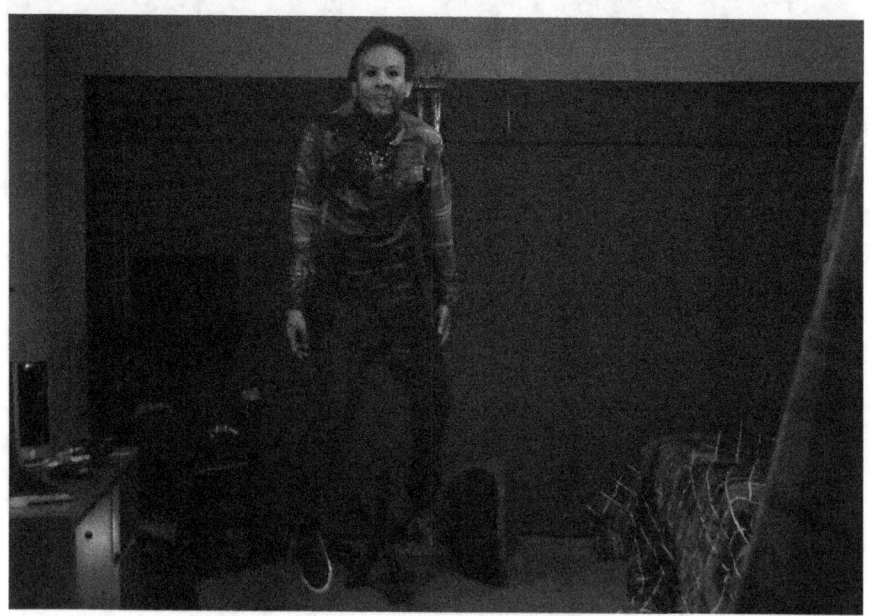

Una escena de la producción peruana *La entidad*.

NUEVAS NARRATIVAS

Como se puede comprobar en las películas citadas en la guía, la estructura favorita de muchos cineastas sigue siendo bastante convencional: el protagonista cambia de domicilio, comienza a percibir hechos inexplicables en su nueva residencia y, a partir de ahí, la cosa desemboca en ataques fantasmales, posesiones diabólicas o algo por el estilo.

En el terreno argumental, se podría decir que el cine de terror no ha cambiado demasiado en los últimos años. Sin embargo, sí que se presentan cada vez nuevas fórmulas narrativas para mostrarnos estas historias. En este sentido, los cineastas se han dado cuenta de las posibilidades de utilizar nuevas tecnologías como herramientas narrativas. De este modo, la introducción en las películas de metraje rodado presuntamente desde cámaras de vídeo domésticas, webcams o videocámaras de seguridad resulta cada vez más frecuente. Y tiene sentido, ya que este tipo de imágenes aportan un mayor realismo a todo aquello que se quiere mostrar, dotando al metraje de un cierto tono documental. Sin duda, estos nuevos estilos narrativos audiovisuales han llegado para quedarse durante mucho tiempo en el cine de terror.

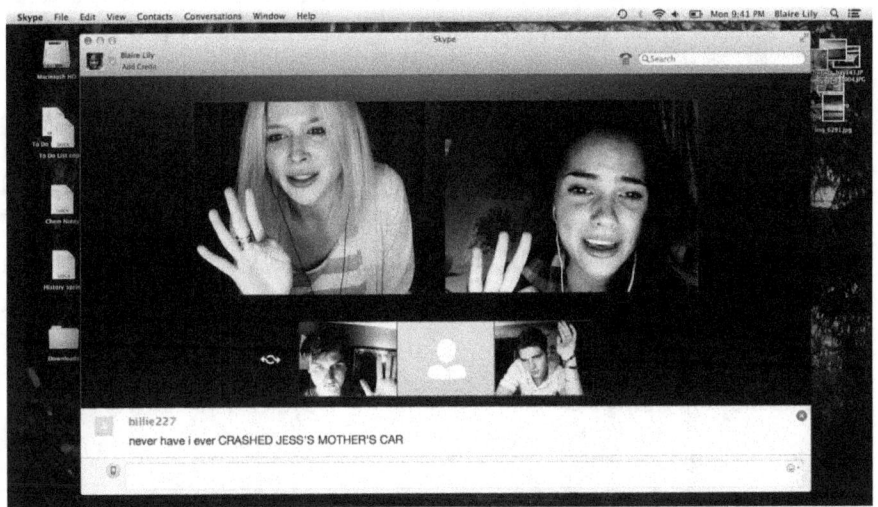

La pantalla de un ordenador personal y una conversación por Skype con un grupo de amigos es la estrategia narrativa de *Unfriended / Eliminado*, un original intento por llevar el horror al terreno de las nuevas tecnologías.

SOBRE ESTE LIBRO

Pero olvidémonos de teorizar más sobre la actualidad del género y lancémonos a disfrutar del contenido de esta guía para recordar o descubrir algunas de las propuestas más sugerentes del último año. ¿Algunas? Correcto. *Cine de terror. Guía 2016* no ofrece una relación exhaustiva de todas las películas de terror del mundo estrenadas a lo largo de 2015, ya que la obra se haría excesivamente extensa (y quizá un poco pesada, porque hay quien se marca algunas películas que...). Me ha parecido más práctico realizar una selección. ¿En base a qué criterio? No precisamente por su calidad, sino porque considero que puedan llamar la atención de los más aficionados al género, por sus argumentos, sus propuestas estéticas, sus excentricidades...

Esta obra solo incluye largometrajes (dejamos los cortos para otra ocasión). En su mayoría, estrenados en 2015. Y digo en su mayoría porque hay algunas excepciones, tipo *Dulces criaturas*, que se proyectó en algunos festivales en 2014, aunque su auténtico desembarco en las pantallas tuvo lugar al año siguiente. Insisto, son excepciones.

La estructura del libro no exige demasiadas explicaciones porque hasta un zombi un poco tonto lo entendería rápido: las películas están presentadas en orden alfabético por el título original de la producción. En el índice de películas mencionadas también es posible localizar diferentes títulos con los que se ha exhibido un determinado largometraje. De cada película encontraremos una breve ficha técnica y artística, el argumento, y algunos contenidos adicionales, que pueden ir desde declaraciones del director, alguna nota de producción reseñable, o comentarios sobre el resultado del filme. Todo ello combinado de la forma más entretenida posible, para conseguir que la lectura resulte amena, divertida y también práctica.

Ahora, dejémonos de rollos y vamos a asustarnos un poco.

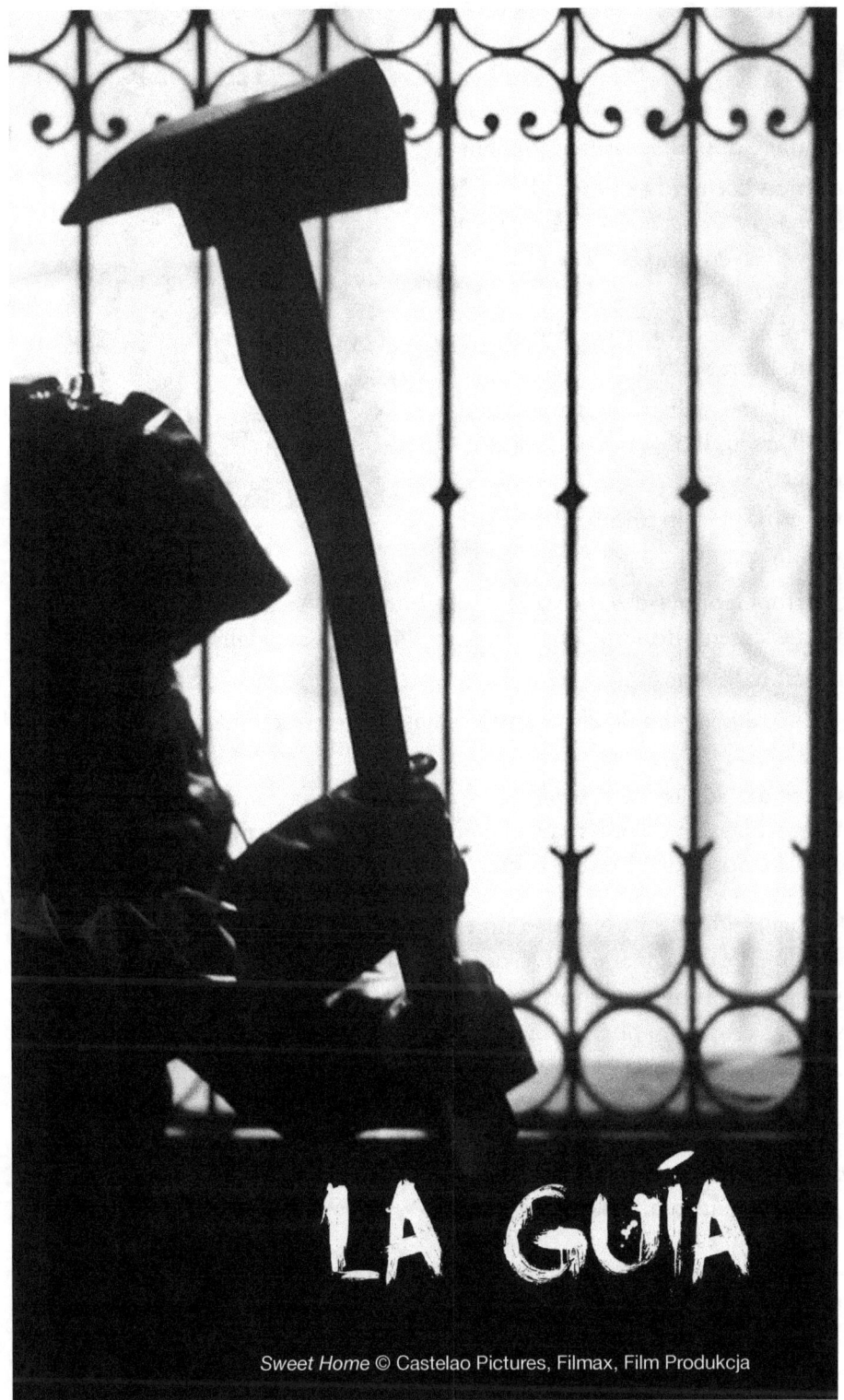

Sweet Home © Castelao Pictures, Filmax, Film Produkcja

A CHRISTMAS HORROR STORY

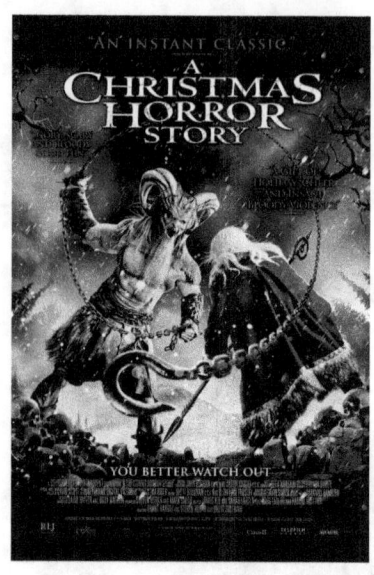

Canadá: Copperheat Entertainment

También conocida como: *A Holiday Horror Story, Pesadilla navideña, Un cuento de terror de Navidad, Una historia de terror de Navidad*

Dirección: Grant Harvey, Steven Hoban, Brett Sullivan

Guión: James Filiatrault, James Kee, Sarah Larsen, Doug Taylor, Pascal Trottier

Fotografía: Gavin Smith

Música: Alex Khaskin

Reparto: George Buza, Percy Hynes White, Rob Archer, Jeff Clarke, Jessica Clement, Robert Coughler, Amy Forsyth, Ken Hall

Duración: 99 min.

Estreno: 20 de julio de 2015, en el Fantasia International Film Festival (Canadá)

Esto va de: adolescente, espíritu, estudiante, familia, fantasma, gore, instituto, investigación, Krampus, Navidad, Papá Noel, película de episodios, posesiones, radio, zombi.

En Bailey Downs, la Navidad no es ese momento de paz y alegría que normalmente imaginamos. Desde una estación de radio, nos relatan sobrecogedoras historias: tres estudiantes investigan un homicio reciente y se ven atrapados por un maléfico espíritu que trata de recrear una retorcida versión de la Navidad; una pareja observa que su hijo pequeño ha comenzado a actuar de una forma muy extraña desde que fueron a cortar el tradicional árbol de Navidad; una familia se ve acosada por Krampus, el demonio de las Navidades; y, entre tanto, Papá Noel tiene que hacer frente a una horda de zombis.

Una entretenida recopilación de breves cuentos de terror, con la Navidad como telón de fondo. Aquí nos encontramos de todo: desde malévolos espíritus hasta a Papá Noel demostrando que, entre regalo y regalo, también es capaz de sacar a relucir su genio. Cabe destacar la similitud del argumento de uno de los episodios con el largometraje de Michael Dougherty *Krampus* (2015), un demonio navideño que ha saltado con fuerza a las pantallas este año. También reseñar el retonro en un pequeño papel de William Shatner, el inolvidable capitán Kirk de la serie original de *Star Trek*.

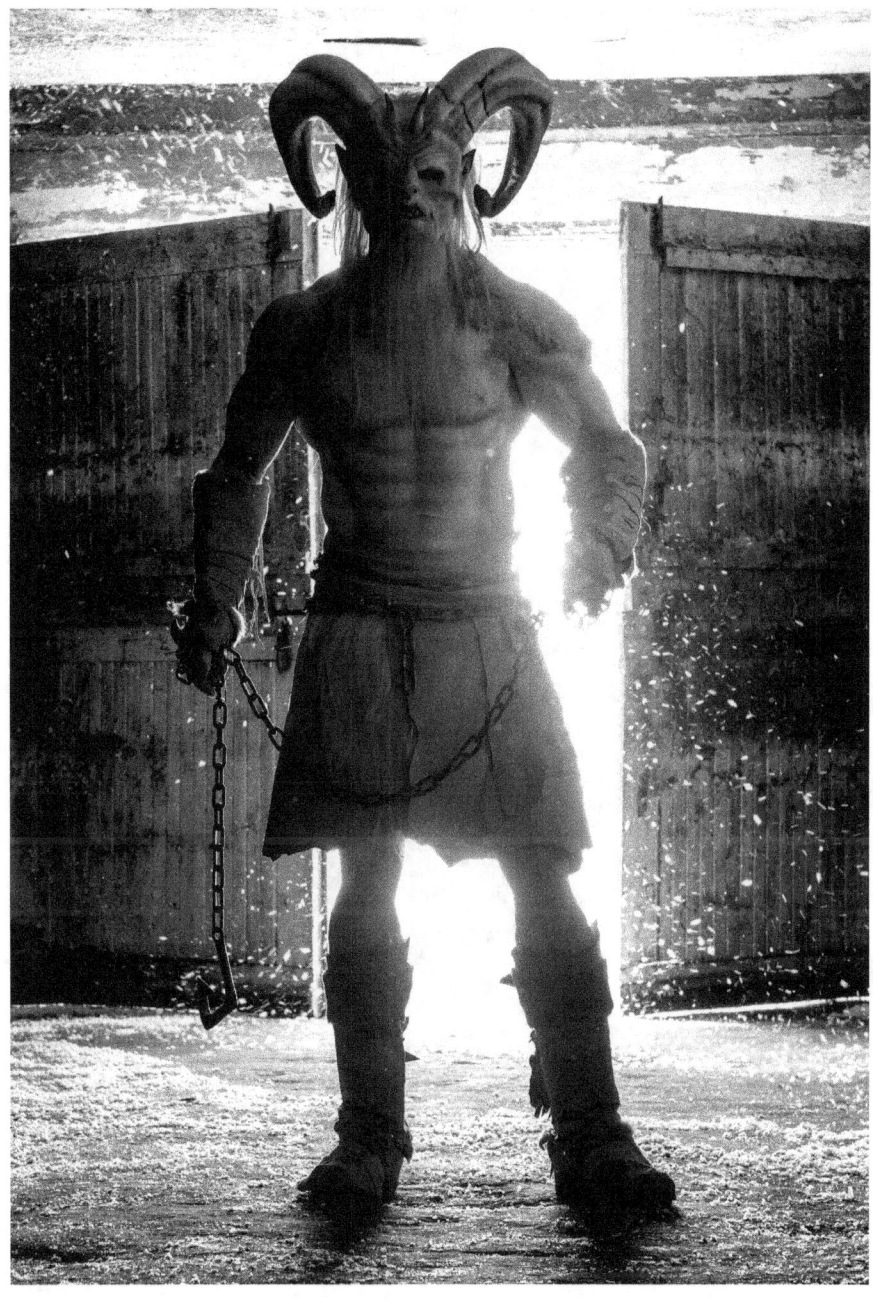

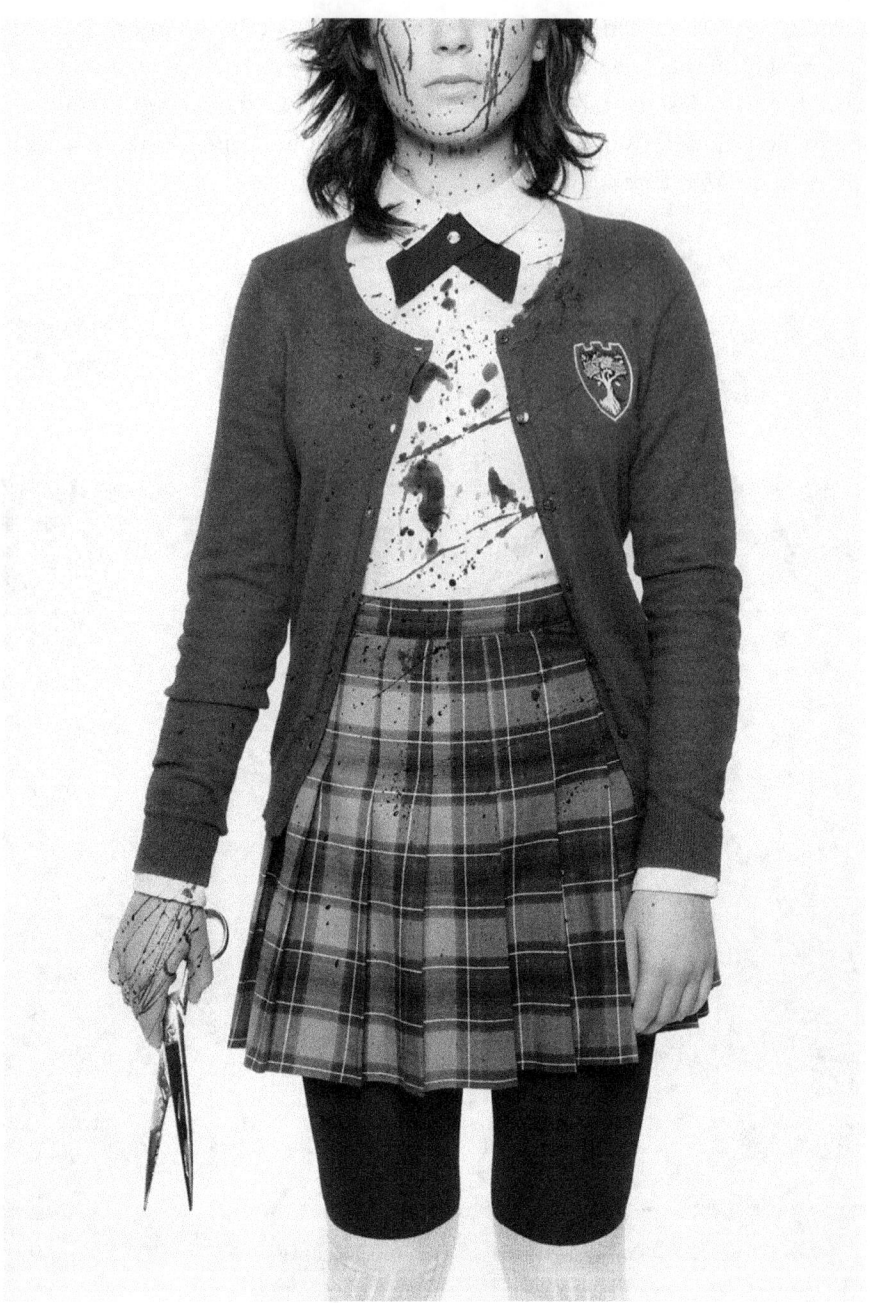

ALENA

Suecia: Silvio Entertainment, Sveriges Television (SVT), Svenska Filminstitutet (SFI)

Dirección: Daniel di Grado

Guión: Kerstin Gezelius, Alexander Onofri, Daniel di Grado
Fotografía: Simon Olsson
Música: Karl Frid, Pär Frid
Reparto: Helena Af Sandeberg, Johan Ehn, Ulrika Ellemark, Malin Persson, Marie Senghore, Fanny Klefelt, Rebecka Nyman, Felice Jankell, Molly Nutley
Duración: 83 min.
Estreno: 9 de octubre de 2015, en el Festival de Sitges (España)
Esto va de: adaptación cómic, bullying, instituto, sobrenatural, venganza.

Cuando la joven Alena llega a su nuevo instituto, una escuela de élite reservada a los hijos de la gente con más recursos, se encuentra un poco fuera de lugar. Sobre todo, cuando Filippa y otras chicas la convierten en su objetivo favorito. Alena comienza a ser acosada sin atreverse a hacer nada al respecto. Algo que no está dispuesta a tolerar su mejor amiga, Josefin, que se propone vengarse de las acosadoras. Y la cosa puede ponerse seria porque Josefin lleva un año muerta.

El enómeno del *bullying* salta al cine de terror de la mano de esta producción sueca, que está basada en el cómic del mismo título de Kim W. Andersson, un artista sueco muy popular por sus cómic románticos de terror, como *Love Hurts*.

ALL THROUGH THE HOUSE

Estados Unidos: The Readmond Company
Dirección y guión: Todd Nunes
Fotografía: Ryan J. Anderson
Música: Irving Victoria
Reparto: Ashley Mary Nunes, Jessica Cameron, Melynda Kiring, Natalie Montera, Lito Velasco, Jason Ray Schumacher, Johanna Rae, Matt Poeschl, Cathy Garrett
Estreno: 31 de octubre de 2015, en el RIP Horror Film Festival (Estados Unidos)
Esto va de: adaptación cómic, asesino, Navidad, Papá Noel, slasher.

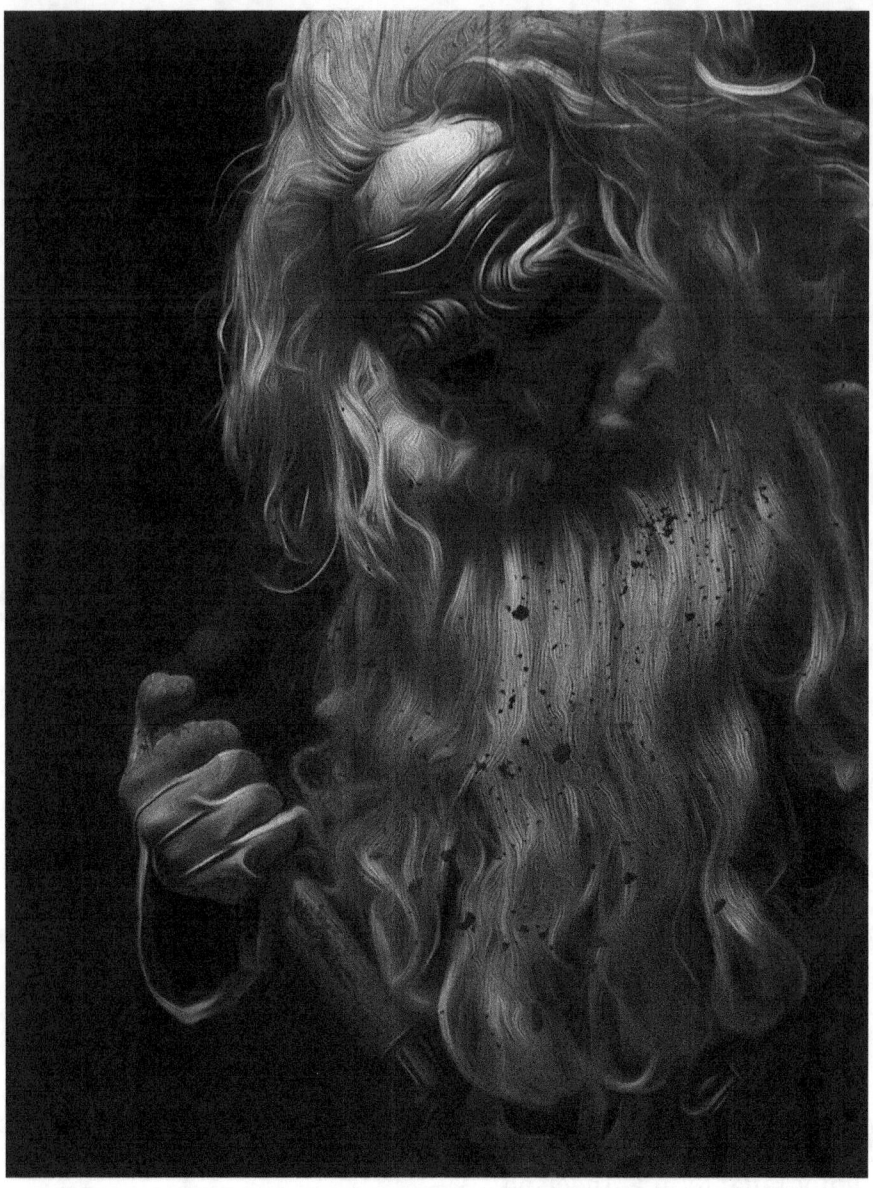

En plenas Navidades, un tranquilo barrio de la ciudad de Napa (California) quedó sumido en el terror cuando el pequeño Jamie Garret, de cinco años de edad, desapareció de su dormitorio sin dejar ni rastro. Quince años después, la joven Rachel Kimmel regresa de la universidad para disfrutar de sus vacaciones de Navidad. De nuevo, el miedo ha hecho acto de presencia. Un violento asesino oculto detrás de una máscara de Papá Noel ha comenzado a perpetrar atroces crímenes. Rachel no tardará demasiado en verse inmersa en una terrible pesadilla.

Todd Nunes recupera el estilo del cine *slasher* de los 80 para narrarnos esta inquietante historia de Navidad, inspirada en algunos de los cómics clásicos de *Tales from the Crypt*. No es la primera vez que nos encontramos con un psicópata vestido de Papá Noel. Lewis Jackson ya nos lo había mostrado en *Navidades infernales* (1980), poco antes de que Charles E. Seiler Jr. iniciara la célebre saga de *Noche de paz, noche de muerte* (1984), de la que *All Through the House* es claramente deudora.

AMERICAN POLTERGEIST

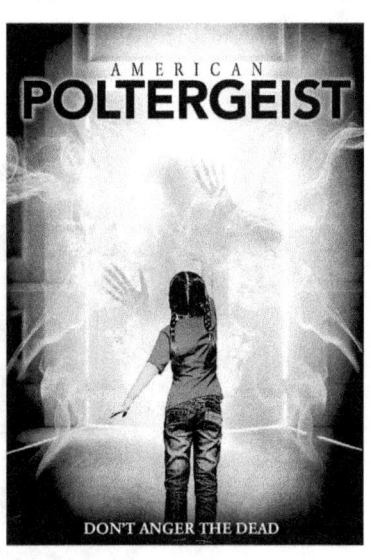

Estados Unidos: Wilde Eye Releasing

También conocida como: *The Haunting of Borden House, The House of Lizzie Borden, Los juegos del mal*

Dirección: Mike Rutkowski

Guión: Nicole Holland, Mike Rutkowski

Fotografía: Zac Polhamus

Música: Brian Burns Beardsley

Reparto: Simona Fusco, Donna Spangler, Aaron Lee, Ashley Green Elizabeth, Nikole Howell, Luke Brandon Field, Rich Rossi, Nicholas Talone

Duración: 93 min.

Estreno: 29 de mayo 2015, en Alemania.

Esto va de: casas encantadas, cumpleaños, posesiones.

El 4 de agosto de 1892, una niña llamada Lizzie Borden asesinó a sus padres en su mansión de Fall River (Massachusetts). Aunque con el paso de los años, la casa ha seguido siendo escenario de extraños acontecimientos, no echa atrás a un grupo de amigos que la alquilan para celebrar el 21º cumpleaños de Niki. Entre los asistentes se encuentran el novio de la chica, Michael, y la hermana de este, Taryn, que enseguida siente una fuerte conexión con la casa. Taryn no deja de tener visiones terroríficas y la sensación de que algo terrible va a suceder. Pero lo que no imagina es que la casa oculta un terrible secreto sobre su infancia.

Amigos de vacaciones, casas encantadas y posesiones conforman la base de *American Poltergeist*, también conocida durante su producción como *La casa de Lizzie Borden*. Una producción de bajo presupuesto solo para muy aficionados a tipo de argumento bastante convencional.

ANABEL

España: Norberfilms, Roxbury
Dirección y guión: Antonio Trashorras

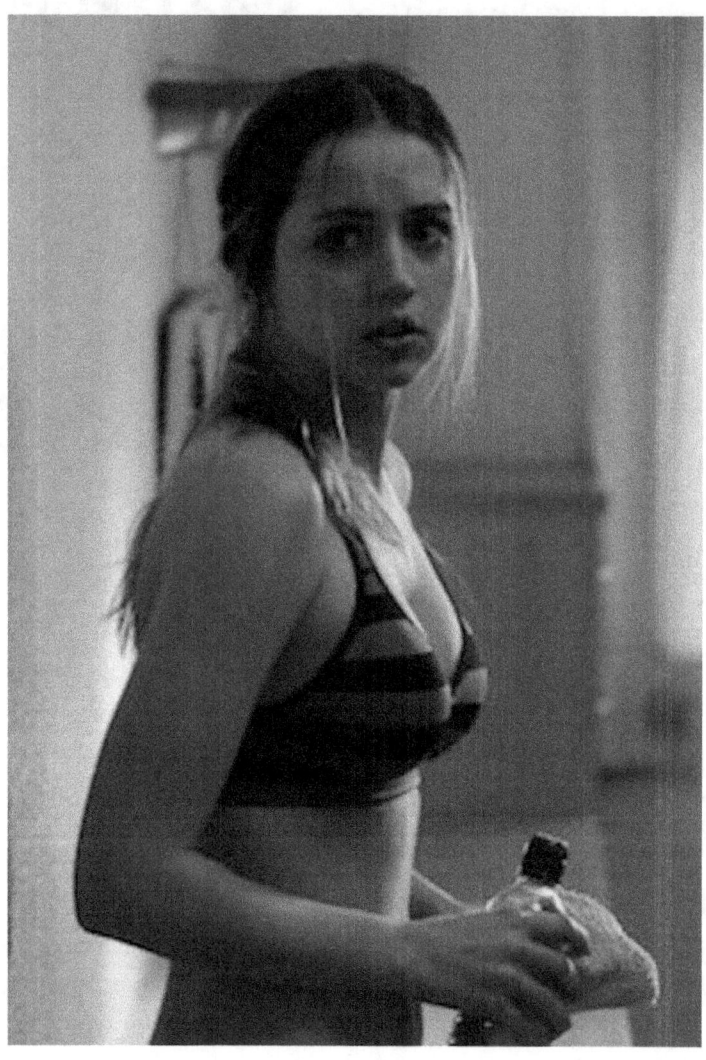

Fotografía: Roland de Middel
Música: Miquel Coll
Reparto: Ana de Armas, Rocío León, Enrique Villén
Duración: 75 min.
Estreno: 11 de octubre de 2015, Festival de Cine de Sitges (España)
Esto va de: desaparecido, sobrenatural.

Después de que Anabel desapareciera en misteriosas circunstancia, sus compañeras de piso, Sandra y Cris han de buscar a alguien que les ayude a pagar el alquiler. Un hombre ya maduro, Lucio, se postula como el candidato perfecto. La convivencia con las chicas aparenta ser fácil. Sin embargo, poco a poco comienza a envenenarse el ambiente hasta que comienzan a sucederse los problemas.

El guionista y director Antonio Trashorras, que ya debutó en el género con *El callejón* (2011), regresa al terror psicológico con su musa, la actriz Ana de Armas, y dos actores más —Rocío León y el veterano Enrique Villén—, un trío que le sirve para presentar una historia breve de tensión creciente con ecos de clásicos como *Repulsión* (1965).

ANGELICA

Estados Unidos: Pierpoline Films
Dirección y guión: Mitchell Lichtenstein, según la novela de Arthur Phillips
Fotografía: Dick Pope
Música: Zbigniew Preisner
Reparto: Jena Malone, Janet McTeer, Ed Stoppard, Tovah Feldshuh, Glynnis O'Connor, Elizabeth Conboy, Lilian Price, Eliza Holland Madore
Duración: 95 min.
Estreno: 7 de febrero de 2015, en el Festival de Cine de Berlín (Alemania)

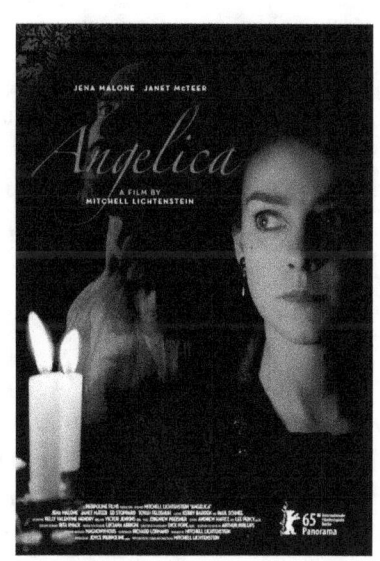

Esto va de: adaptación novela, casas encantadas, época victoriana, fantasmas.

En la Inglaterra victoriana, Constance se separa cada vez más de su marido, Joseph, tras el nacimiento de la pequeña Angélica. La mujer se obsesiona con la protección de la niña y le aterroriza comprobar que, a altas horas de la noche, una presencia fantasmal ronda la casa familiar.

Mitchell Lichtenstein, director de *Happy Tears* (2009) y de la pequeña obra de culto *Vagina dentada* (2007), lleva a la pantalla una de las obras mas conocidas del novelista estadounidense Arthur Phillips. Su novela *Angélica*, una historia victoriana de fantasmas que narraba los mismos hechos desde cuatro perspectivas diferentes, le valió llegar a ser comparado incluso con el maestro Henry James.

ANGER OF THE DEAD

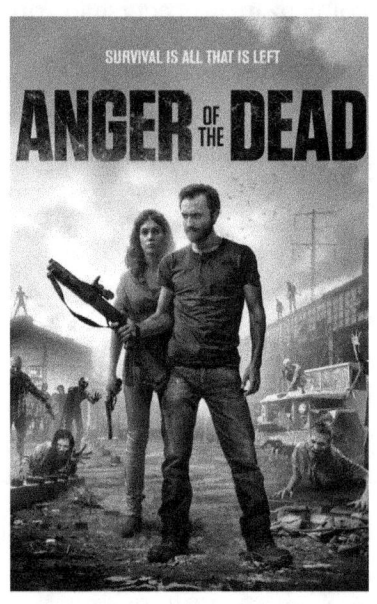

Italia / Canadá: Event Film Distribution, Extreme Video Snc

También conocida como: *Age of the Dead*, *Apocalisse Zero: Anger of the Dead*

Dirección y guión: Francesco Picone

Fotografía: Mirco Sgarzi

Música: Gabriele Caselli

Reparto: Aaron Stielstra, Marius Bizau, Désirée Giorgetti, Michael Segal, Roberta Sparta, David White

Duración: 84 min.

Estreno: 21 de febrero de 2015, en el Granite Planet Film Festival (Canadá)

Esto va de: embarazada, infección, isla, supervivencia, virus, zombi

Alice, una joven que está embarazada, intenta sobrevivir con la ayuda de dos hombres en un mundo asolado por un virus que ha convertido a la mayor parte de la población en zombis hambrientos de carne humana. Los tres tratan de alcanzar una isla que, según parece, no ha sido alcanzada por la terrible epidemia. En el camino, se cruzan con un hombre que sigue la pista de una misteriosa mujer y que les demostrará que los muertos vivientes no son la única amenaza a la que tendrán que enfrentarse.

El realizador italiano Francesco Picone salta del corto al largometraje para ofrecer su particular homenaje al mundo de los zombis, con claras influencias de la popular serie de televisión *The Walking Dead*. Sin disponer de grandes medios, el cineasta apuesta por el ingenio y consigue una producción digna que llegó a estrenarse incluso en Estados Unidos.

ANSATSU KYÔSHITSU THE MOVIE

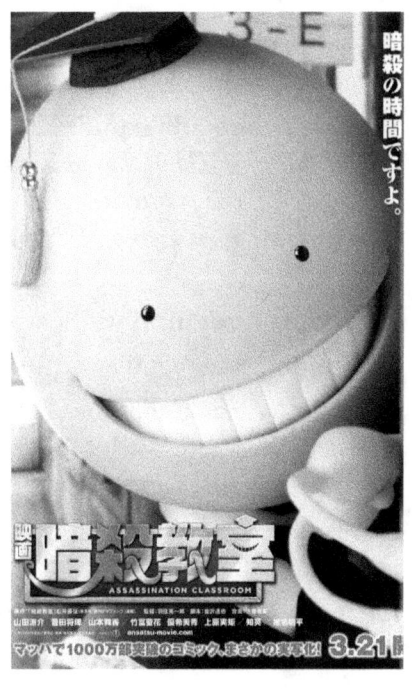

Japón: Fuji Television Network, Robot Communications

También conocida como: *Assassination Classroom*

Dirección: Eiichirô Hasumi

Guión: Yûsei Matsui, Tatsuya Kanazawa

Música: Naoki Sato

Reparto: Kippei Shîna, Kanna Hashimoto, Masaki Suda, Ryôsuke Yamada, Jiyoung Kang, Seika Taketomi, Wakana Aoi, Mio Yûki, Maika Yamamoto

Duración: 110 min.

Estreno: 21 de marzo de 2015, en Japón

Esto va de: adaptación manga, alumno, arma, comedia de terror, educación, extraterrestre, instituto, profesor

Un extraterrestre que ha destruido parcialmente la Luna amenaza con hacer lo mismo en la Tierra. Pero pacta con el gobierno una posible solución: entrenar a los alumnos de una clase de secundaria para que lo asesinen a él antes de que se gradúen. Si no lo consiguen, el alienígena llevará adelante con su plan de destrucción.

Una idea tan loca como esta «clase del asesinato» no podía proceder de otro universo que del manga, que cada vez cuenta con una mayor proyección dentro del género fantástico y de terror. La película es una adaptación de la obra de culto escrita e ilustrada por Yüsei Matsui *Ansatsu*

Kyôshitsu, que comenzó a publicarse en 2012. El manga se centra en la vida de los alumnos de la clase 3-E del instituto Kunugigaoka, que se ven obligados a intentar acabar con su insólito profesor: Korosensei.

THE ATTICUS INSTITUTE

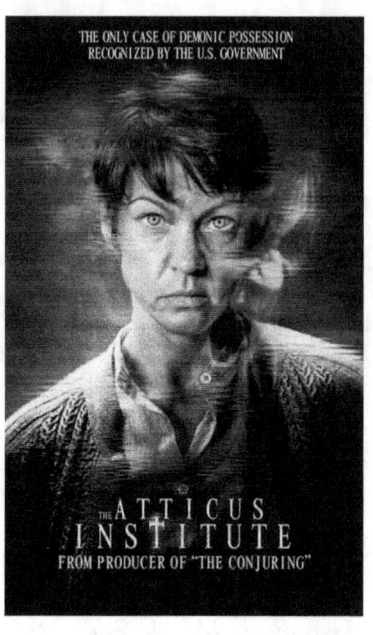

Estados Unidos: Groupe M6

También conocida como: *El instituto Atticus, El instituto siniestro, O Misterioso Caso de Judith Winstead, Posesión demoniaca, Le projet Atticus, El proyecto Atticus*

Dirección y guión: Chris Sparling

Fotografía: Alex Vendler

Reparto: William Mapother, Rya Kihlstedt, Hannah Cowley, John Rubinstein, Erich Lane, Gerald McCullouch

Duración: 92 min.

Estreno: 20 de enero de 2015, en Estados Unidos

Esto va de: científico, demonio, exorcismo, experimento, falso documental, parapsicología, pesadilla, poderes, posesiones, sacerdote, sobrenatural, tortura

En 1966, el doctor Henry West fundó el Instituto Atticus para intentar estudiar científicamente a las personas que manifestaban tener habilidades sobrenaturales, como clarividencia. A pesar de ser testigo de varios casos notables, el doctor West y sus colegas se quedan asombrados al conocer a Judith Winstead. Esta mujer supera de lejos a todos los sujetos estudiados con anterioridad, aunque los experimentos demuestran que sus poderes eran la pura manifestación del Mal que habitaba en su interior. Cuando el Departamento de Defensa de Estados Unidos toma el control de las instalaciones de investigación para fabricar armas a partir de esta fuerza, comprueban en primera persona que existen algunas fuerzas que resultan imposibles de controlar.

El guionista de *Buried* (2010), Chris Sparling, salta a la dirección y lo hace con una producción que emplea el estilo del falso documental para narrar la existencia de una institución científica creada para estudiar los fenómenos paranormales. La historia, curiosa hasta que se hace en exceso previsible, está por tanto sustentada en imágenes de corte documental, fotografías, y declaraciones de los principales protagonistas en forma de entrevista.

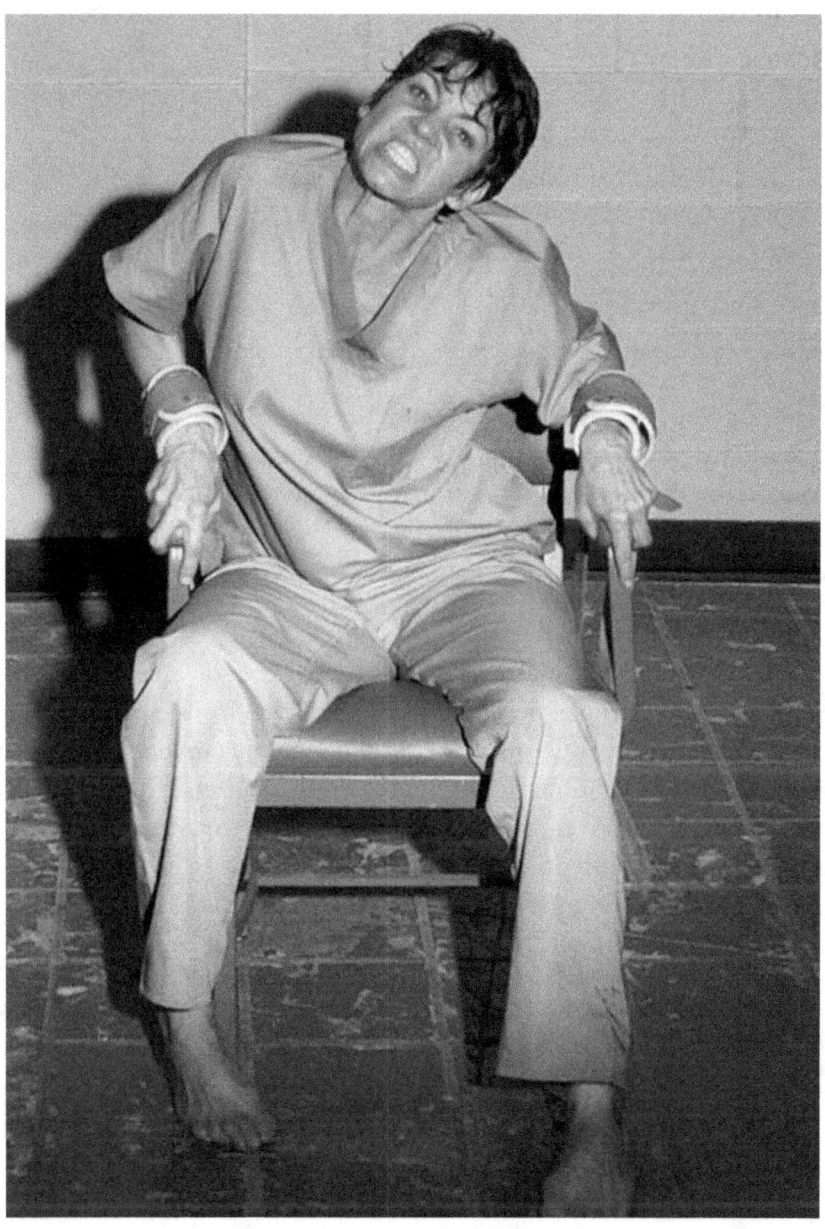

AWAITING

Reino Unido: Green Screen Productions, Solar Productions

También conocida como: *Víctima y psicópata*

Dirección y guión: Mark Murphy

Fotografía: Hong Manley

Música: Simon Webb

Reparto: Tony Curran, Diana Vickers, Rupert Hill, Peter Woodward, Adrian Bouchet, Charley Mcdougall, Sophie Lovell Anderson

Duración: 95 min.

Estreno: 1 de marzo de 2015, en Festival de Fantasporto (Portugal)

Esto va de: caníbal, granja, psicópata, superviviente

Después de chocar su coche durante una tormenta, Jake, un joven abogado de ciudad, cae en manos de Morris, un desequilibrado tipo con tendencias caníbales que vive en una granja alejada del mundanal ruido con la única compañía de su hija Lauren. La chica trata de mantener a salvo al que considera su nuevo amigo, aunque Morris puede que tenga otros planes para él.

Diana Vickers, cantante surgida del programa de televisión *The X Factor*, se convierte en el principal aliciente de esta historia original por la singular convivencia que plantea entre una ingenua joven y su papá, un psicópata de armas tomar. Las cosas se complican en la familia cuando va a parar allí un joven y apuesto abogado, que provoca que tanto la hija como su padre sientan una inevitable atracción hacia él, aunque con propósitos bien diferentes.

El director y guionista Mark Murphy introduce una vez más en el género del terror el tema del canibalismo, presente en títulos tan diversos como *Los renegados del diablo* (2005), *Las colinas tienen ojos* (2006), *The Woman* (2011), *Somos lo que somos* (2'13) o la dilatada saga de *Camino sangriento*. Una producción británica para pasar el rato que, posiblemente, no dejará una gran huella en el género.

BASKIN

Turquía: Vicarious Entertainment

Dirección: Can Evrenol

Guión: Ogulcan Eren Akay, Can Evrenol, Cem Ozuduru, Ercin Sadikoglu

Fotografía: Alp Korfali

Música: Ulas Pakkan

Reparto: Muharrem Bayrak, Mehmet Akif Budak, Fadik Bülbül, Mehmet Cerrahoglu, Elif Dag, Mehmet Fatih Dokgoz

Duración: 97 min.

Estreno: 11 de septiembre de 2015, en el Festival de Toronto (Canadá)

Esto va de: adaptación cortometraje, caníbal, gore, policía, ritual, secta, tortura

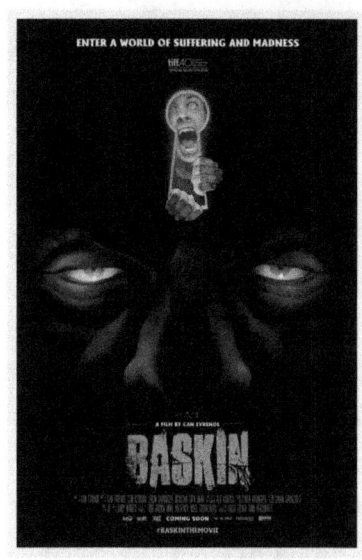

Estambul. Cinco policías están trabajando en el turno de noche. Seyfi, el conductor, sufre fuertes dolores de cabeza; Arda, el más joven, se ve acosado por un sueño recurrente de su infancia; Remzi, el jefe del grupo, se ve sumido en un secreto oscuro... Todo se complica cuando desde la Central les piden que acudan a una llamada en el distrito de Inceagac. A los policías se les encoge el estómago porque han oído muchas historias y leyendas de ese lugar, y ninguna es precisamente buena. Cuando llegan a su destino, la irrupción de un hombre cubierto de sangre les obliga a derrapar, provocando un accidente de tráfico. Cuando logran reponerse, se encuentran ante la siniestra mansión que estaban buscando. Los policías penetran en el lugar para darse cuenta que han interrumpido una ceremonia que les transporta al mismo infierno.

Baskin es de esas películas que hacen afición. Sobre todo entre los más curtidos, porque lo cierto es que hay que estarlo para soportar las brutales secuencias finales de la película. El director Can Evrenol convierte en largometraje el corto con el que ya se ganó el aplauso del público en 2013, prolongando ahora la historia, sobre todo en su arranque. Extraña e incómoda en la mayor parte de su metraje, *Baskin* es de estas obras que dejará su huella entre los buenos aficionados al género.

BASTARD

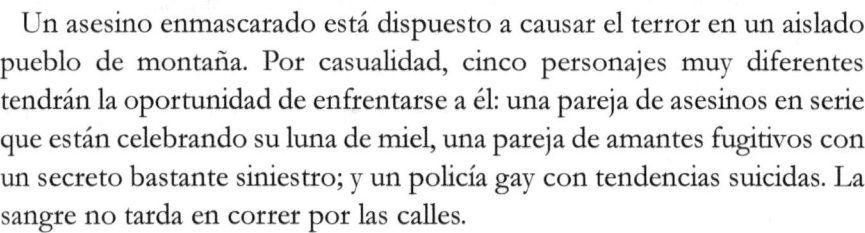

Estados Unidos: Big Bad Film
Dirección: Powell Robinson,
Patrick Robert Young
Guión: Patrick Robert Young
Fotografía: Ryan Hendrickson
Música: Kyle Hnedak
Reparto: Ellis Greer, Dan Creed,
Rebekah Kennedy, Will Tranfo,
Burt Culver, Tonya Kay, Ryan Shoos,
Kelly Hancock
Duración: 82 min.
Estreno: 16 de octubre de 2015, en Estados Unidos
Esto va de: asesino, máscara, slasher

Un asesino enmascarado está dispuesto a causar el terror en un aislado pueblo de montaña. Por casualidad, cinco personajes muy diferentes tendrán la oportunidad de enfrentarse a él: una pareja de asesinos en serie que están celebrando su luna de miel, una pareja de amantes fugitivos con un secreto bastante siniestro; y un policía gay con tendencias suicidas. La sangre no tarda en correr por las calles.

En la mejor tradición del *slasher*, la película de owell Robinson y Patrick Robert Young no se anda con muchas explicaciones. Los crímenes empiezan pronto y no se detienen en ningún momento, lo que —vacíos de guión aparte— garantiza un visionado entretenido para los amantes de los glóbulos rojos.

BE MY CAT: A FILM FOR ANNE

Rumanía: Adrian Tofei
Dirección y guión: Adrian Tofei
Reparto: Adrian Tofei, Sonia Teodoriu, Florentina Hariton, Alexandra Stroe
Duración: 109 min.

Estreno: 1 de marzo de 2015, en el Festival de Fantasporto (Portugal)

Esto va de: cine dentro del cine, metraje encontrado, obsesión, psicópata, snuff-movie, tortura.

Adrian, un joven rumano, se obsesiona con la idea de rodar una película con la famosa actriz de Hollywood Anne Hathaway, de la que ha quedado totalmente prendado después de verla en *El caballero oscuro: La leyenda renace* (2012). Para conseguir su propósito, engaña a tres actrices rumanas, Sonya, Flory y Alexandra, haciéndoles creer que es un gran director de cine y que rodará escenas de la película para mandárselas a Anne con idea de mostrarle su talento. Pero las chicas no son conscientes de sus verdaderos planes. Pronto comenzarán a sospechar al darse cuenta de que Adrian graba también el proceso de ensayos y la vida cotidiana de ellas. Poco a poco, el proyecto se convierte en una auténtica locura, hasta el punto en el que las actrices temen ser las protagonistas de una *snuff-movie*.

Adrian Tofei se guisa él solo una surrealista propuesta que combina lo experimental con la comedia negra y el terror. Una rareza que solo por eso (y no olvidemos su disparatado argumento) invita a disfrutar de ella.

BEFORE I WAKE

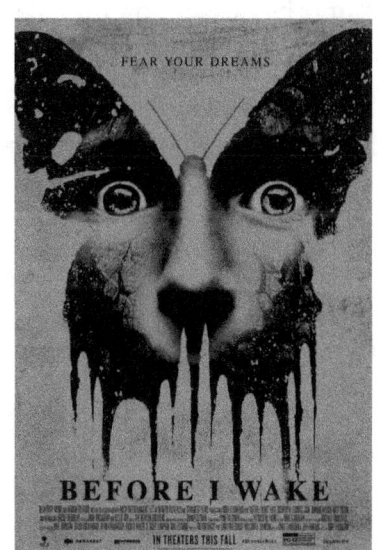

Estados Unidos: Intrepid Pictures, Demarest Films, MICA Entertainment
También conocida como: *Somnia*
Dirección: Mike Flanagan
Guión: Mike Flanagan, Jeff Howard
Fotografía: Michael Fimognari
Música: Danny Elfman,
The Newton Brothers
Reparto: Kate Bosworth, Thomas Jane, Annabeth Gish, Dash Mihok, Scottie Thompson, Jay Karnes, Kyla Deaver
Estreno: 7 de abril de 2015, en Grecia
Esto va de: adopción, huérfano, insomnio, niño, pesadillas, visiones

Jessie y Mark deciden adoptar al pequeño y dulce Cody, huérfano de 8 años de edad. En cuanto llegan a su hogar, descubren que el niño tiene un terror absoluto a quedarse dormido. Sus padres adoptivos sospechan de que los inestables hogares anteriores de Cody puedan ser la causa de su aversión a dormir. Pero, poco después, descubren la razón: el niño sufre unas pesadillas espantosas que se manifiestan físicamente tal y como él las sueña. Jessie y Mark se embarcan en una peligrosa búsqueda peligrosa para descubrir qué se oculta detrás de las pesadillas de Cody.

Mike Flanagan parece dispuesto a hacerse un nombre dentro del género. Después de dirigir la sugerente *Oculus* (2013), trata de sorprender a la audiencia con este terrorífico thriller de corte sobrenatural, mientras ya se anuncia como responsable de *Ouija 2* (2016).

BITE

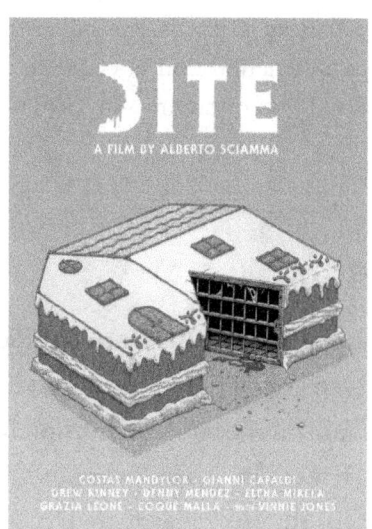

Reino Unido: Alberini Films, Future Proof Films
Dirección: Alberto Sciamma
Guión: Michael Cowan, A. Sciamma
Fotografía: Davide Manca
Reparto: Vinnie Jones, Costas Mandylor, Gianni Capaldi, Drew Kenney, Denny Mendez, Coque Malla, Grazia Leone
Duración: 92 min.
Estreno: 9 de octubre de 2015, en el Festival de Sitges (España)
Esto va de: asalto, bebé, casas encantadas, gore, secuestro, vampiro

Un grupo de criminales prepara el asalto a la mansión de Nika, una joven adinerada a la que pretenden secuestrar para pedir después un suculento secuestro. Entrar en la casa resulta sencillo y atrapar a la mujer, también. El problema surge cuando los ex convictos pretenden salir. Nika los ha encerrado allí y no tiene ninguna intención de dejarlos escapar. Ella es una vampira que solo puede controlar sus transformaciones consumiendo heroína. Pero ahora no tiene droga y siente que sus pequeños bebés con colmillos pueden estar amenazados, por lo que decide acabar con los intrusos uno a uno. Los criminales utilizan todos los recursos imaginables para intentar escapar, pero nada funciona: la sombra de la muerte está todo el rato detrás de ellos.

El inclasificable Alberto Sciamma, creador de esa singular historia de horror titulada *La lengua asesina* (1996), regresa detrás de las cámaras para adentrarnos en una historia delirante, cuya idea inicial, más o menos interesante, deja paso a un festival de sangre y higadillos que no tiene demasiado sentido. Eso sí, imprescindible lo del bebé vampiro, digno de entrar ya en la antología del cine vampírico.

BITE

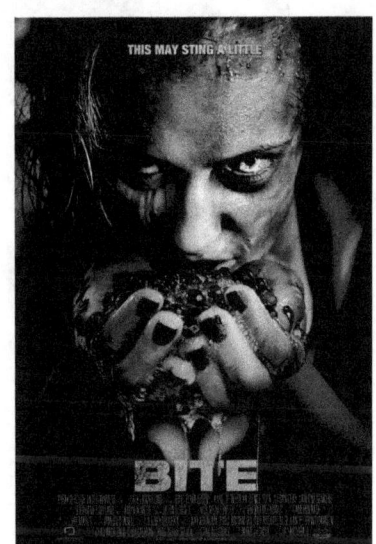

Canadá: Black Fawn Films, Breakthrough Entertainment
Dirección: Chad Archibald
Guión: Chad Archibald, Jayme Laforest
Fotografía: Jeff Maher
Música: Stephanie Copeland
Reparto: Tyler Owen, Phoenix Simpson, Codey Huber, Justin Moses, Jordan Gray, Denise Yuen, John Migliore, Lawrene Denkers, Elma Begovic
Duración: 89 min.
Estreno: 29 de julio de 2015, en el Fantasia International Film Festival (Canadá)
Esto va de: animal, caníbal, despedida de soltero, infección, gore, monstruo, mordedura, mutante

La joven Casey hace una escapada con sus amigos a un destino aparentemente paradisiaco para celebrar su despedida de soltera. Sin embargo, mientras se baña en un lago un bicho le muerde en una cadera. El incidente no parece pasar a mayores hasta que la chica regresa a su apartamento y comienza a sufrir unos extraños síntomas. En plena ansiedad por los preparativos de la boda, Casey comienza a mutar en un ser horrible que le hace sucumbir a nuevos instintos, como crear su propia colmena y alimentarse de carne de los demás. Cuando sus amigos intentan averiguar qué es lo que está sucediendo, terminan atrapados en lo que la nueva Casey ha convertido en su particular guarida.

Pese al susto inicial de estar ante otra película grabada por sus protagonistas, esta producción canadiense de bajo presupuesto enseguida nos hace ver que no y nos introduce en una variante de *La mosca* (1986), bastante más gore, que no deja de tener su gracia.

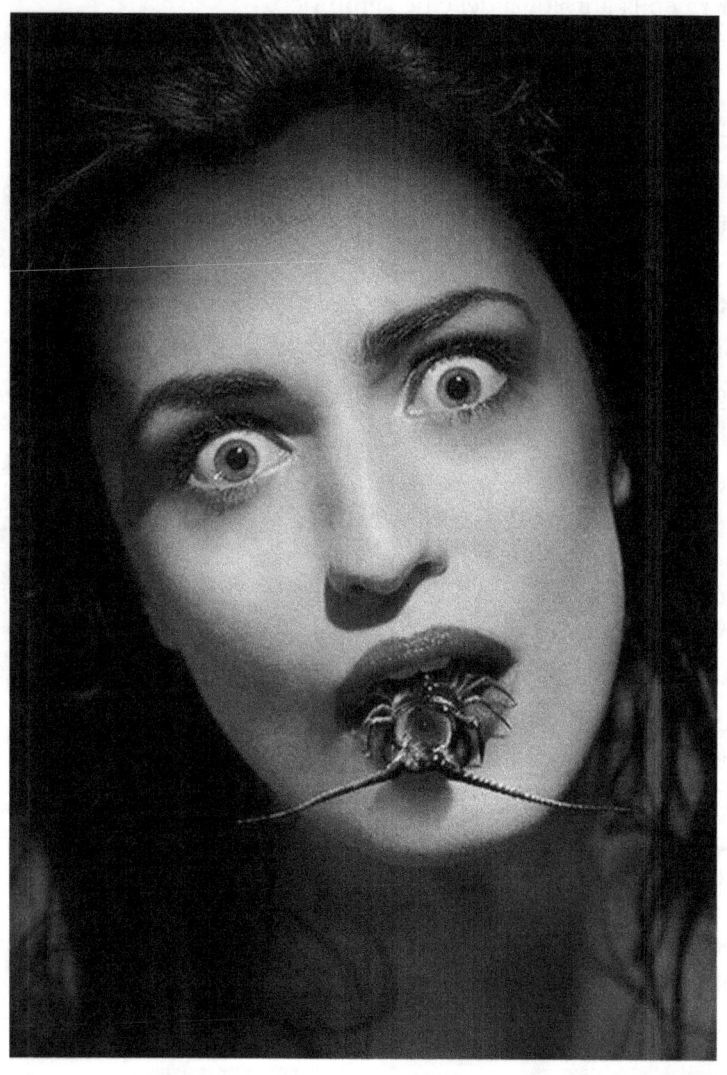

BLOODSUCKING BASTARDS

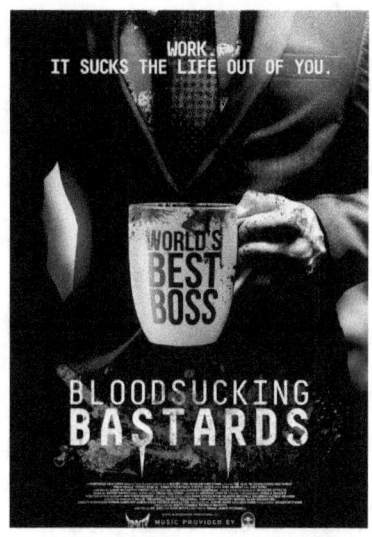

Estados Unidos: Fortress Features, MTY Productions

También conocida como: *Bloodsucking Bosses*

Dirección: Brian James O'Connell

Guión: Ryan Mitts

Fotografía: Matt Mosher

Música: Anton Sanko

Reparto: Fran Kranz, Pedro Pascal, Emma Fitzpatrick, Joel Murray, Yvette Yates, Joey Kern, Patricia Rae, Parvesh Cheena, Zabeth Russell, Neil W. Garguilo

Duración: 86 min.

Estreno: 22 de enero de 2015, en el Slamdance Film Festival (EE UU)

Esto va de: comedia de terror, oficina, vampiro

Evan es un empleado obediente y sobrecargado de trabajo que vive atrapado en una empresa que le explota, al igual que le ocurre a su novia Amanda y a su mejor amigo, Tim, un holgazán que siempre sabe de qué manera perder el tiempo. Lo único que mantiene a Evan con ilusión es aspirar al nuevo puesto de jefe de ventas. Sin embargo, su frágil mundo se desmorona cuando su jefe, Ted, le concede ese ansiado ascenso a su némesis en la empresa, Max. Pero todo eso no será nada comparado con el secreto que está a punto de descubrir. Después de apreciar extraños cambios de comportamiento entre sus compañeros (que, paradójicamente, hacen de ellos mejores empleados), Evan comprende la verdad: Max es un vampiro. Y, además, es un vampiro con un plan.

Seguimos con los vampiros y los litros de sangre, aunque en este caso llevados a un extremo más gamberro y divertido. El innovador cineasta Brian James O'Connell se planteó llevar el universo de los vampiros a un ambiente tan insólito como el del lugar de trabajo y crear una suerte de versión vampírica de la popular serie de televisión *The Office*. ¿El resultado? Hilarante y sangriento.

BONE TOMAHAWK

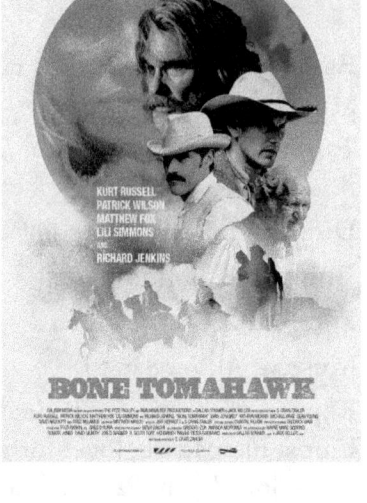

Estados Unidos: Caliber Media Company, The Fyzz Facility, Realmbuilder Productions

También conocida como: *El precio de la ley*

Dirección y guión:S. Craig Zahler

Música: Jeff Herriott, S. Craig Zahler

Fotografía: Benji Bakshi

Reparto: Kurt Russell, Patrick Wilson, Matthew Fox, Lili Simmons, Richard Jenkins, Sean Young, David Arquette, Kathryn Morris, Sid Haig

Duración: 133 min.

Estreno: 1 de octubre de 2015, en Austin Fantastic Fest. (EE UU)

Esto va de: caníbal, desaparecido, huida, rescate, secuestro, supervivencia, western

1890. Tras ver salvajemente asesinado a su colega Buddy en un cementerio, un forajido llamado Purvis busca refugio en el pequeño pueblo de Bright Hope. Alertado por su ayudante, el sheriff Franklin Hunt acude al Saloon a conocer las intenciones del recién llegado. El encuentro se salda con un disparo del sheriff en la pierna del forajido cuando éste trata de escapar. La joven Samantha, que posee experiencia en medicina, atiende al herido. Sin embargo, esa noche, tras el asesinato de un mozo de cuadras, la mujer, Purvis y el ayudante del sheriff desaparecen sin dejar más rastro que una flecha. Un nativo la identifica como una de las flechas de una tribu de salvajes que habitan en cuevas y practican el canibalismo. El sheriff Hunt decide formar un grupo para ir al rescate.

Meter en una misma coctelera a Kurt Russell, una tribu de caníbales y al western, no podía dar como resultado una combinación más apetecible. En su camino por recuperar lustre, el western prueba nuevas fórmulas introduciendo elementos propios del cine de terror y algunas gotas de humor. Russell vuelve a tomar la placa como en *Tombstone* (1993), como cabeza de un cartel de lujo, entre los que se encuentran actores experimentados en westerns canibalistas, como David Arquette, uno de los intérpretes de *Ravenous* (1999).

BOUND TO VENGEANCE

Estados Unidos: Dark Factory Entertainment

También conocida como: *Reversal, Sed de venganza*

Dirección: José Manuel Cravioto

Guión: Keith Kjornes, Rock Shaink Jr.

Fotografía: Byron Werner

Música: Simon Boswell

Reparto: Tina Ivlev, Richard Tyson, Amy Okuda, Bianca Malinowski, Fiorella García, Dustin Quick, Stephanie Charles, Nihan Gur, Vivan Dugré, Scott Vance

Duración: 79 min.

Estreno: 23 de enero de 2015, en el Festival de Sundance (EE UU)

Esto va de: abusos sexuales, desaparecido, huida, secuetro, tortura, venganza

Después de ser secuestrada y sometida a todo tipo de vejaciones, Eve consigue escapar de su cautiverio. Cuando lo hace, descubre que no es la única víctima, por lo que su fuga es solamente el principio. Eve toma la decisión de devolver la jugada al depredador sexual que la ha estado torturando. Así comienza una violenta venganza.

El director de origen mexicano José Manuel Cravioto quiso golpear a la audiencia del Festival de Sundance 2015 con la proyección de este thriller sobre venganzas como denuncia del fenómeno de la explotación sexual y la violencia hacia las mujeres. Algo repulsivo, según Cravioto, que encontró en la película, a través del personaje principal, la manera de expresar la venganza extrema que tendría lugar si se invirtieran los papeles entre víctima y verdugo.

«Desde siempre he estado muy atraído por el género. *Bound to Vengeance* es una película que reúne el suspense con el terror, dos de mis géneros favoritos. Esto no solo me pareció emocionante, sino un auténtico reto para mí.»

José Manuel Cravioto (director).

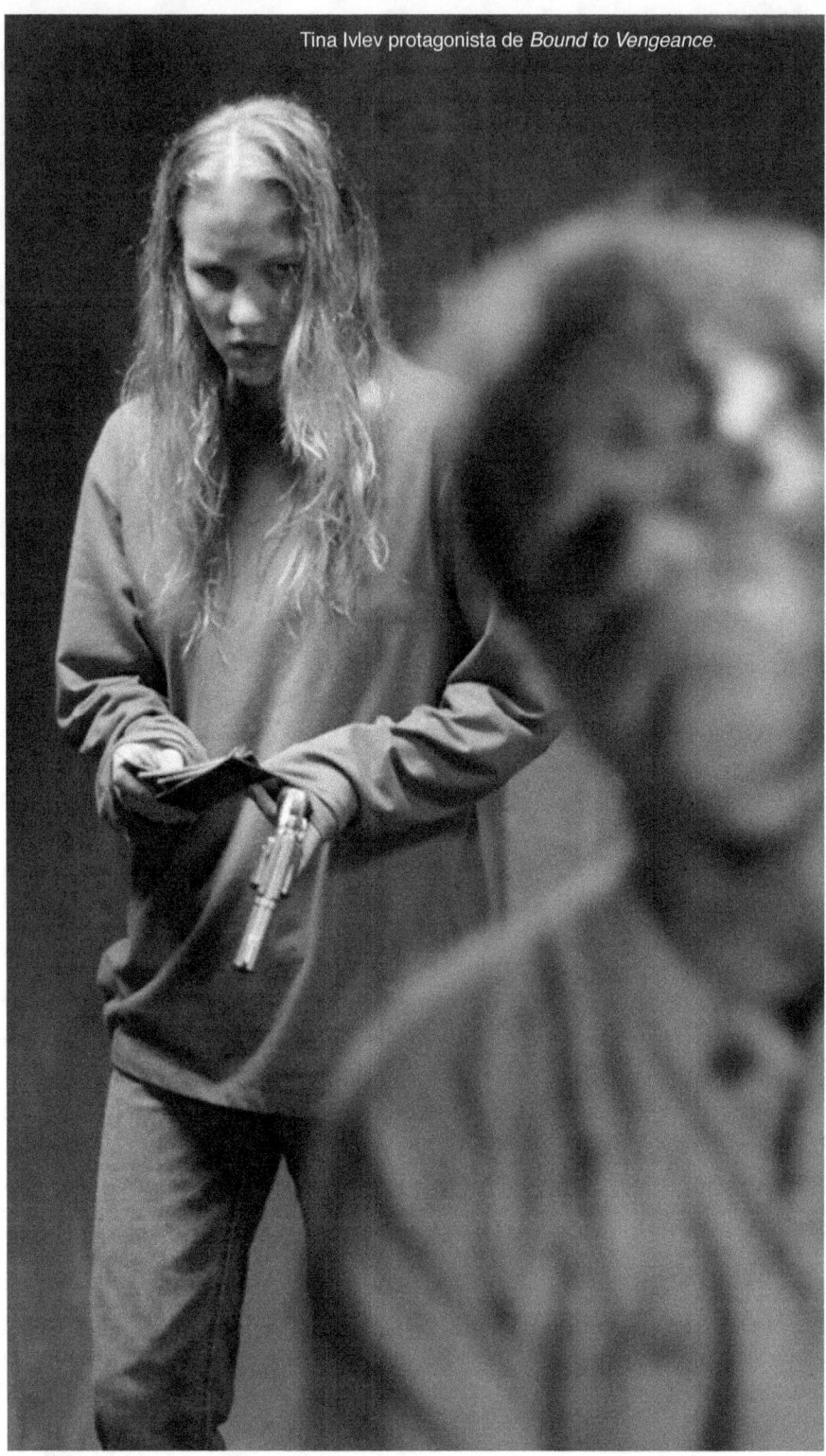

Tina Ivlev protagonista de *Bound to Vengeance*.

THE BOY

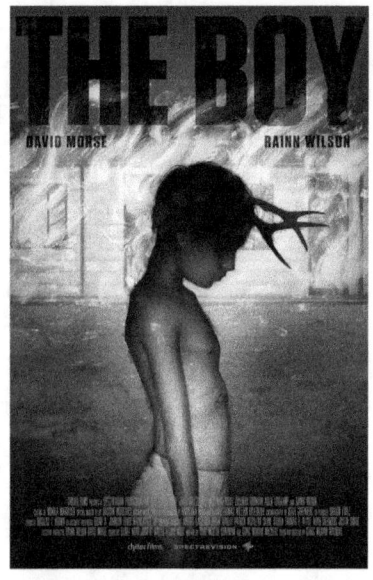

Estados Unidos: SpectreVision, Chiller Films

También conocida como: *Child*, *Henley*

Dirección: Craig William Macneill

Guión: Craig William Macneill, Clay McLeod Chapman

Fotografía: Noah Greenberg

Música: Volker Bertelmann

Reparto: Jared Breeze, David Morse, Rainn Wilson, Mike Vogel, Zuleikha Robinson, Bill Sage, Aiden Lovekamp, Amalia Santa Maria

Duración: 110 min.

Estreno: 14 de marzo de 2015, en el South by Southwest Film Festival (Estados Unidos)

Esto va de: adaptación cortometraje, asesino, familia, motel, niño, padre, psicópata

Verano de 1989. John Henley, propietario de un motel de carretera perdido en las montañas del oeste americano, está sumido en una depresión desde la muerte de su esposa. Por eso, su hijo de 9 años de edad, Ted, tiene que cuidar de sí mismo. El muchacho siente crecer en su interior una extraña fascinación por la muerte. Sus impulsos más oscuros se manifiestan cuando idea un peligroso método para atraer a los automovilistas que pasan por allí. Un día llega hasta el motel un extraño personaje, William Colby, que pronto hace amistad con el pequeño Ted. Pero la relación entre ambos tiene inesperadas consecuencias.

En el año 2011, Craig William Macneill realizó un corto titulado *Henley*, que era una adaptación del capítulo *The Henly Road Motel*, de la novela de Clay McLeod *Miss Corpus*. Cuando al cineasta se le cruzó la posibilidad de convertir aquella historia en un largometraje, no lo dudó un segundo. De hecho, planeó el proyecto como la primera entrega que seguiría la infancia y juventud de un asesino en serie, Ted, primero a los 9 años y después a los 14 y a los 18. «El objetivo es explorar los orígenes de alguien que termina convirtiéndose en una asesino en serie —comenta el actor Elijah

Wood, que en *The Boy* hace las labores de productor—. Siempre me ha fascinado la psicología de este tipo de criminales, conocer su vida, qué les termina de llevar por ese camino. El planteamiento de este proyecto en tres partes nos facilitaba explorar ese trayecto». Josh C. Waller, socio de Wood en tareas de producción, tuvo la idea de mirar la posibilidad de desarrollar el rodaje fuera de Estados Unidos. De este modo, averiguó que en Colombia tendrían la oportunidad de rodar con importantes ventajas económicas. «Con los incentivos financieros y la reducción de costes, comprendí que seríamos capaces de construir nuestro motel, en consonancia con la visión del director, y luego quemarlo», comenta Waller. Después de encontrar una ubicación ideal situada en la ladera de una montaña, con vistas a extenso valle, el diseñador de producción Thomas Hallbauer y su equipo se ocuparon de levantar en seis semanas el motel Monte Vista, que se convirtió en el centro del rodaje.

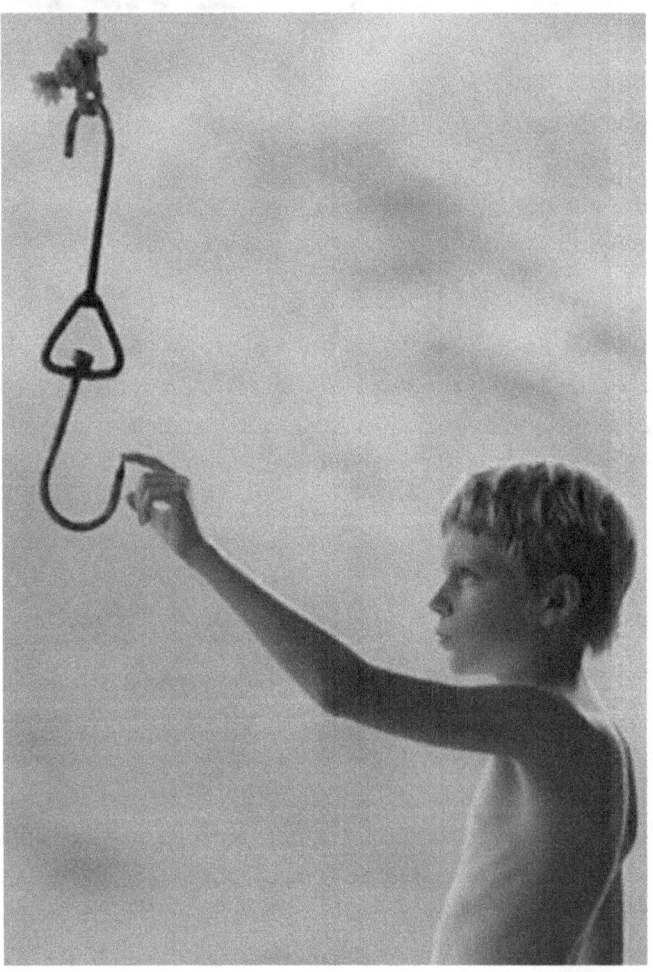

DER BUNKER

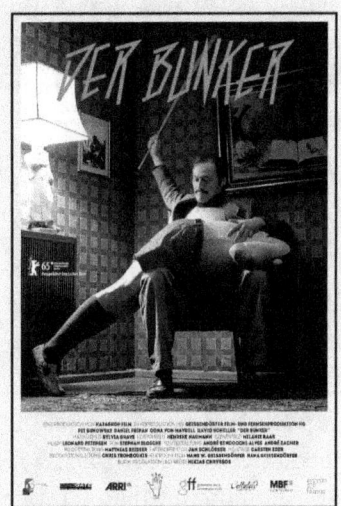

También conocida como: *The Bunker*
País: Alemania
Producción: Kataskop Film,
Geißendörfer Film und
Fernsehproduktion (GFF)
Dirección y guión: Nikias Chryssos
Fotografía: Matthias Reisser
Música: Leonard Petersen
Reparto: Pit Bukowski, Daniel Fripan,
Oona von Maydell, David Scheller
Duración: 85 min.
Estreno: 7 de febrero de 2015, en el Festival de Berlín (Alemania)
Esto va de: comedia de terror, enseñanza, familia, niño, padre

Un ambicioso estudiante que busca un lugar tranquilo para concentrarse en su trabajo académico, se aloja en el búnker subterráneo que tiene una familia en el bosque. Los propietarios, una pareja madura y su hijo Klaus, de ocho años de edad, le dan la bienvenida con gran amabilidad. Sin embargo, en breve, los padres utilizan cada vez más al estudiante como un tutor privado para su hijo, que hasta ahora ha sido educado exclusivamente por su padre en casa. Ellos quieren que el niño reciba una educación integral, lo que incluye desde conocimientos financieros a lecciones algo maquiavélicas. Totalmente abrumado por las altas expectativas de sus padres, el niño no tiene oportunidad de jugar. Al mismo tiempo, el joven estudiante posee cada vez menos tiempo para dedicar a su propia obra. Por eso ambos se alían contra los dominantes padres, provocando que la situación comience a descontrolarse.

El cineasta greco-alemán Nikias Chryssos debuta en el terreno del largometraje con esta propuesta de humor negro, muy negro, que le sirve para hacer una retorcida sátira sobre la infancia y la educación. Una película algo extraña a la que merece la pena aproximarse sin prejuicios y que, en palabras de su director, está «en algún lugar entre la comedia absurda, el horror, el melodrama y la serie B: una mezcla de horrores y, al mismo tiempo, un guiño divertido al tipo de películas que me gustan».

BUNNY THE KILLER THING

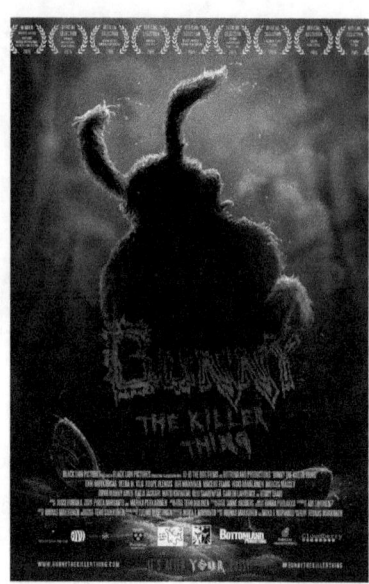

Finlandia: Black Lion Pictures, Bottomland Productions

Dirección: Joonas Makkonen

Guión: Joonas Makkonen, Miika J. Norvanto

Fotografía: Tero Saikkonen

Música: Jussi Huhtala

Reparto: Veera W. Vilo, Gareth Lawrence, Enni Ojutkangas, Roope Olenius, Joonas Makkonen, Marcus Massey, Katja Jaskari, Jari Manninen, Miika J. Norvanto

Duración: 90 min.

Estreno: 29 de mayo de 2015, en el Festival Nocturna (España)

Esto va de: adaptación cortometraje, asesino, bosque, cabaña, comedia de terror, excursión, monstruo, slasher, supervivencia

Un grupo de seis jóvenes finlandeses se van de fin de semana a una cabaña en el bosque. De repente, aparecen allí tres británicos que ocultan un misterioso secreto. Lo que debía ser una divertida estancia se convierte en una terrible pesadilla cuando una asombrosa criatura —mitad hombre, mitad conejo— irrumpe en el lugar con la intención de asesinarlos.

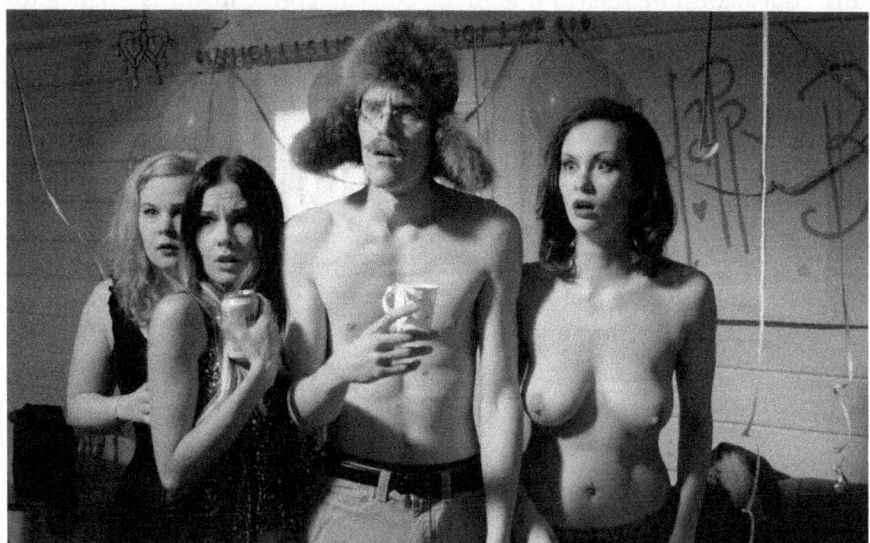

El finlandés Joonas Makkonen rodó en 2011 un cortometraje titulado *Bunny the Killer Thing*. A pesar de lo disparatado de la propuesta, la propuesta llamó la atención, lo que animó al cineasta a convertir la historia en un largometraje con vocación internacional. Con la intención de parodiar los *slashers* de los años 80 y las películas del tipo *La cabaña en el bosque* (2012), Makkonen creó esta absurda comedia de terror que ya cuenta con su propia legión de seguidores.

EL CADÁVER DE ANNA FRITZ

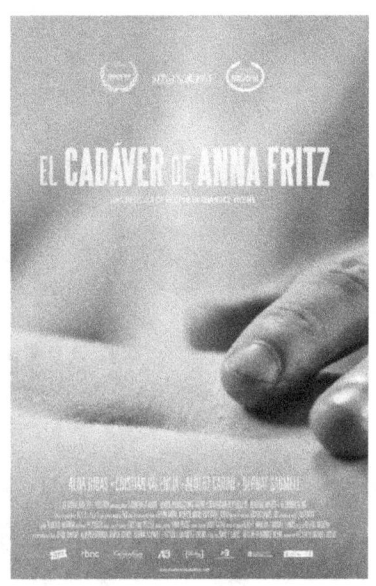

España: A Contraluz Films, Benecé Produccions, Corte y Confección de Películas, Playtime Movies, Silendum Films

También conocida como: *The Corpse of Anna Fritz*

Dirección: Hèctor Hernández Vicens

Guión: Hèctor Hernández Vicens, Isaac P. Creus

Fotografía: Ricard Canyellas

Música: Tolo Prats

Reparto: Alba Ribas, Cristian Valencia, Bernat Saumell, Albert Carbó

Duración: 76 min.

Estreno: 15 de marzo de 2015, en el South by Southwest Film Festival (Estados Unidos)

Esto va de: actriz, cadáver, hospital, morgue, necrofilia

Anna Fritz es una famosa y bella actriz que acaba de morir. Tres jóvenes deciden colarse en la morgue para ver su cuerpo desnudo y no pueden evitar tener sexo con ella. Víctimas de sus instintos más primitivos bajarán a un infierno del que es muy difícil salir.

«Hace años leí en un periódico la noticia que un celador de un hospital había violado un cadáver. Yo estaba buscando una historia con personajes arrastrados por sus instintos más primitivos y pensé que éste era un buen punto de partida. ¿Qué debía de tener en la cabeza el celador cuando se dio cuenta de que todo el mundo, familia, amigos, conocidos, sabría que era un necrófilo? De ahí nació el argumento de *El cadáver de Anna Fritz*. Unos personajes cometen un acto moralmente infame —la violación de un cadáver— y se encuentran en la situación de que tienen que cometer un asesinato si quieren evitar que todo el mundo, la sociedad, sepa lo que han hecho. El miedo nos permite, y a veces nos empuja, a matar. Pero matar para una persona normal, no es tan fácil. Tal vez imposible. Para hacerlo necesita deshumanizar u odiar a quien asesina. Este funcionamiento perverso de la naturaleza es en lo que se basa la película.»

Hèctor Hernández Vicens (director y guionista).

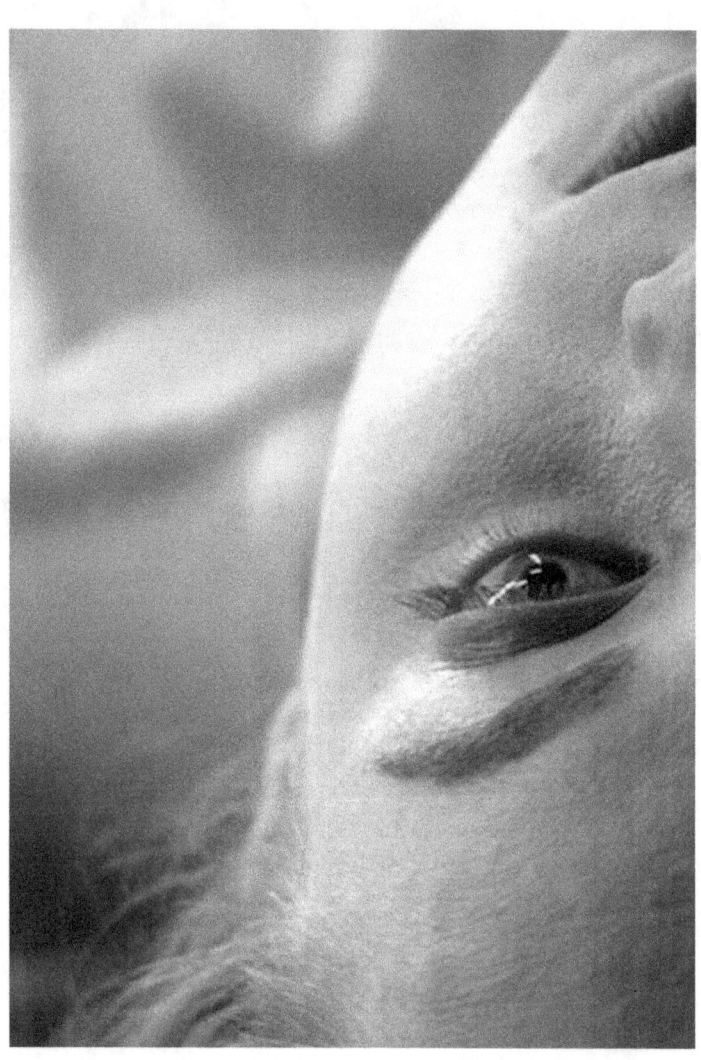

CEMENTERIO GENERAL 2

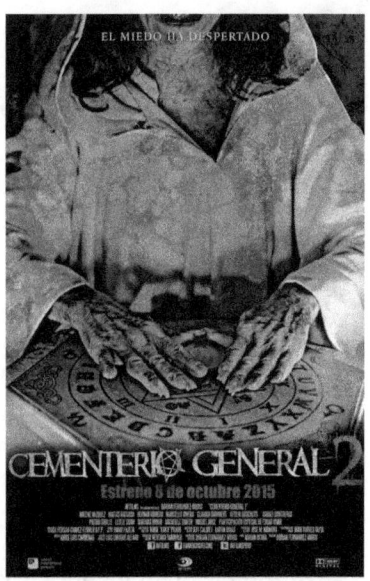

Perú: AV Films
Dirección: Dorian Fernández-Moris
Guión: Adrián Ochoa
Fotografía: Fergan Chávez-Ferrer
Música: Jorge Luis Cárdenas
Reparto: Milene Vazquez, Matías
Raygada, Hernán Romero, Marcello
Rivera, Claudia Dammert, Attilia
Boschetti
Duración: 87 min.
Estreno: 8 de octubre de 2015, en Perú
Esto va de: demonio, familia, madre,
ouija, psiquiatra

Fernanda, una atractiva psiquiatra establecida en México, regresa a su Perú natal en compañía de su hijo Julio. La mujer ha de atender a su madre, quien padece problemas mentales. Fernanda comienza a investigar porque descubre que los problemas de su madre están vinculados a una trágica sesión de Ouija en la que fallecieron diversos jóvenes, salvo una de sus pacientes. La psiquiatra llegará a la conclusión de que el tablero empleado en la sesión es en realidad el portal de un demonio ancestral.

En 2013, Dorian Fernández-Moris estrenó *Cementerio General*, una película con claras resonancias a la saga de *Paranormal Activity*, que llevó a 747.000 espectadores a los cines peruanos, todo un récord. La película, rodada con la clásica técnica de que los propios protagonistas graban lo que sucede —el llamado *found footage* o metraje encontrado—, fue lanzada como el primer largometraje peruano de terror y, pese a que no daba demasiado miedo, se convirtió en todo un fenómeno.

No es por tanto de extrañar que, dos años después, el propio Fernández-Moris quisiera hacer una secuela —esta vez rodada de forma convencional— con un presupuesto mucho mayor. La secuela volvió a triunfar entre el público peruano, a pesar de que las críticas no fueron demasiado benévolas.

THE CHOSEN

Estados Unidos: Terror Films,
Supergravity Films
Dirección: Ben Jehoshua
Guión: Barry Jay, Ben Jehoshua,
Andrew J. Scheppmann
Fotografía: David Desio
Música: Evan Monheit
Reparto: Kian Lawley, Elizabeth
Keener, Angelica Chitwood, Chris
Gann, Dayna Devon, Wiley B. Oscar
Duración: 88 min.
Estreno: 24 de julio, en Australia
Esto va de: demonio, familia,
posesiones, sacrificio

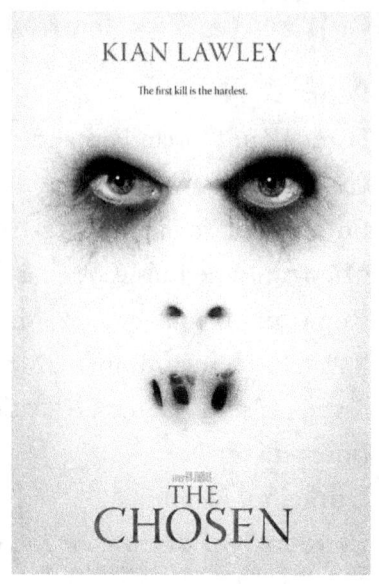

El joven Cameron acepta ayudar a su pequeña sobrina, Angie, mientras la madre de la niña trata de superar su adicción a las drogas. Todo va bien hasta que Cameron comienza a oír gritos y llantos de la casa de al lado. El chico irrumpe y evita que la vecina asesine a su ex marido. Pese a creer que ha actuado de forma correcta, la mujer le revela que le ha arruinado la posibilidad de salvar a su bebé de un peligroso demonio. Un ser maligno que cuando elige una víctima solo permite un camino para la salvación: sacrificar a seis miembros de su familia en seis días. Las cosas se complican cuando, poco después, Angie comienza a sufrir síntomas extraños. Lo que, en principio parece una extraña enfermedad, pronto se revela como una posesión en toda regla. El único que sabe cómo librar a la pequeña del Mal es Cameron. Pero para devolver al demonio al infierno deberá elegir qué miembros de su familia sacrificar.

Cine de posesiones en estado puro, con algún que otro efecto conseguido, en lo que supone la presentación en sociedad de Ben Joshua, un cineasta criado en Israel, que proviene del mundo del montaje audiovisual y los videoclips.

CONDEMNED

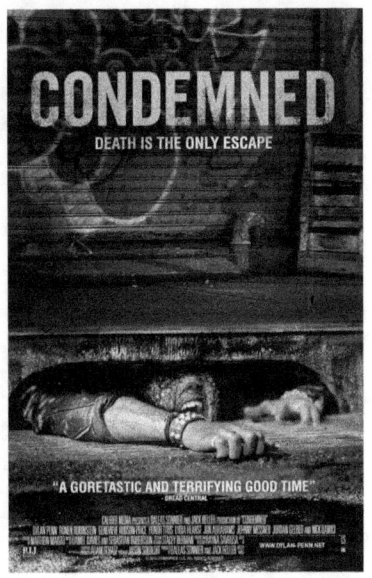

Estados Unidos: Caliber Media
Dirección y guión: Eli Morgan Gesner
Fotografía: Richard Henkels
Música: Daniel A. Davies, Sebastian Robertson
Reparto: Dylan Penn, Ronen Rubenstein, Lydia Hearst, Johnny Messner, Jon Abrahams, Michel Gill
Duración: 83 min.
Estreno: 13 de noviembre de 2015, en Estados Unidos
Esto va de: infección, supervivencia, vecino, virus, zombi

Maya, una niña pija que está harta de las discusiones de pareja de sus padres, acepta mudarse con su pobre pero seductor novio, Dante, a un edificio semi abandonado del Lower East Side de Manhattan. La chica enseguida se encuentra rodeada de yonquis, transexuales, nazis y toda clase de almas perdidas. Pero eso no es lo peor. Un buen día, los habitantes del edificio empiezan a resultar infectados por un extraño virus que los convierte en una especie de zombis asesinos sedientos de sangre. El virus transforma el edificio en un matadero salvaje del que Maya tendrá que intentar escapar como sea.

Eli Morgan Gesner filma su primer largometraje a partir de un guión original creado por él mismo que tiene un arranque de lo más interesante, aunque el interés se diluye con el paso de los minutos haciendo además visible la escasez de medios de la producción. Hay quien califica la película como una ingeniosa mezcla entre *Jo, qué noche* (1985), *Terroríficamente muertos* (1987) y *Delicatessen* (1991), pero lo cierto es que ya le hubiera gustado al realizador hacer sombra a cualquiera de las tres. Como curiosidad, señalar que la protagonista es Dylan Penn, hija de Sean Penn y Robin Wright, en lo que seguro que será una carrera artística que irá a mejor.

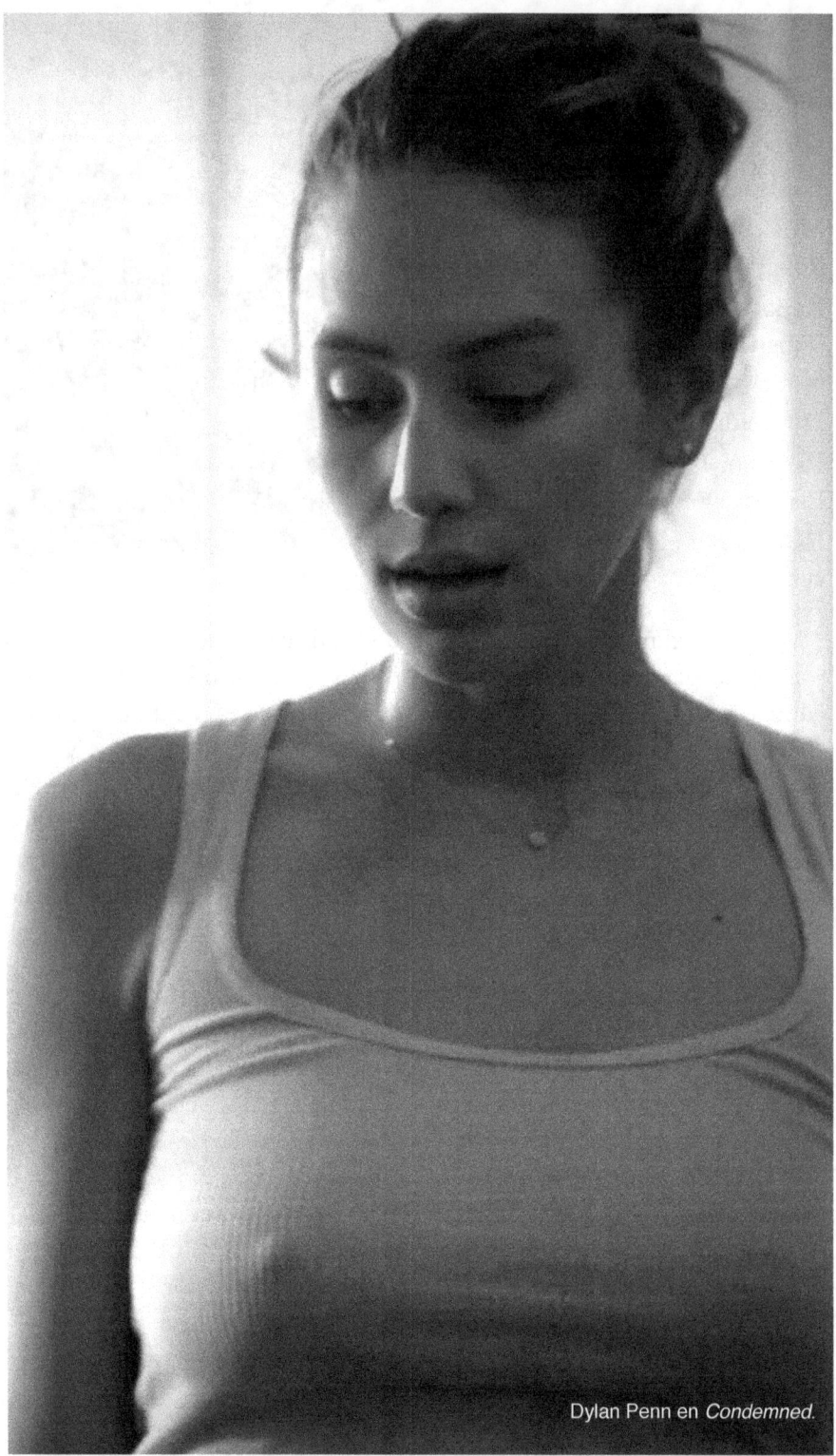

Dylan Penn en *Condemned.*

COOTIES

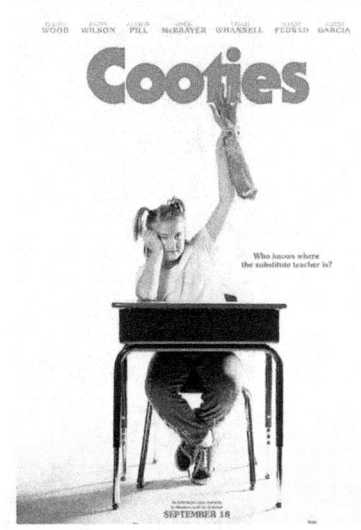

Estados Unidos: Glacier Films, SpectreVision

También conocida como: *Dulces criaturas*

Dirección: Jonathan Milott, Cary Murnion

Guión: Ian Brennan, Leigh Whannell

Fotografía: Lyle Vincent

Música: Kreng (Pepijn Caudron)

Reparto: Elijah Wood, Alison Pill, Rainn Wilson, Leigh Whannell, Nasim Pedrad, Jack McBrayer, Jorge Garcia, Morgan Lily

Duración: 96 min.

Estreno: 18 de enero de 2014, en el Festival de Sundance (Estados Unidos)

Esto va de: colegio, niño, profesor, supervivencia, virus, zombi

Clint es un aspirante a novelista que regresa de Nueva York a su pueblo natal después de no haber tenido gran éxito. Cuando consigue una plaza como profesor sustituto en su antiguo colegio, reconoce a su antigua compañera de clase Lucy entre el profesorado. Como ya ocurriera años atrás, Clint se siente atraído por ella, pero descubre que ella se está viendo con el aburrido entrenador de la escuela, Wade. Entre tanto, en el comedor infantil, una niña come unos nuggets de pollo en malas condiciones, lo que le hace reaccionar de forma extraordinariamente violenta ante los compañeros que se meten con ella. Enseguida, el comportamiento violento de la pequeña se extiende entre el resto de los alumnos, que en un abrir y cerrar de ojos se convierten en pequeño y sanguinarios zombies que están dispuestos a acabar con todos sus maestros. Clint, Lucy y el resto de los profesores tendrán que hacer lo posible para sobrevivir.

Desde los tiempos de *Zombieland* (2009), quedó abierta la veda a las comedias de terror protagonizadas por zombis. Hemos podido ver argumentos de todo tipo, pero *Cooties* se diferencia de las demás al

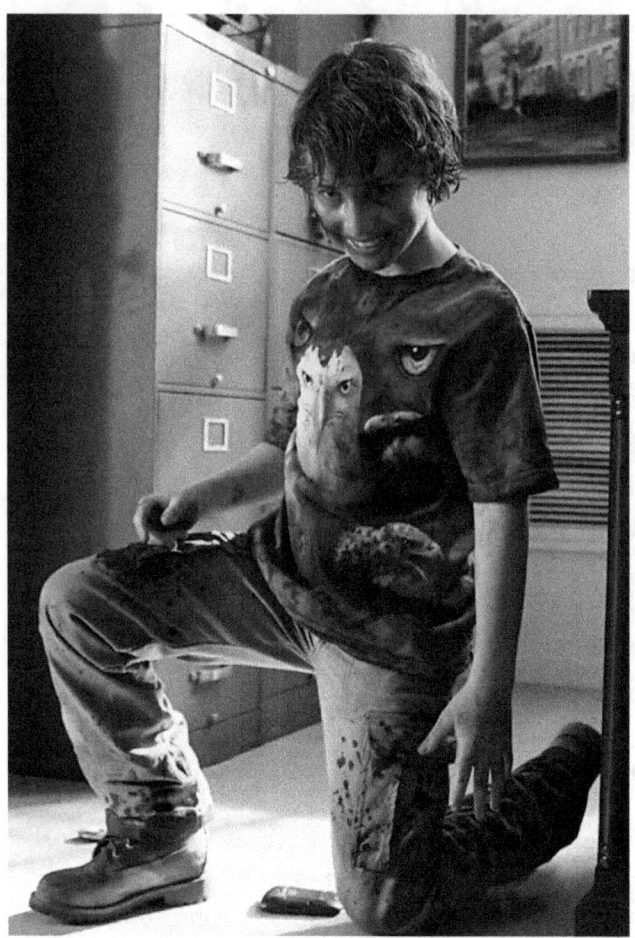

presentarnos como amenaza a un grupo de muertos vivientes menores de edad.

La película es una nueva apuesta de la compañía Spectre Vision. El productor Josh Waller cuenta que se le ocurrió la idea después de pasar una tarde con su sobrina. Ella le explicó que en su escuela había una plaga de piojos, lo que tenía a sus jóvenes compañeras de los nervios. Waller tuvo entonces una visión que enseguida quiso compartir con sus compañeros de Spectre. «Así que decidimos hacer una película sobre niños monstruos», comentar Elijah Wood, productor y protagonista de *Cooties*. Alocada y divertida —no tanto por los niños zombis, sino por la plantilla de profesores inadaptados que presenta la película—, es un singular entretenimiento que, en ocasiones, nos hace suspirar con melancolía recordando el auténtico terror que sentimos con los asesinos infantiles de *¿Quién puede matar a un niño?* (1976), de Chico Ibáñez Serrador.

CRIMSON PEAK

Estados Unidos: Legendary Pictures, Universal Pictures

También conocida como: *La cumbre escarlata*, *Haunted Peak*

Dirección: Guillermo del Toro

Guión: Guillermo del Toro, Matthew Robbins

Fotografía: Dan Laustsen

Música: Fernando Velázquez

Reparto: Mia Wasikowska, Jessica Chastain, Tom Hiddleston, Charlie Hunnam, Doug Jones, Javier Botet, Jim Beaver, Burn Gorman, Leslie Hope, Kimberly-Sue Murray, Emily Coutts, Gillian Ferrier, Matia Jackett, Martin Julien

Duración: 119 min.

Estreno: 25 de septiembre de 2015, en el Fantastic Fest (EE UU)

Esto vas de: casas encantadas, época victoriana, sobrenatural

Búfalo (Nueva York), comienzos del siglo XX. La joven Edith Cushing es una aficionada a la escritura que vive con su adinerado padre, sir Carter Cushing. La joven vive perseguida por la muerte de su madre en el sentido más literal de la palabra, ya que tiene la facultad de comunicarse con los muertos y, precisamente un espectro, le ha advertido del peligro que oculta la «Cumbre escarlata». Pretendida por el brillante doctor Alan McMichael y el seductor Thomas Sharpe, la chica vive despreocupada hasta que su padre muere en extrañas circunstancias. Thomas convence a Edith para que le acompañe a su lujosa mansión familiar, Allerdale Hall, una enorme propiedad de estilo gótico escondida en los montes de Inglaterra, plagada de misterios y peligros. Construida encima de una mina, la arcilla color sangre se filtra a través de la nieve, por lo que todos la llaman la «Cumbre escarlata». Pero la pareja no está sola. La enorme casa también es el hogar de Lucille, la misteriosa hermana de Thomas. A medida que pasa el tiempo, Edith se ve invadida por visiones y pesadillas sin saber que el auténtico monstruo de la «Cumbre escarlata» es de carne y hueso.

Deslumbrante en su puesta en escena y notable por su reparto (enorme la cada día más fría y bella Jessica Chastain), la esperada nueva película de Guillermo del Toro decepciona un poco por el bajo nivel de terror que generan sus imágenes. Quizá petender hacer una película de fantasmas que no provoque mucho miedo tenga tan poco sentido como querer cocinar una tarta de chocolate que no sea demasiado dulce. Pero el director de *Cronos* (1993), *Mimic* (1997) y *El espinazo del diablo* (2001), insistió en dejar bien claros sus objetivos con este largometraje.

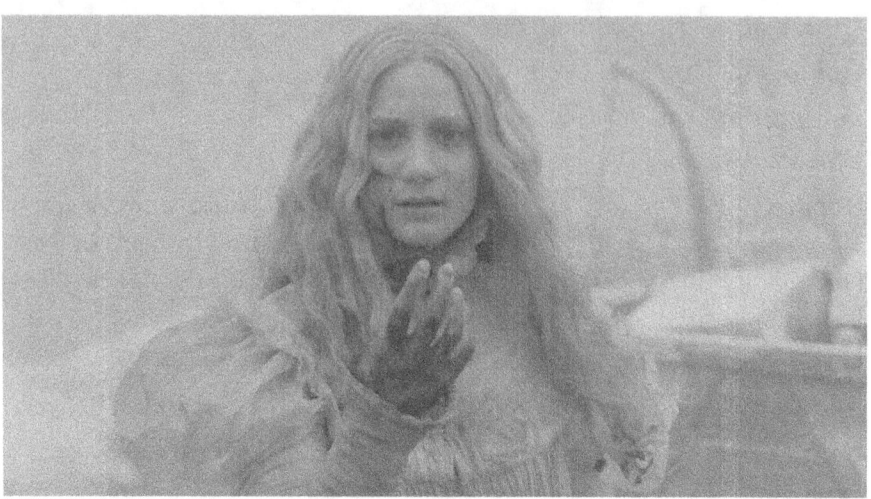

«Esta película es mi tentativa para regresar a los clásicos. Durante un periodo de la era dorada del cine, se produjeron películas como *El castillo de Dragonwyck* (1946), *Alma rebelde* (1943) y *Grandes esperanzas* (1946), que en los años cincuenta, sesenta y setenta acabaron cayendo en el olvido. De hecho, han transcurrido unos treinta años desde que se realizó un romance gótico a esta escala, y me enorgullece reabrir esta puerta. Fue un género muy importante a finales del siglo XVIII porque representó la reacción romántica a la era de la razón. Mezcla cosas que, aparentemente, no tienen nada que ver: el melodrama exacerbado construido con capas de oscuridad y la atmósfera gótica de un sombrío cuento de hadas tan espeluznante como inquietante. Combina todos estos elementos para conseguir un sabor único. La cumbre escarlata está diseñada para ser espléndida y preciosa, no solo como azúcar para la mirada, sino también como proteína para la mirada. La película cuenta la historia de los personajes a través del entorno y los decorados, que reflejan sus sentimientos y pensamientos más profundos. Asimismo, el maravilloso vestuario ayuda a los elementos temáticos que pueblan *La cumbre escarlata* a cobrar vida. Por su belleza pictórica, esta película es, de todas las que he creado, una de mis favoritas.»

Guillermo del Toro (director y guionista).

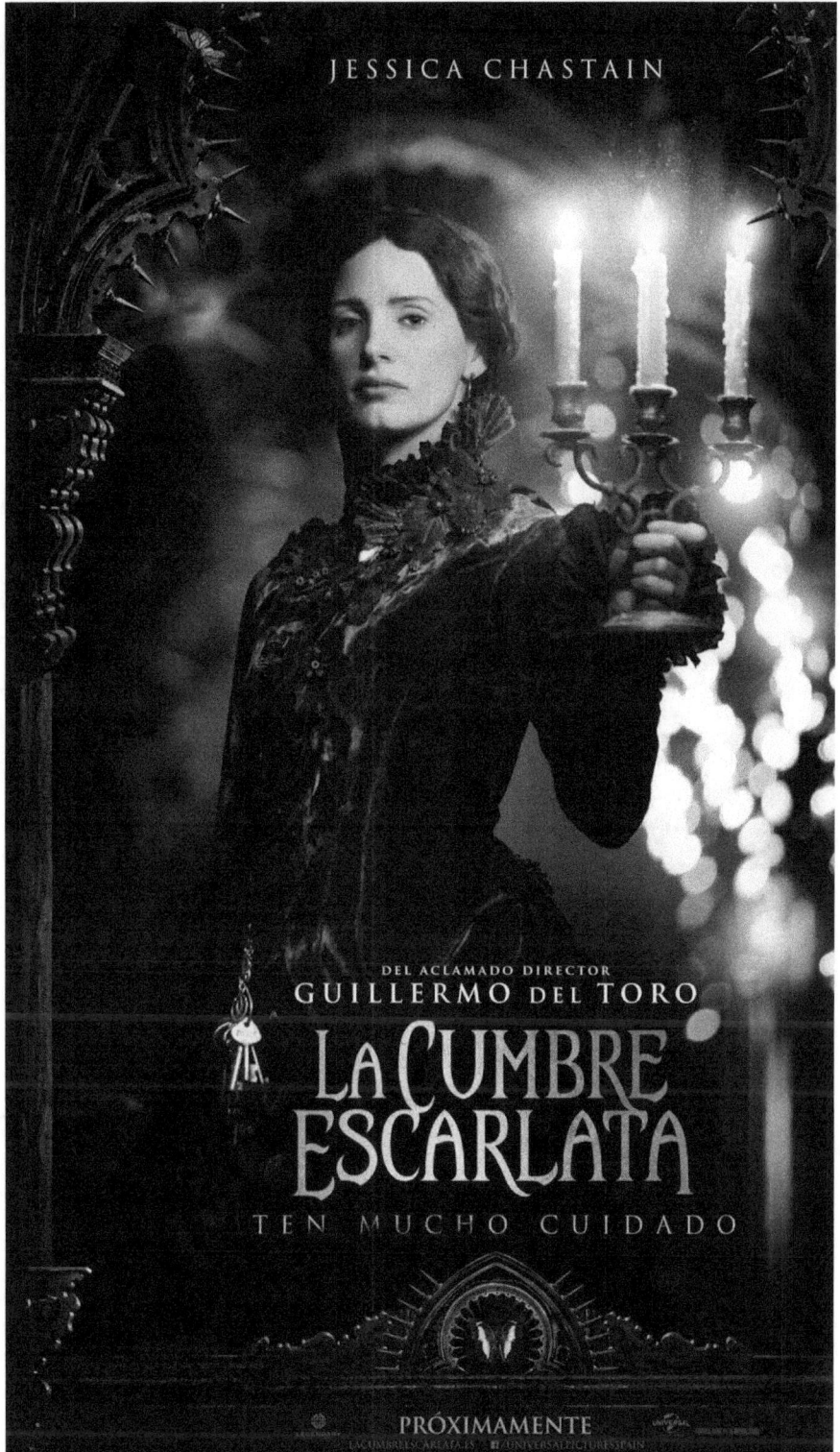

THE CULLING

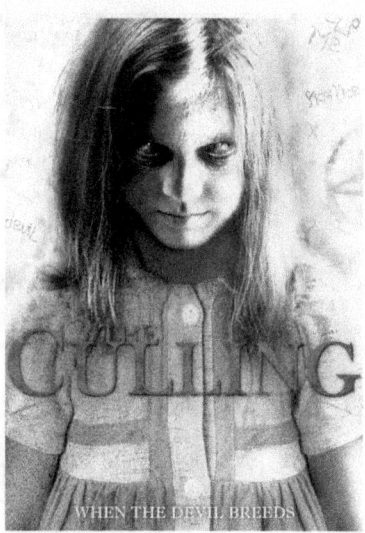

Estados Unidos: Safady Entertainment

También conocida como: *A casa maligna*, *The Devil's Chosen*, *La matanza*, *El sacrificio*

Dirección y guión: Rustam Branaman

Fotografía: Frederick Iannone

Música: Andrew Morgan Smith

Reparto: Jeremy Sumpter, Elizabeth Di Prinzio, Brett Davern, Chris Coy, Linsey Godfrey, Virginia Williams, Johnathon Schaech, Harley Graham

Duración: 81 min.

Estreno: 10 de marzo de 2015, en Estados Unidos

Esto va de: área de servicio, casas encantadas, demonio, granja, niño

Tyler, Emily, Amanda, Hank y Sean son un grupo de amigos de la universidad que viaja en coche rumbo a un festival de música. Al caer la noche, se detienen en un área de servicio para cenar, pero la encuentran cerrada. En el parking, conocen a Lucy, una niña de siete años que asegura haberse perdido. Los chicos deciden llevarla en el coche hasta su alejada granja. Los padres de la pequeña, Val y Wayne se muestran muy agradecidos y les invitan a cenar con ellos. Sin embargo, de pronto Val sufre un accidente con un hacha y Wayne tiene que llevarla al hospital, dejando a los recién llegados al cuidado de Lucy. Los chicos pronto descubrirán que algo maléfico habita en esa granja.

Rustam Branaman, director y guionista también del drama *Any Day* (2015), protagonizado por Sean Bean en el papel de un ex boxeador, prueba suerte con el género del terror con esta historia de granjas maléficas y universitarios descerebrados. Sin ser demasiado original, esta película que en Estados Unidos se lanzó directamente para el mercado del DVD, consigue dar algún susto que otro. Eso sí, por favor, si te encuentras a una niña de 7 años perdida en un parking por la noche... desconfía.

THE CURSE OF DOWNERS GROVE

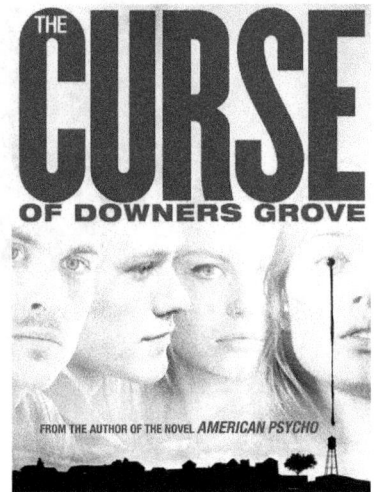

Estados Unidos: AliBella Pictures, Bystander Films, Management

También conocida como: *Der Fluch von Downers Grove, La maldición de Downers Grove*

Dirección: Derick Martini

Guión: Bret Easton Ellis, Derick Martini

Fotografía: Frank Godwin

Música: Pinar Toprak

Reparto: Bella Heathcote, Lucas Till, Kevin Zegers, Zane Holtz, Penelope Mitchell, Helen Slater, Mark L. Young, Tom Arnold

Duración: 90 min.

Estreno: 21 de agosto de 2015, en Estados Unidos

Esto va de: adaptación de novela, instituto, maldición, sacrificio

Chrissie Swanson es una alumna del instituto Downers Grove, situado en un pequeño pueblo del medio oeste de Estados Unidos, que está a punto de graduarse. El problema es que sobre este centro recae una terrible maldición: cada curso reclama la vida de un estudiante de secundaria. Chrissie tiene el presentimiento de que algo horrible va a ocurrir. Por eso la chica hace todo lo posible para averiguar si va a ser ella la próxima víctima de la maldición.

Derick Martini, director del drama juvenil protagonizado por Chlöe Grace Moretz *Hick* (2011), recurre de nuevo a la juventud para tantear sus posibilidades en el género del terror. Y lo hace llevando a la pantalla una novela de Michael Hornburg, en cuya adaptación contó con la ayuda de Bret Easton Ellis, el autor de *American Psycho*.

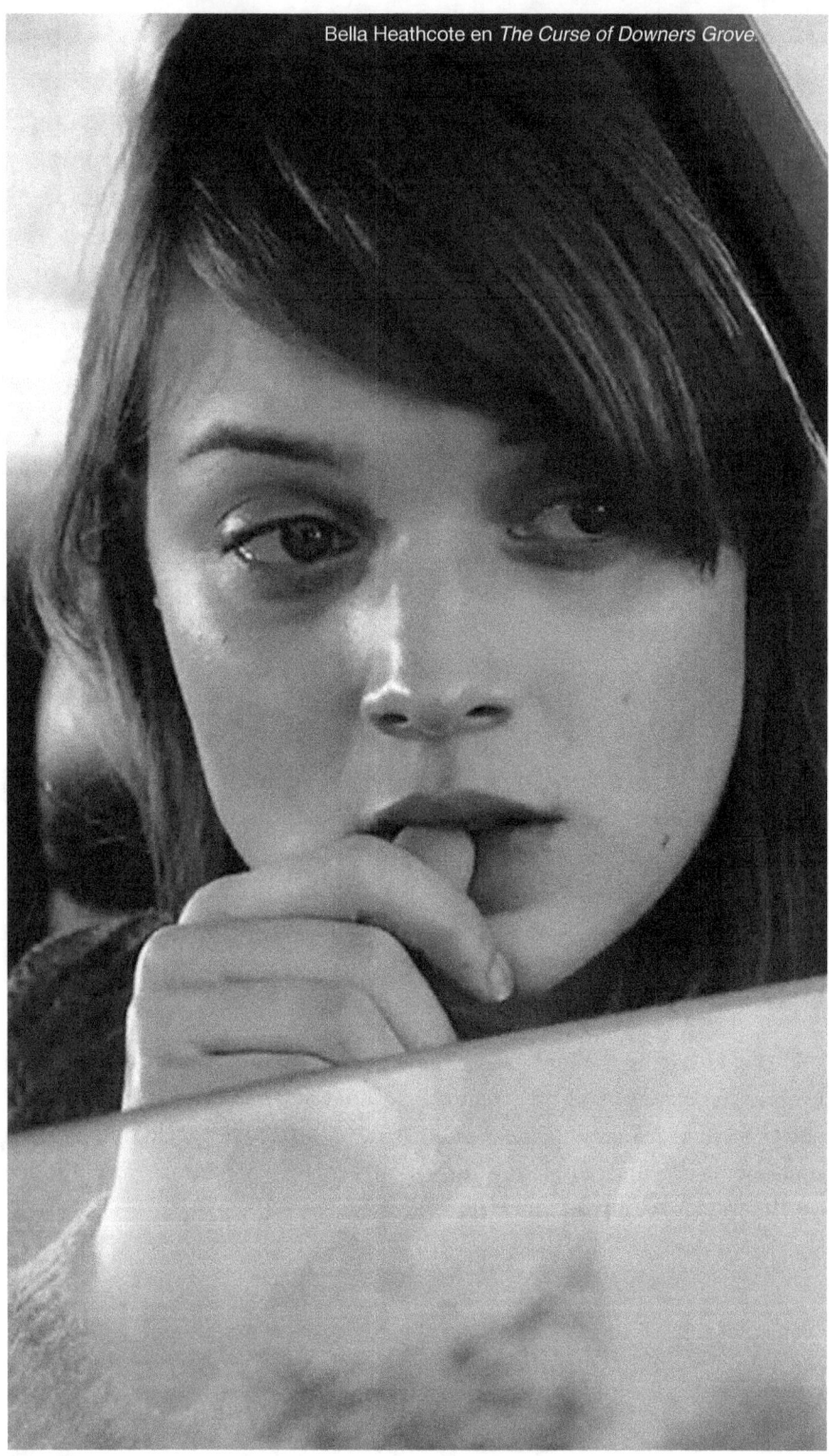

Bella Heathcote en *The Curse of Downers Grove*

CURVE

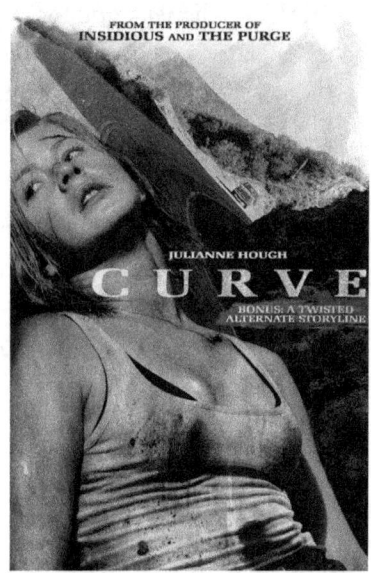

Estados Unidos: Blumhouse Productions, LBI Entertainment, Ombra Films

También conocida como: *Curve (La curva de la muerte)*, *Curve: Insidia mortale*

Dirección: Iain Softley

Guión: Kimberly Lofstrom Johnson, Lee Patterson

Fotografía: Brad Shield

Música: Ed Shearmur

Reparto: Julianne Hough, Teddy Sears, Madalyn Horcher, Drew Rausch, Penelope Mitchell, Kurt Bryant

Duración: 82 min.

Estreno: 31 de agosto de 2015, en el Film4 FrightFest (Reino Unido)

Esto va de: asesino, accidente de tráfico, carretera, psicópata, supervivencia

La atractiva Mallory Rutledge conduce sola la camioneta de su novio hacia Denver, donde planea casarse con él. Al tomar un desvío para ir a visitar las famosas Montañas Rocosas, la camioneta se avería. La chica trata de pedir asistencia por el móvil sin éxito. Por suerte, aparece un apuesto autoestopista, Christian, que le ayuda a arreglar la avería. Como agradecimiento, Mallory se ofrece a llevarle en el vehículo. Al rato, el hombre comienza a hablarle de sexo y la chica le pide que se baje de la camioneta. Christian saca entonces un cuchillo para forzarla a que conduzca en dirección a un viejo motel. Al comprobar que su atacante no lleva puesto el cinturón de seguridad, a Mallory no se le ocurre nada mejor que estrellar la camioneta en una curva. El vehículo vuelca y la muchacha pierde el conocimiento. Cuando despierta, se da cuenta de que se le ha quedado una pierna atrapada debajo del volante. El psicópata no está a su lado. Pero, posiblemente, no ha ido muy lejos.

El director de *K-Pax* (2001) y *Corazón de tinta* (2008) firma una típica película de suspense y terror de carretera, dejándole el protagonismo de la función a Julianne Hough, al chica de la versión moderna de *Footloose*

(2001). La película sigue los tópicos de este tipo de películas, instaurados ya en el clásico *Carretera al infierno* (1986).

DARK SUMMER

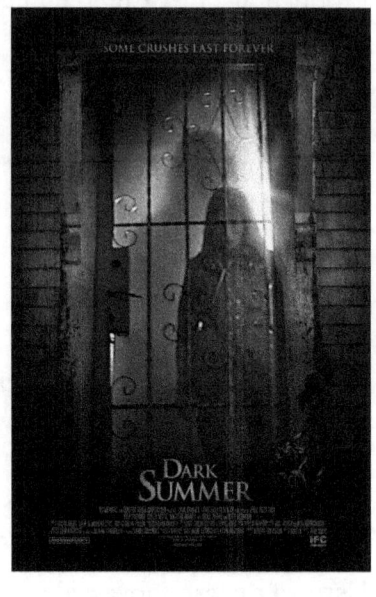

Estados Unidos / Reino Unido: ContentFilm International, Preferred Film & TV

También conocida como: *Dark Possession, Un oscuro verano*

Dirección: Paul Solet

Guión: Mike Le

Fotografía: Zoran Popovic

Música: Austin Wintory

Reparto: Peter Stormare, Stella Maeve, Grace Phipps, Keir Gilchrist, Maestro Harrell

Duración: 81 min.

Estreno: 9 de enero de 2015, en Estado Unidos

Esto va de: acoso, fastasma, nuevas tecnologías, posesiones, visiones

A sus 17 años, el verano no se le puede presentar peor a Daniel Wilson. Acusado de acoso por la joven Mona Wilson, el chico ha quedado bajo arresto domiciliario, sin posibilidad de salir de su casa, ni recibir la visita de sus amigos, ni conectarse a Internet. Cuando su madre se va de viaje de negocios, Daniel se queda solo en casa. A pesar de las restricciones, sus amigos Abby y Kevin acuden a visitarlo y le llevan una tableta para que pueda entrar en Internet. A través de Skype, recibe una llamada de Mona, quien se suicida delante de la cámara, lo que aún empeora más la situación del muchacho. Poco después, él comienza a tener extrañas visiones en su casa relacionadas con Mona hasta que llega a la conclusión de que la chica se ha quedado atrapada sin poder pasar al Más Allá. Después de una improvisada sesión de espiritismo, Daniel convence a sus amigos para que se cuelen en casa de Mona y, siguiendo sus instrucciones, busquen un objeto personal de la chica que utilizarlo en un ritual que ayude a la chica a pasar a la otra vida. Abby y Kevin descubren una pared falsa en la vivienda, detrás de la cual se oculta un terrible secreto.

Paul Solet, director de una de las historias de *Cuentos de Halloween*, realiza un horror-teen con visiones, posesiones, nuevas tecnologías y la claustrofóbica sensación de no poder salir de casa pase lo que pase.

DEAD RISING: WATCHTOWER

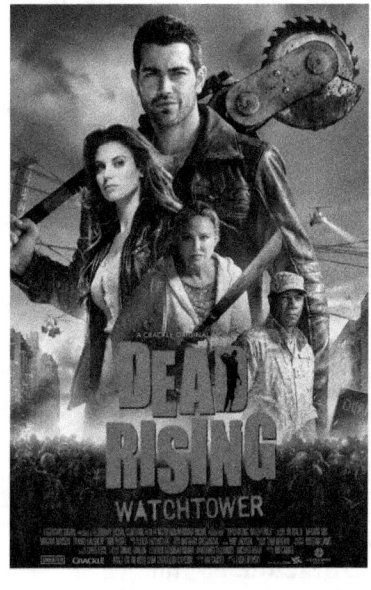

Estados Unidos: Legendary Entertainment, Crackle, Contradiction Films

También conocida como: *El aniquilador, Dead Rising: el atalaya, Muerte creciente, El origen de los malditos, El renacer de los muertos*

Dirección: Zach Lipovsky

Guión: Tim Carter

Fotografía: Mahlon Todd Williams

Música: Oleksa Lozowchuk

Reparto: Rob Riggle, Meghan Ory, Virginia Madsen, Keegan Connor Tracy, Dennis Haysbert, Julia Benson, Jesse Metcalfe, Patrick Sabongui, Aleks Paunovic

Duración: 118 min.

Estreno: 27 de marzo de 2015, en Estados Unidos

Esto va de: adaptación videojuego, cuarentena, infección, periodista, reportero, supervivencia, virus, zombi

En East Mission (Oregón), el reportero Chase Carter y Jordan, su cámara, realizan un reportaje sobre la gente que está en cuarentena durante el brote de una extraña infección que convierte a las personas en violentos zombis. La organización FEZA está utilizando una vacuna llamada Zombrex para intentar curar a las víctimas. De repente, los pacientes se convierten en zombis y Jordan huye con la unidad móvil. Chase busca refugio junto a la científica Crystal LaRourke y a Maggie, una mujer en estado de shock porque acaba de perder a su hija. El ejército, bajo el mando del general Lyons, se plantea bombardear la ciudad al comprobar la nula eficacia del Zombrex, mientras Chase, Crystal y Maggie luchan por salir de allí.

Especializado en el diseño de efectos visuales, Zach Lipovsky se lanza a la dirección llevando a la pantalla grande este clásico de los videojuegos del llamado *survival horror*. Desarrollado por Capcom, *Dead Rising* planteaba la historia de un fotoperiodista que se encuentra atrapado en un centro comercial repleto de zombis. El enorme éxito del videojuego provocó la aparición de diversas secuelas.

THE DEAD ROOM

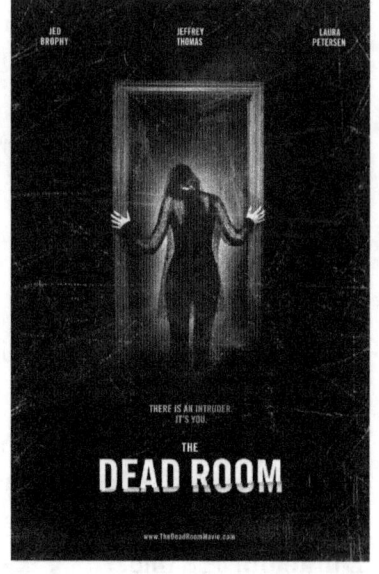

Nueva Zelanda: Centron Pictures

Dirección: Jason Stutter

Guión: Kevin Stevens, Jason Stutter

Fotografía: Grant Atkinson

Música: David Donaldson, Steve Roche, Janet Roddick

Reparto: Jed Brophy, Jeffrey Thomas, Laura Petersen

Duración: 80 min.

Estreno: 31 de octubre de 2015, en Nueva Zelanda

Esto va de: casas encantadas, científico, espíritu, granja, leyenda urbana, médium, sobrenatural

Una familia abandona su granja a toda prisa y asegura que el lugar está encantado. Dos científicos y una joven médium se acercan al lugar para investigar. Aunque ninguno de los tres creen que vayan a encontrar nada importante, cambian de opinión en cuanto chocan con un poderoso espíritu que está dispuesto a proteger los secretos a toda costa.

Jason Stutter recurre a una leyenda urbana de Nueva Zelanda, que narra unos misteriosos hechos ocurridos en los años 70, en una granja de Central Otago. Hasta allí se desplazaron dos profesores para desacreditar las reclamaciones que aseguraban que la casa estaba encantada.

DEATHGASM

Nueva Zelanda: Metalheads, MPI
Media Group, New Zealand Film
Commission, Timpson Films
Dirección y guión: Jason Lei Howden
Fotografía: Simon Raby
Reparto: Milo Cawthorne, James Blake,
Kimberley Crossman, Sam Berkley,
Daniel Cresswell, Delaney Tabron
Duración: 86 min.
Estreno: 14 de marzo de 2015, en el
South by Southwest Film Festival
(Estados Unidos)
Esto va de: banda de música, caníbal,
comedia de terror, demonio, gore, heavy metal, magia negra, posesiones

Brodie es un joven que llega hasta un pequeño pueblo, donde se ve rodeado de atletas y cheerlades. El chico se siente perdido hasta que conoce a Zakk, que comparte su pasión por la música heavy. Ambos forman su propia banda y encuentran una misteriosa partitura. Cuando la interpretan, convocan a un antiguo demonio conocido como Aeloth. Sus compañeros de instituto y sus familiares se ven entonces poseídos por fuerzas diabólicas y se convierten en asesinos psicóticos. Brodie y Zakk tendrán que detener a una fuerza del mal que pretende devorar a la humanidad.

Jason Lei Howden, aficionado a la música heavy, rodó la película durante tres semanas frenéticas en Auckland (Nueva Zelanda) con el objetivo de fusionar metal, demonios y gore.

«Con un presupuesto modesto y un guión ambicioso, ha sido duro como el infierno. Hemos tenido que mendigar, robar, pedir prestado y prostituirnos a nuestra manera para conseguirlo. Pero tengo cero remordimientos y lo haría de nuevo sin pensarlo. El heavy metal y el cine de terror me ayudaron a dejar atrás algunos episodios oscuros de mi vida, y yo solo quería ofrecer una oportunidad similar a las personas que pudieran estar pasando por tiempos oscuros parecidos.»

Jason Lei Howden (director y guionista).

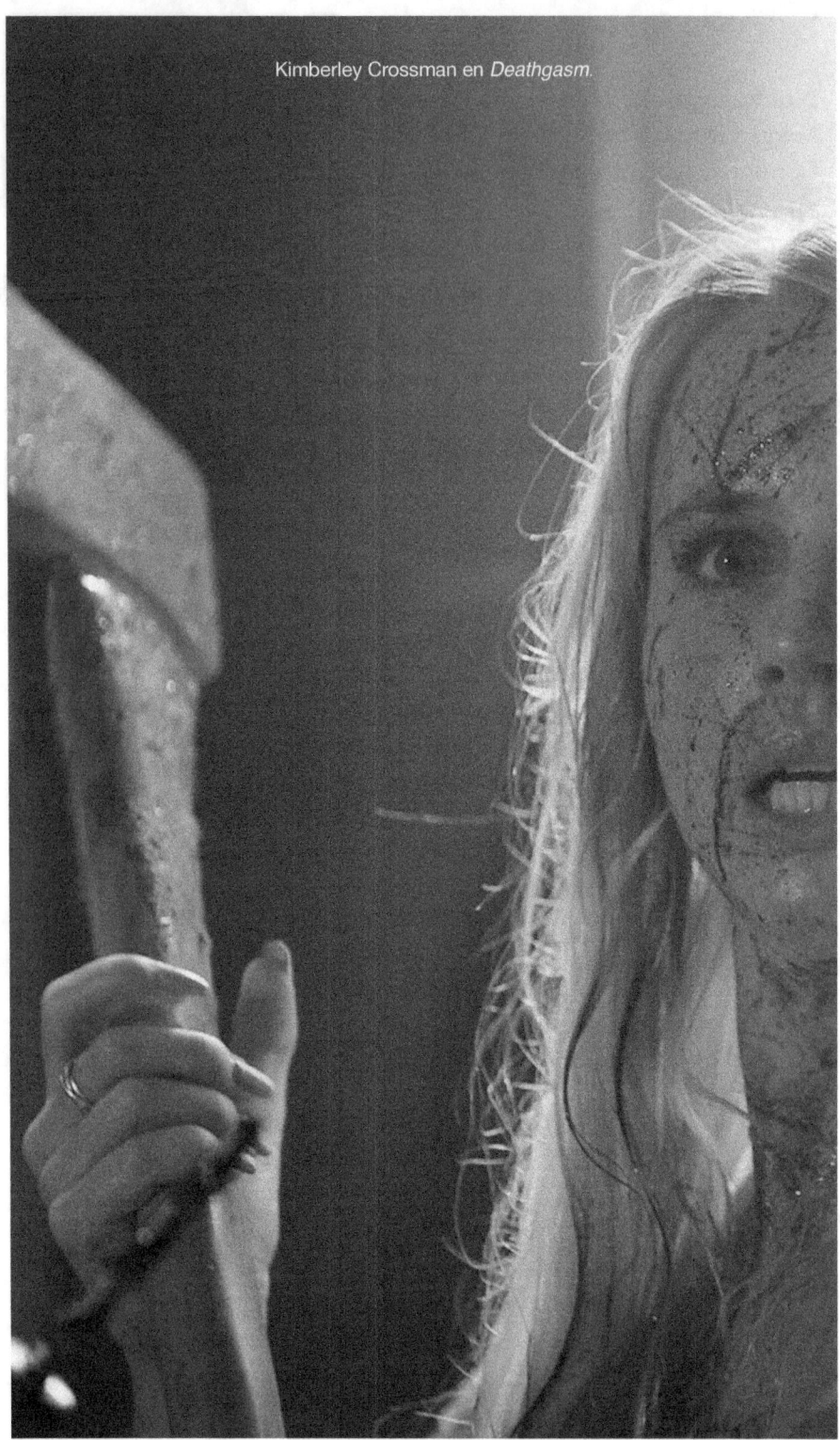

Kimberley Crossman en *Deathgasm*.

DEEP DARK

Estados Unidos: Polluted Pictures, Vitamin M

También conocida como: *En lo profundo de la oscuridad*

Dirección y guión: Michael Medaglia

Fotografía: Francisco Bulgarelli

Música: Keith Schreiner

Reparto: Mary McDonald-Lewis, Erin Hagen, Don Alder, Sean McGrath, John Nielsen, Denise Poirier, Austin Sloan, Monica Graves, Hank Cartwright

Duración: 79 min.

Estreno: 23 de mayo de 2015, en el Festival Fantaspoa (Brasil)

Esto va de: agujero, apartamento, artista, demonio, locura, pared, soledad, surrealismo

Hermann, un escultor fracasado que está atravesando una profunda crisis personal, encuentra un agujero en la pared de su casa con el que inicia una insólita relación, después de encontrar un mensaje dentro que le dice que puede ayudarle. Hermann llega a comunicarse con el agujero de la pared, quien tiene el poder de hacer realidad sus fantasías más salvajes.

El clásico dicho de cuidado con lo que deseas, que puede hacerse realidad, le sirve a Michael Medaglia para dar el salto a la dirección de largometrajes, con una producción de bajo presupuesto e imaginación un tanto retorcida sobre la relación que establece un hombre algo paranoico con el agujero de una pared. Curiosa.

DEMENTIA

Estados Unidos: BoulderLight

Dirección: Mike Testin

Guión: Meredith Berg

Fotografía: Mike Testin

Música: Jason Turbin

Reparto: Gene Jones, Kristina Klebe, Hassie Harrison, Peter Cilella, Richard Riehle, Steve Agee, Tony Denison, Marc Senter, Justin Benson

Duración: 90 min.

Estreno: 4 de diciembre de 2015, en Estados Unidos

Esto va de: anciano, demencia, enfermedad, enfermera, hospital, memoria, tortura

George Lockhart, un anciano veterano de guerra, se siente indispuesto después de ayudar a un chaval a hacer frente a unos matones. En el hospital le diagnostican un inicio de demencia. Para que pueda continuar con su vida de forma autónoma, sus hijos Jerry y Shelby piden una enfermera. En la casa se presenta Michelle, quien dice haber atendido a George en el hospital, aunque él asegura no haberla visto en su vida. El celo de la enfermera para cuidar al enfermo va más allá de lo normal.

Las enfermedades pueden ser la antesala de situaciones realmente terroríficas. Más aún, cuando las dolencias pueden afectar a la visión de la realidad de las personas. Un ejemplo claro lo tenemos en *Dementia* —también en otra producción estrenada este mismo año, *Anguish* (2015), sobre una adolescente a la que la diagnostican un desorden de personalidad cuando en realidad está poseída—. El director de fotografía Mike Testin, responsable de las inquietantes imágenes de *Contracted* (2013) y *Contracted: Phase II* (2015), se lanza a la dirección con este terrorífico argumento.

THE DEMOLISHER

Canadá: Latefox Pictures

Dirección: Gabriel Carrer

Guión: Gabriel Carrer

Fotografía: Martin Buzora

Música: Glen Nicholls

Reparto: Ry Barrett, Tianna Nori, Jessica Vano, Duncan McLellan, Bruce Turner, Rich Piatkowski, Gerrit Sepers, Andrew Bussey, Owen Fawcett, Duane Frey

Duración: 85 min.

Estreno: 27 de julio de 2015, en el Fantasia International Film Festival (Canadá)

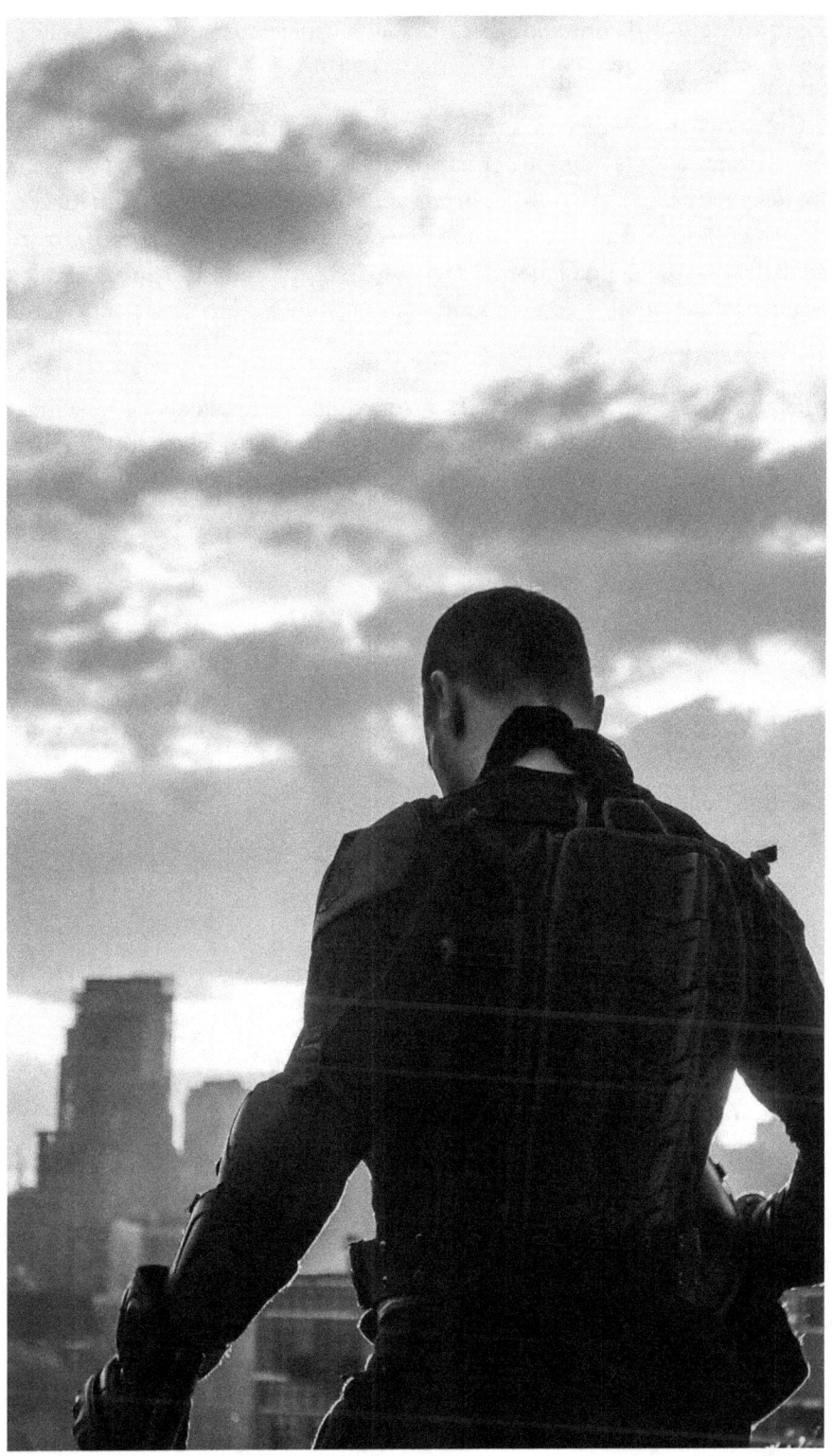

Esto va de: banda criminal, discapacidad, justiciero, matrimonio, policía, venganza, vigilante

Cuando Samantha, una agente de policía, queda parapléjica al sufrir un salvaje ataque durante una redada policial contra una extraña banda satánica, su marido, Bruce, queda completamente traumatizado. Atormentado con la idea de que tiene que hacer algo al respecto, Bruce se disfraza e inicia una labor de vigilante, tratando de exterminar a todos aquellos relacionados con el mundo de las bandas. Pero su labor no tarda en írsele de las manos.

El director canadiense Gabriel Carrer realiza una película extraña, muy de autor, donde trata de penetrar en la frágil mente de su protagonista. Un filme repleto de imágenes impactantes que, sin embargo, muestra un ritmo irregular y algo lento.

DEMON

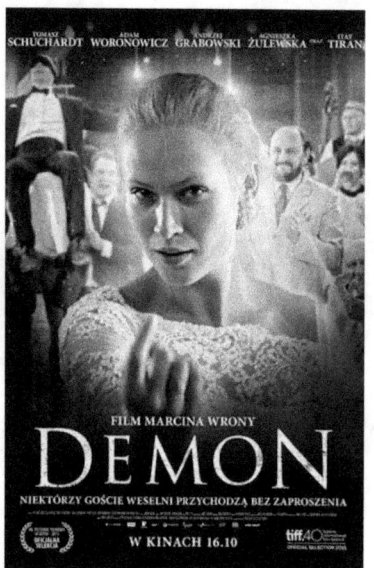

Polonia: Telewizja Polska

Dirección: Marcin Wrona

Guión: Pawel Maslona, Marcin Wrona

Fotografía: Pawel Flis

Música: Marcin Macuk, Krzysztof Penderecki

Reparto: Maja Barelkowska, Maria Debska, Piotr Domalewski, Katarzyna Gniewkowska, Andrzej Grabowski, Katarzyna Herman

Duración: 94 min.

Estreno: 17 de septiembre de 2015, en el Gdynia Polish Film Festival (Polonia)

Esto va de: boda, demonio, espíritu, mito, posesiones

En vísperas de su boda con Janet, Python recibe unas tierras como regalo, donde construir un hogar. Allí descubre unos misteriosos huesos. A este extraño incidente le siguen otros hasta que, en el día de la boda, Python se ve poseído por un maléfico demonio.

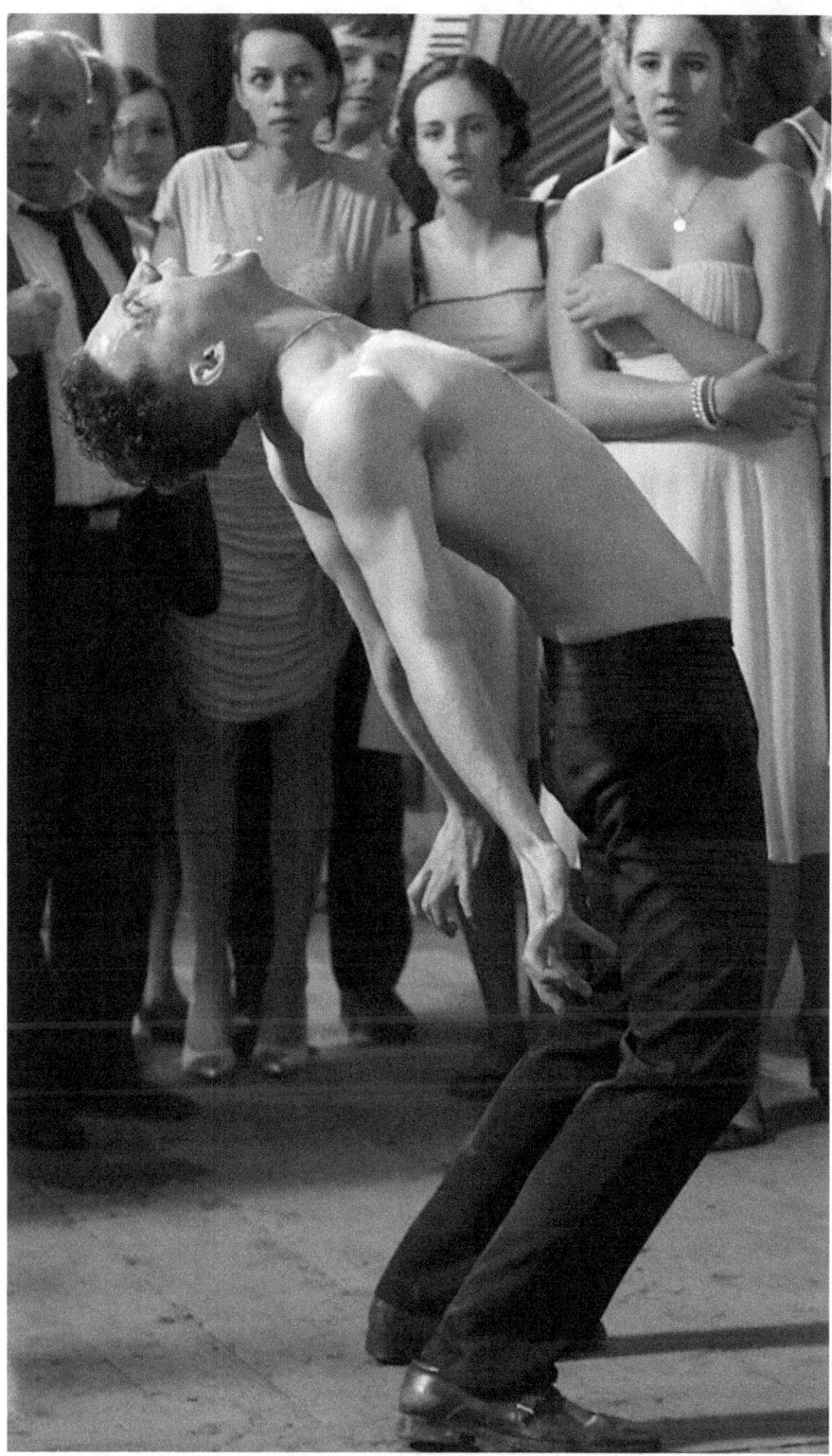

Dentro del folclore judío se habla de la existencia de un espíritu maligno capaz de poseer a otras personas que recibe el nombre de «dybbuk». Según la leyenda, estos espíritus fueron expulsados del Gehena, lugar identificado con el infierno, por cometer actos inadmisibles para el alma, como es el suicidio. Marcin Wrona quiso llevar a la pantalla el mito de los «dybbuk» en *Demon*. Lamentablemente, se suicidó el 19 de septiembre de 2015 en la habitación de un hotel durante el Gdynia Polish Film Festival, mientras su película se presentaba a competición.

DEMONIC

Estados Unidos: Dimension Films, First Point Entertainment, IM Global

También conocida como: *A casa dos mortos, La casa de los muertos, La casa del demonio, Demoniaco, House of Horror, House of the Dead*

Dirección: Will Canon

Guión: Will Canon, Max La Bella, Doug Simon

Fotografía: Michael Fimognari

Música: Dan Marocco

Reparto: Maria Bello, Frank Grillo, Dustin Milligan, Megan Park, Scott Mechlowicz, Aaron Yoo, Alex Goode, Ashton Leigh

Duración: 84 min.

Estreno: 12 de febrero de 2015, en Brasil

Esto va de: casas encantadas, desaparecido, espiritismo, espíritu, policía, posesiones, psicólogo, sobrenatural

El agente de policía Mark Lewis acude a una llamada de emergencia en una casa, donde encuentra tres cadáveres y un superviviente en estado de shock. Cuando la piscóloga de la policía, la doctora Elizabeth Klein, interroga al superviviente, John, descubre que Michelle, la novia embarazada del muchacho, y cuatro amigos más —Bryan, Jules, Donnie y Sam—, habían irrumpido en la casa como un equipo amateur de cazafantasmas. Su misión: realizar una sesión de espiritismo que les permitiera aclarar un terrible crimen cometido por la anterior dueña de la casa, Marta Livingstone. Según John, la sesión se descontroló y desató una fuerza maligna que acabó con la vida de Jules Donnie y Sam, mientras que Michelle y Bryan desaparecieron. Los policías investigan las cintas de vídeo grabadas durante la sesión para intentar esclarecer lo ocurrido.

La actriz Maria Bello, protagonista de algunas historias inquietantes, como *The Dark* (2005), se une al Frank Grillo de *Anarchy: La noche de las bestias* (2014) para encabezar el reparto de una película entretenida sobe posesiones, casas malditas y peligrosas sesiones de espiritismo, a partir de una historia creada por James Wan y Max La Bella.

THE DEVIL'S CANDY

Estados Unidos: Snoot Entertainment, Hanway Films
Dirección y guión: Sean Byrne
Fotografía: Simon Chapman
Música: Mads Heldtberg, Michael Yezerski
Reparto: Shiri Appleby, Ethan Embry, Kiara Glasco, Mylinda Royer, Ash Thapliyal, Jamie Tisdale, Pruitt Taylor Vince, Orion West
Duración: 79 min.
Estreno: 13 de septiembre de 2015, en el Festival de Toronto (Canadá)
Esto va de: artista, familia, heavy metal, sobrenatural

Apasionado por la pintura, la música heavy y la familia, Jesse se siente feliz cuando logra mudarse con su mujer Astrid y su hija adolescente, Zooey, a la casa de sus sueños, en un apartado rincón de Texas, que posee espacio suficiente para instalar su estudio artístico y que ha bajado de precio por un pasado más que misterioso. En cuanto se instalan, las pinturas de Jesse se hacen cada vez más oscuras y macabras. Más preocupante resulta aún la aparición de Ray, el hijo de los anteriores dueños ya fallecidos, que se presenta diciendo que quiere «volver a casa» y que muestra una extraña obsesión por Zooey.

El autor de la película de culto *The Loved Ones* (2009) regresa a la dirección con una angustiosa aproximación a la temática de las casas encantadas.

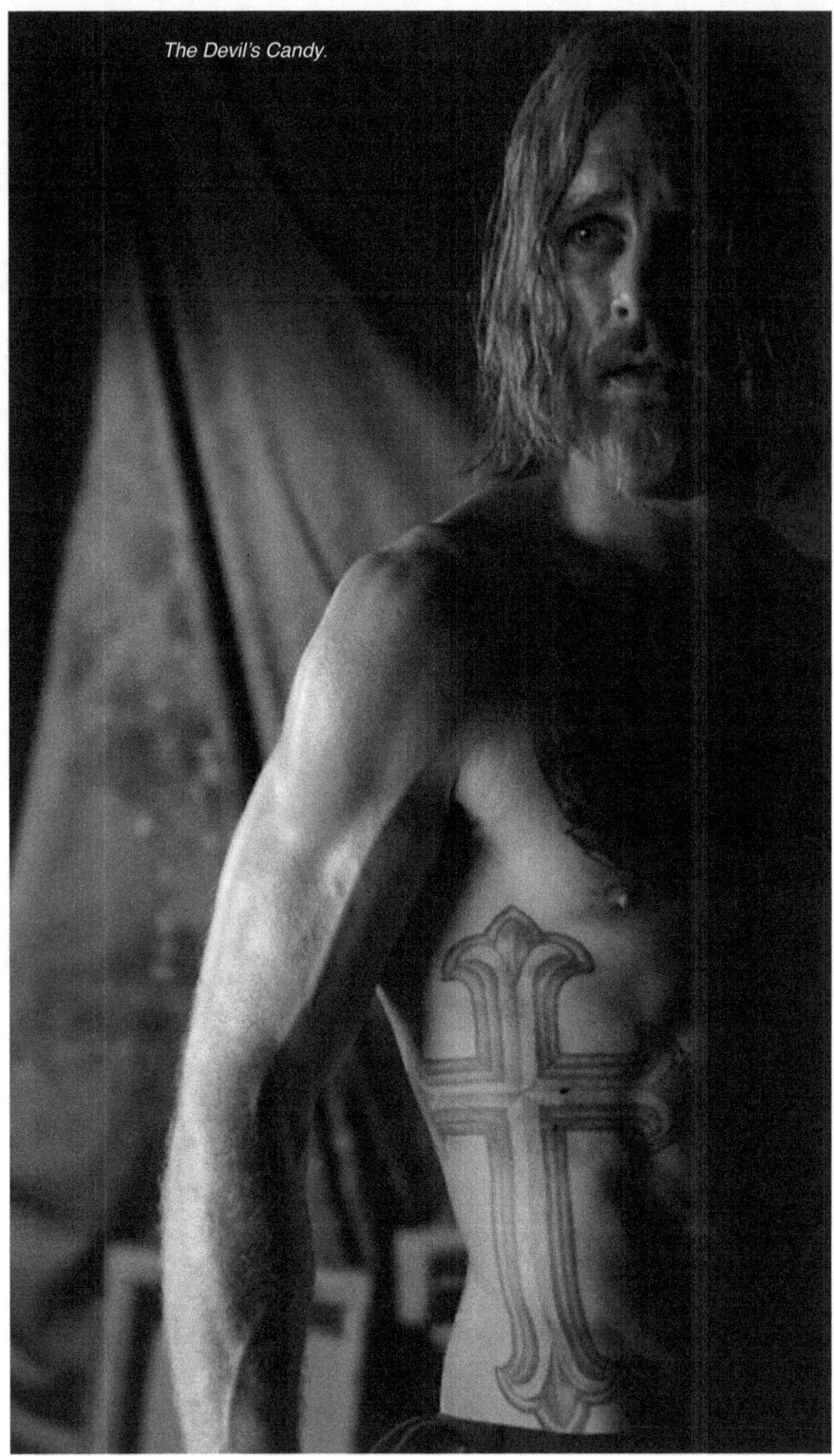

The Devil's Candy.

«Se pueden hacer paralelismos entre mi protagonista y el de *El resplandor* (1980) pero, a diferencia de Jack Torrance, el alma de Jess lucha hasta el final para salvar a su familia de la llamada de la oscuridad. La película trata sobre el sacrificio, de forma figurativa (la familia sobre la carrera profesional) y de forma literal (el sacrificio de niños a Satanás). Siguiendo la estela de otras películas sobre sacrificios, como *La semilla del diablo* (1968) o *La profecía* (1976), quería que *The Devil's Candy* tuviera una medida elegancia, apostando más por el encuadre clásico sobre la cámara en mano.»

Sean Byrne (director y guionista).

THE DIABOLICAL

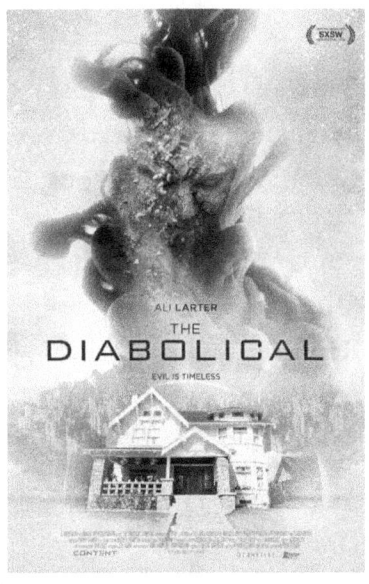

Estados Unidos: Preferred Film, Content

También conocida como: *Ente diabólico, Lo diabólico*

Dirección: Alistair Legrand

Guión: Luke Harvis, Alistair Legrand

Fotografía: John Frost

Música: Ian Hultquist

Reparto: Ali Larter, Patrick Fischler, Merrin Dungey, Joe Egender, Tom Wright, Arjun Gupta, Laura Margolis

Duración: 86 min.

Estreno: 16 de marzo de 2015, en el South by Southwest Film Festival (Estados Unidos)

Esto va de: científico, demonio, espíritu, madre, niño, poltergeist, posesiones, sobrenatural

Madison es una madre soltera que vive con sus dos hijos pequeños, Jacob y Haley. Los tres comienzan a ser testigos de algunos fenómenos paranormales en su casa: objetos que flotan en el aire, luces que se apagan, puertas que se abren... Ningún especialista es capaz de darle una explicación de lo que allí ocurre. Tampoco su novio científico. Lo único cierto es que los fenómenos van en aumento y el terror de la familia también, sobre todo cuando detectan presencias en la casa.

La rubia Ali Larter, una cierta musa del cine de terror que nos ha brindado su presencia en un par de entregas de la saga *Resident Evil* —en el papel de Claire Redfield— y en películas como *House on Haunted Hill* (1999), *Destino final* (2000) y *Obsesionada* (2009), se pone al frente de esta película.

Estamos ante una especie de versión de *Poltergeist* algo más extrema, que confirma una evidente sospecha: si empiezan a ocurrir fenómenos paranormales en tu casa, más te vale que salgas corriendo a tiempo.

DON'T SPEAK

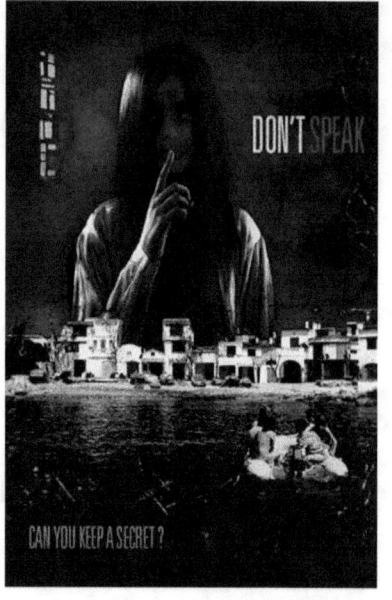

España: Creandus Films
Dirección: Amadeu Artasona
Guión: Amadeu Artasona, Jaime Sacristán
Fotografía: Sebas Vázquez, Alex Font
Música: Pep Jornet
Reparto: Melina Matthews, Benjamin Nathan-Serio, Saras Gil, Amy Gwilliam, Jake Klamburg, Natalia Jerez, María Galán, Pol Baulida, Antonio de la Cruz
Duración: 82 min.
Estreno: 9 de octubre de 2015, en Madrid

Esto va de: fantasma, isla, pueblo, turista, sobrenatural, supervivencia, vacaciones

Un grupo de jóvenes celebran una fiesta en un barco. A lo lejos un pequeño pueblo les observa en silencio. Cuando uno de ellos resulta gravemente herido, deciden acercase al pueblo para buscar ayuda. La reducida población del pueblo no se muestra muy amigable. Cuando algunos chicos mueren en terribles circunstancias., los demás deberán descubrir la razón de estos asesinatos en absoluto silencio, si quieren salir con vida del pueblo.

Amadeu Artasona intenta hacer una producción de género con

vocación internacional, rodada en inglés. La historia no da para mucho y la realización en general es bastante mediocre.

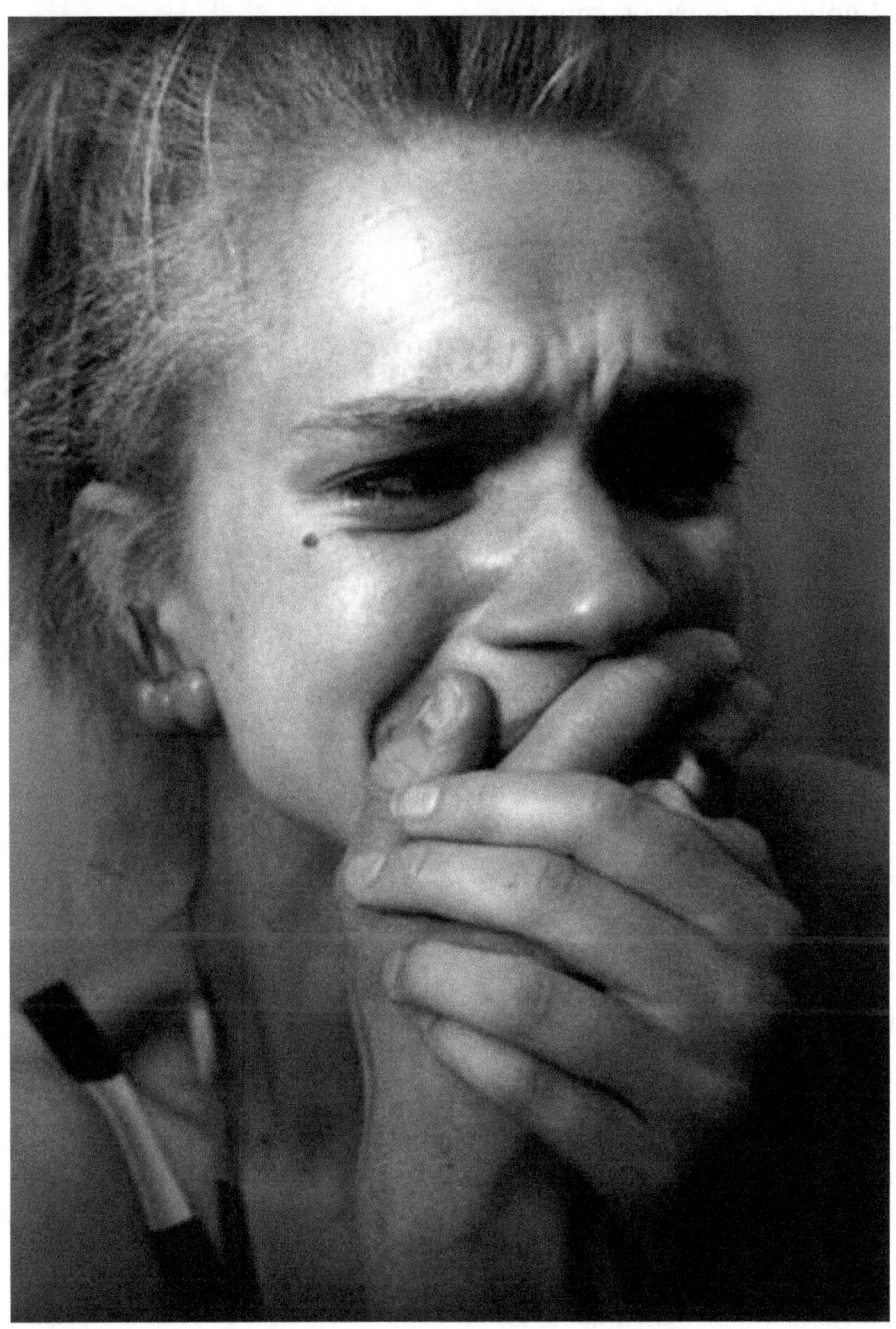

ELLOS VOLVIERON

Argentina: Noel Films

También conocida como: *They Returned*

Dirección y guión: Iván Noel

Fotografía: Iván Noel

Música: Iván Noel

Reparto: Lauro Sarmento Verón, Valentina Sartorelli, Juan Ignacio Molina, Jorge Booth, Óscar Mira, Romina Pinto, Camila Cruz, Germán de Goycoechea

Duración: 100 min.

Estreno: 1 de enero de 2015, en Argentina

Esto va de: desaparecido, experimento, hospital, investigación, nazi

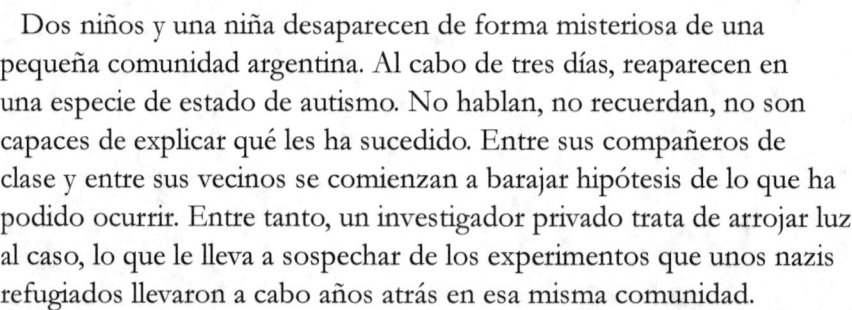

Dos niños y una niña desaparecen de forma misteriosa de una pequeña comunidad argentina. Al cabo de tres días, reaparecen en una especie de estado de autismo. No hablan, no recuerdan, no son capaces de explicar qué les ha sucedido. Entre sus compañeros de clase y entre sus vecinos se comienzan a barajar hipótesis de lo que ha podido ocurrir. Entre tanto, un investigador privado trata de arrojar luz al caso, lo que le lleva a sospechar de los experimentos que unos nazis refugiados llevaron a cabo años atrás en esa misma comunidad.

Ellos volvieron es un proyecto muy personal de Iván Noel que, salvo protagonizar la película, lo hizo básicamente todo. Su objetivo era crear una combinación entre la serie televisiva *Twin Peaks* y películas como *El pueblo de los malditos* (1995) y *La isla mínima* (2014), para crear una desconcertante historia acerca de la inexplicable desaparición de tres niños. Una historia, además, inspirada en hechos reales.

LA ENTIDAD

Perú: Star Films, Unlimited Films

También conocida como: *The Entity*

Dirección: Eduardo Schuldt

Guión: Sandro Ventura

Reparto: Daniela Mendoza, Rodrigo Falla, Carlos Casella, Mario Gaviria

Duración: 80 min.

Estreno: 22 de enero de 2015, en Perú

Esto va de: cementerio, demonio, desaparecido, espíritu, metraje encontrado, posesiones, sobrenatural, universitario

Mientras hacen un trabajo sobre las páginas más oscuras de Internet, un grupo de estudiantes localiza una vieja película oculta en el archivo del cementerio. Por lo que parece, todo el que ha visto el filme ha desaparecido después en circunstancias misteriosas. Cuando los chicos ven la película, descubren la existencia de un espíritu diabólico que les hará vivir una auténtica pesadilla.

En pleno fervor del cine de terror local, Perú apuesta por su primera película de género rodada en 3D. Y lo hace Eduardo Schuldt apostando además por el ya manido recurso del metraje encontrado, es decir las grabaciones realizadas por los protagonistas, que sirven como hilo conductor de todo el largometraje.

EL ESLABÓN PODRIDO

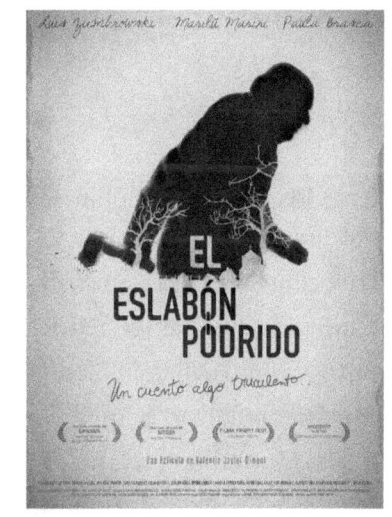

Argentina: Javier Diment

También conocida como: *The Rotten Link*

Dirección: Valentín Javier Diment

Guión: Valentín Javier Diment, Sebastián Cortés, Martín Blousson, con la colaboración de Garmán Val

Fotografía: Fernando Marticorena

Música: Sebastián Diaz

Reparto: Luis Ziembrowsky, Marilú Marini, Paula Brasca, Germán De Silva, Marta Haller, Valentín Javier Diment, Luis Aranosky

Duración: 75 min.

Estreno: 28 de agosto de 2015, en el Film4 FrightFest (Reino Unido)

Esto va de: bosque, curandera, familia, hacha, humor negro, iglesia, leñador, madre, prostituta, pueblo, sacerdote

En un pueblito argentino de unas 20 casas, aislado en medio del campo, vive Raulo, retrasado mental, leñador de 50 años; con Ercilia, su madre, curandera, senil, y Roberta, su hermana, la prostituta joven y favorita del pueblo. Ellos se cuidan y se quieren incondicionalmente. Pero ante la sensación que tiene Ercilia de proximidad de la muerte, le insiste a Roberta con una amenaza: si llega a tener relaciones con todos los hombres del pueblo, el pueblo la deshecha, la descarta, y ella muere. Y solo queda un hombre en el pueblo con quien no estuvo: Sicilio, el marido de la otra prostituta, que está enamoradísimo de Roberta, pero si su esposa se entera que estuvo con ella no dudaría en asesinarlo.

Que el cine de terror puede adoptar las formas más sorprendentes lo demuestran películas como *El eslabón podrido*, un curioso relato de Valentín Javier Diment. Calificado por el propio director, productor y guionista como «un cuento algo truculento», la película nos traslada al interior de la Argentina rural para presentarnos a un grupo de personajes muy inquietantes. Original de principio a fin, con un ritmo particular y una cuidada fotografía, se ha destacado como una de las propuestas más sugerentes del año, premiada en diversos festivales internacionales.

EXCESS FLESH

Estados Unidos: Walking to the Moon Productions

Dirección: Patrick Kennelly

Guión: Sigrid Gilmer, Patrick Kennelly

Fotografía: Benjamin Conley

Música: Jonathan Snipes

Reparto: Bethany Or, Mary Loveless, Wes McGee, Kristin Minter, Jill Jacobson, Sheresade Poblet, Dana L. Wilson, Braeden Baade, Allen Rueckert

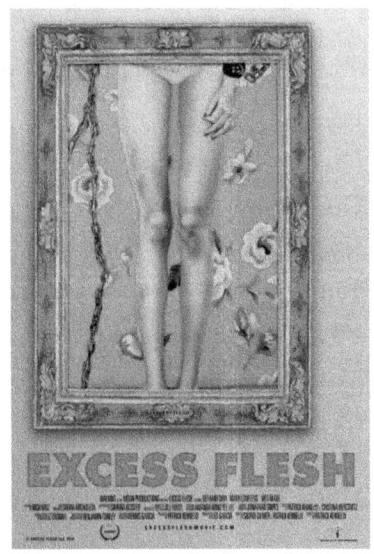

Duración: 103 min.

Estreno: 13 de marzo de 2015, en el South by Southwest Film Festival (Estados Unidos)

Esto va de: amigo, bulimia, celos, locura, modelo, obsesión, sobrepeso, tortura, prisionero

Jill está obsesionado con su nueva compañera de piso, Jennifer, una modelo promiscua y sexy que aspira a dominar el mundo de la moda en Los Angeles. Nueva en la ciudad y recientemente soltera, Jill es incapaz de mantener el ritmo de su compañera, mientras va de atracones a purgas para mantenerse delgada. Con el tiempo, acaba odiándose a sí misma y a todo el mundo de su alrededor. Sus celos y rabia la llevan a una espiral en la que pierde el control. Jennifer lo tiene todo, y Jill quiere ser como ella. Si Jill no puede ser Jennifer, debe destruirla.

El primer largometraje de Patrick Kennelly no es ninguna maravilla pero hay que reconocerle acierto a la hora de abordar temas tan jugosos como el de los celos entre las mujeres, el sobrepeso y otras pesadillas habituales del mundo moderno.

EXETER

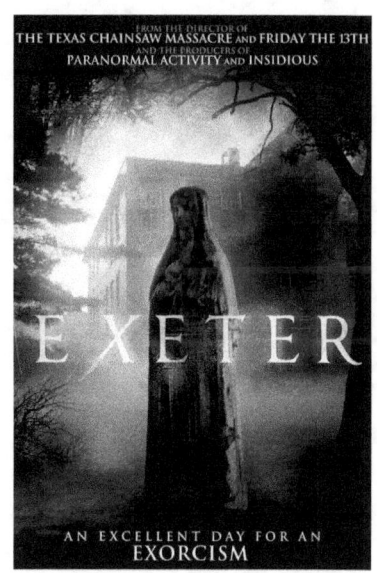

Estados Unidos: 1821 Pictures, Voltage Pict.

Dirección: Marcus Nispel

También conocida como: *Backmask, ExitUs: Play it backwards, La posesión del diablo, Proyecto 666, The Asylum*

Guión: Kirsten Elms

Fotografía: Eric Treml

Música: Eric Allaman

Reparto: Stephen Lang, Kevin Chapman, Gage Golightly, Kelly Blatz

Duración: 91 min.

Estreno: 27 de febrero de 2015, en el Festival de Glasgow (Reino Unido)

Esto va de: exorcismo, fantasmas, hospital, posesiones, sobrenatural

Un grupo de amigos decide colarse en el interior de un asilo abandonado, célebre por los malos tratos que recibían allí los pacientes. A los chicos se les ocurre experimentar con lo oculto y comienzan a sufrir violentas posesiones. Para intentar detener aquella locura, prueban a llevar a cabo un exorcismo. Pero el remedio se revela mucho peor que la enfermedad y hace acto de presencia un espíritu mucho más poderoso y vengativo. Los muchachos no tienen más remedio que descubrir los misterios más ocultos de ese lugar para dar con una posible salida antes de que sea demasiado tarde.

Formado en el mundo de la publicidad, el director de origen alemán Marcus Nispel se hizo rápidamente conocido entre los amantes del género del terror por «atreverse» a actualizar dos clásicos como *La matanza de Texas* (2003) y *Viernes 13* (2009), sin especial éxito, la verdad sea dicha. Con *Exeter*, se lanza de nuevo al género con una propuesta propia (la historia original de la película está basada en una idea suya) y sigue sin salir demasiado airoso, aunque hay que reconocer que la puesta en escena de la película resulta llamativa.

THE EXORCISM OF MOLLY HARTLEY

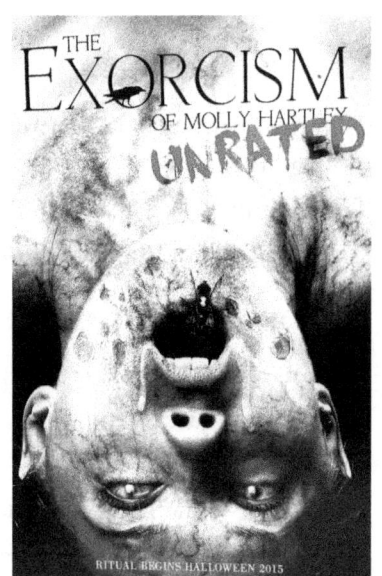

Estados Unidos: WT Canada Productions

También conocida como: *El exorcismo de Molly Hartley, Molly Hartley 2: Der Exorzismus*

Dirección: Steven R. Monroe

Guión: Matt Venne

Fotografía: Jonathon Cliff

Música: Corey Allen Jackson

Reparto: Sarah Lind, Devon Sawa, Gina Holden, Peter MacNeill, Daina Leitold, Julia Arkos, Tom McLaren, Bradley Sawatzky, Steve Weller, Ernesto Griffith

Duración: 96 min.

Estreno: 9 de octubre de 2015, en Estados Unidos

Esto va de: demonio, exorcismo, exorcista, hospital, manicomio, posesiones, sacerdote, secuela, sobrenatural

Seis años después de graduarse en el instituto y de descubrir un pacto secreto para ofrecer su alma al diablo, Molly Hartley resulta detenida como sospechosa de asesinato y confinada en una institución mental. Desde su llegada, tanto los pacientes como el personal del centro sufren los efectos de terribles fenómenos paranormales. La única esperanza para Molly es que un sacerdote excomulgado que busca redimirse le practique un exorcismo.

Secuela de *The Haunting of Molly Hart* (2008), que narraba la problemática existencia de esta joven en sus últimos días en el instituto. La actriz Haley Bennet da paso a Sarah Lind para que nos presente a una Molly Hartley adulta, que sigue teniendo una vida de lo más tormentosa. La película se lanzó para su consumo en Internet, en Estados Unidos, sin llegar a pasar primero por la pantalla grande.

EXTINCTION

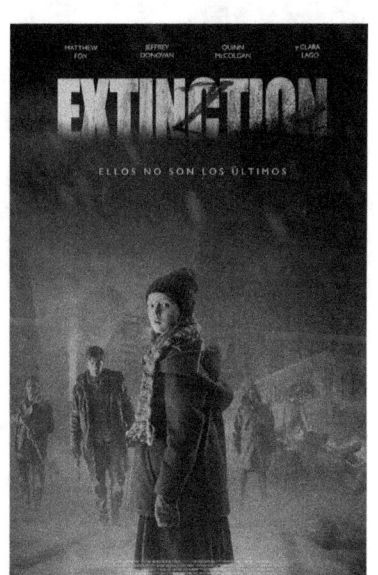

España / Estados Unidos / Francia / Hungría: Vaca Films, La Ferme! Prod., Ombra Films, Telefonica Studios, Laokoon Filmgroup

También conocida como: *Apocalipse, Welcome to Harmony*

Dirección: Miguel Ángel Vivas

Guión: Alberto Marini, Miguel Ángel Vivas

Fotografía: Josu Inchaustegui

Música: Sergio Moure

Reparto: Matthew Fox, Jeffrey Donovan, Ahna O'Reilly, Quinn McColgan, Clara Lago, Valeria Vereau, Matt Devere, Alex Hafner, Jeremy Wheeler

Duración: 110 min.

Estreno: 18 de julio de 2015, en el Fantasia International Film Festival (Canadá)

Esto va de: adaptación novela, hijo, infección, niño, padre, post-apocalipsis, supervivencia, zombi

Nueve años después de que una infección convirtiese a gran parte de la humanidad en criaturas salvajes y sin intelecto, Patrick, Jack y su hija Lu sobreviven solos en las afueras de Harmony, un rincón olvidado cubierto por nieves perennes. Sin embargo, algo terrible ocurrió entre Patrick y Jack, y un odio profundo perdura entre ellos. Cuando los infectados reaparecen, ambos deberán dejar atrás su rencor para sobrevivir y proteger lo que más quieren: la pequeña Lu.

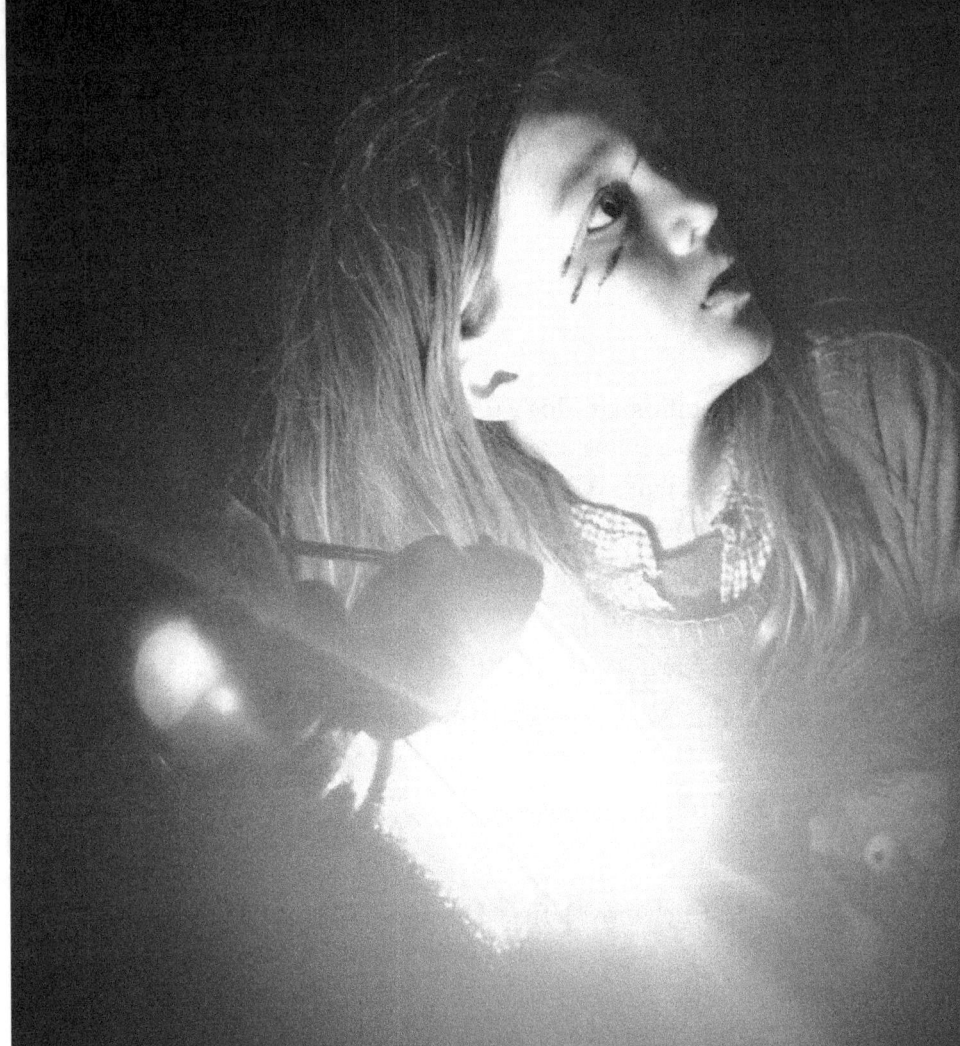

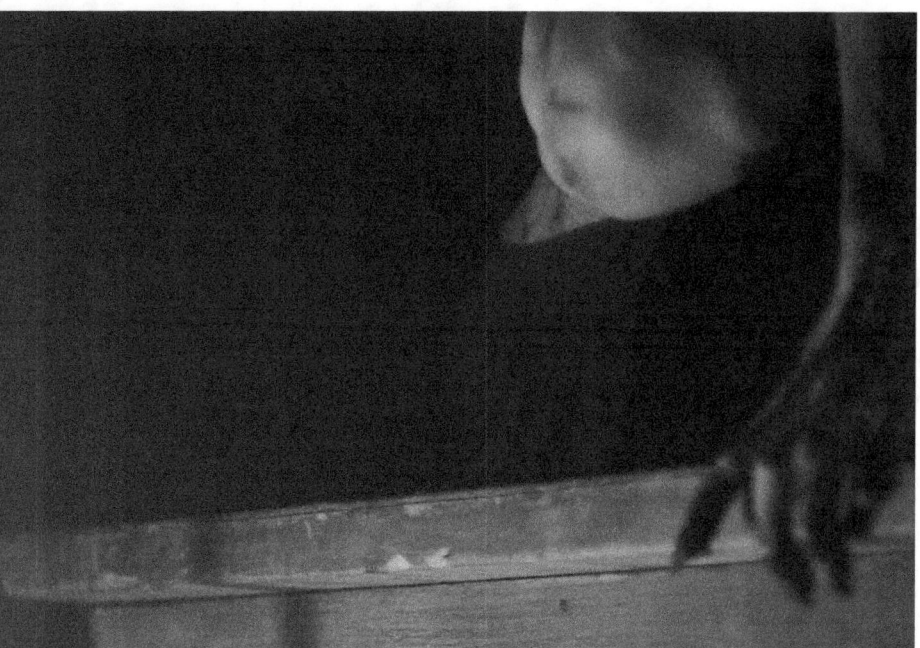

Una nueva vuelta de tuerca al cine de zombis inspirada en la novela de Juan de Dios Garduño. La película cuenta con algunos hallazgos visuales notables, pero mientras no están presentes los «infectados», la tensión creciente del filme se acerca peligrosamente al tedio.

«*Extinction* es un thriller post-apocalíptico, con sus momentos de terror, escalofriantes, pero es también una película de personajes, con una fuerte carga dramática e interpretativa. Es una película sobre monstruos blancos que se confunden en la nieve, pero es, sobre todo, una película sobre el odio de dos hombres —de entre los pocos que quedan en el planeta— y el amor que sienten por una niña de nueve años, Lu. Es una película sobre el odio, el amor, el perdón y la redención. Y, sobre todo, la esperanza. Me encantaba la idea de crear una historia de terror en un pueblo en mitad de la nieve. Me parece un escenario precioso, idílico y casi mágico, que choca con la idea misma del terror. De esta forma, a parte de la metáfora sobre unos personajes congelados en el espacio y en el tiempo, tenemos ese escenario de fábula que otorga a la historia una característica casi atemporal y, sobre todo, universal. La localidad de Harmony puede estar ubicada en cualquier lugar del mundo, o, mejor dicho, en el último lugar del mundo.»

Miguel Ángel Vivas (director y guionista).

FEBRUARY

Estados Unidos / Canadá: Paris
Film, Traveling Picture Show Company
(TPSC), Unbroken Pictures

Dirección y guión: Osgood Perkins

Fotografía: Julie Kirkwood

Reparto: Emma Roberts, Kiernan
Shipka, Lauren Holly, James Remar,
Lucy Boynton, Peter J. Gray, Emma
Holzer, Matthew Stefiuk

Duración: 93 min.

Estreno: 12 de septiembre de 2015, en
el Festival de Toronto (Canadá)

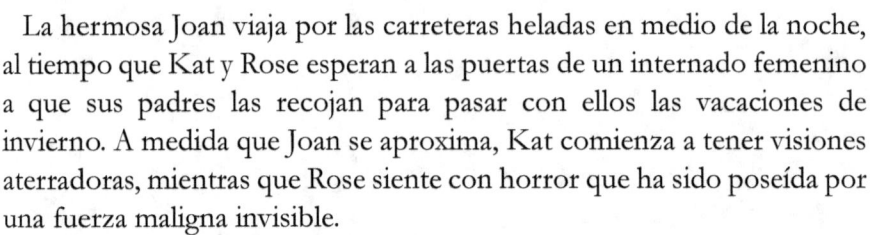

Esto va de: adolescente, colegio, demonio, internado, niño, posesiones,
sobrenatural, visiones

La hermosa Joan viaja por las carreteras heladas en medio de la noche,
al tiempo que Kat y Rose esperan a las puertas de un internado femenino
a que sus padres las recojan para pasar con ellos las vacaciones de
invierno. A medida que Joan se aproxima, Kat comienza a tener visiones
aterradoras, mientras que Rose siente con horror que ha sido poseída por
una fuerza maligna invisible.

Osgood Perkins escribe y dirige este inquietante argumento sobre
internados, adolescentes en dificultades y una vuelta de tuerca al
fenómeno del *slasher*.

«Con *Febrero* quise profundizar en el tema de la pérdida de los padres.
En concreto, la película es un reflejo de la pérdida de mis propios padres:
mi padre en 1992, por culpa del virus del SIDA y luego —un día antes
exactamente nueve años más tarde— mi madre durante el ataque del
11 de septiembre sobre el World Trade Center. Utilizando las claves
reconocibles del género de terror, la película afronta el horror literal
inherente a una pérdida permanente que no es negociable.»

Osgood Perkins (director y guionista).

THE FINAL GIRLS

Estados Unidos: Groundswell Productions

También conocida como: *Scream Girl, Las últimas supervivientes*

Dirección: Todd Strauss-Schulson

Guión: M.A. Fortin, Joshua John Miller

Fotografía: Elie Smolkin

Música: Gregory James Jenkins

Reparto: Taissa Farmiga, Malin Akerman, Adam DeVine, Thomas Middleditch, Alia Shawkat, Alexander Ludwig, Nina Dobrev

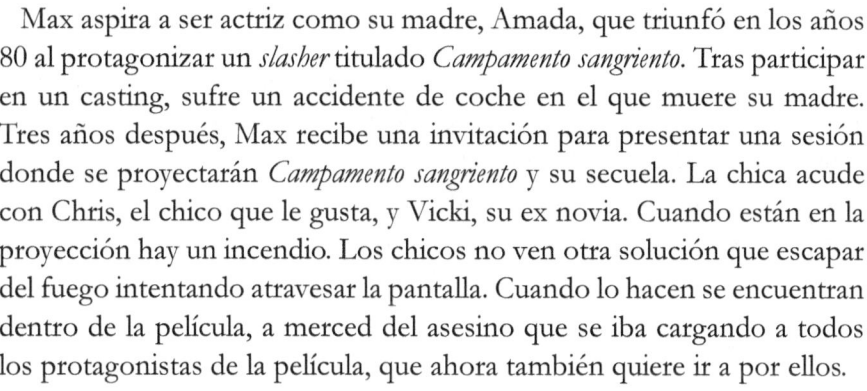

Duración: 92 min.

Estreno: 13 de marzo de 2015, en el South by Southwest Film Festival (Estados Unidos)

Esto va de: actriz, comedia de terror, cine en el cine, gore, slasher

Max aspira a ser actriz como su madre, Amada, que triunfó en los años 80 al protagonizar un *slasher* titulado *Campamento sangriento*. Tras participar en un casting, sufre un accidente de coche en el que muere su madre. Tres años después, Max recibe una invitación para presentar una sesión donde se proyectarán *Campamento sangriento* y su secuela. La chica acude con Chris, el chico que le gusta, y Vicki, su ex novia. Cuando están en la proyección hay un incendio. Los chicos no ven otra solución que escapar del fuego intentando atravesar la pantalla. Cuando lo hacen se encuentran dentro de la película, a merced del asesino que se iba cargando a todos los protagonistas de la película, que ahora también quiere ir a por ellos.

¿Una versión *slasher* de *La rosa púrpura del Cairo*? Más o menos, aunque en un abierto tono de parodia, donde lo que más abunda es la ropa interior femenina y la sangre.

«Me encantan las películas, y me encantó la idea de hacer una película sobre estar atrapado dentro de otra película. Recuerdo que de pequeño iba a la tienda de videos todos los días y trataba de alquilar cada vídeo fila a partir de la sección de terror.»

Todd Strauss-Schulson (director).

THE FORSAKEN

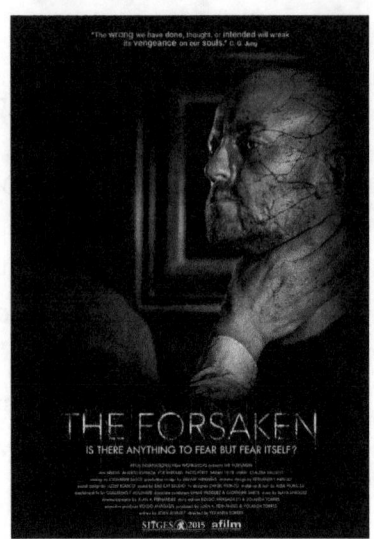

España: Afilm International Film Workshops

Dirección: Yolanda Torres

Guión: Joan Álvarez

Fotografía: Juan Fernández

Música: Maya Sprouse

Reparto: Claudia Trujillo, Sarah Ann Shaw, Paco Perez, Pol Ferraris, Alberto Esparza, Ian Breeds

Duración: 86 min.

Estreno: 9 de octubre de 2015, en el Festival de Sitges (España)

Esto va de: banda criminal, secuestro, supervivencia

Alguien contrata a un grupo de criminales para secuestrar a la hija de un acaudalado hombre de negocios, pero el plan sale terriblemente mal y el grupo queda confinado en una casa abandonada, en lo que promete ser una larga y aterradora noche.

Una nueva producción de Afilm International Film Workshops, realizada por alumnos y profesores de esta escuela de cine ubicada en Sitges, cuyo arranque cuenta con algunas semejanzas al del argumento de la película de Alberto Sciamma *Bite*.

FRANKENSTEIN

Estados Unidos: Bad Badger, Eclectic Pictures, Summer Storm Entertainment

Dirección y guión: Bernard Rose

Fotografía: Candace Higgins

Música: Halli Cauthery

Reparto: Carrie-Anne Moss, Xavier Samuel, Danny Huston, Tony Todd, Adam Nagaitis, Mckenna Grace, Maya Erskine

Duración: 89 min.

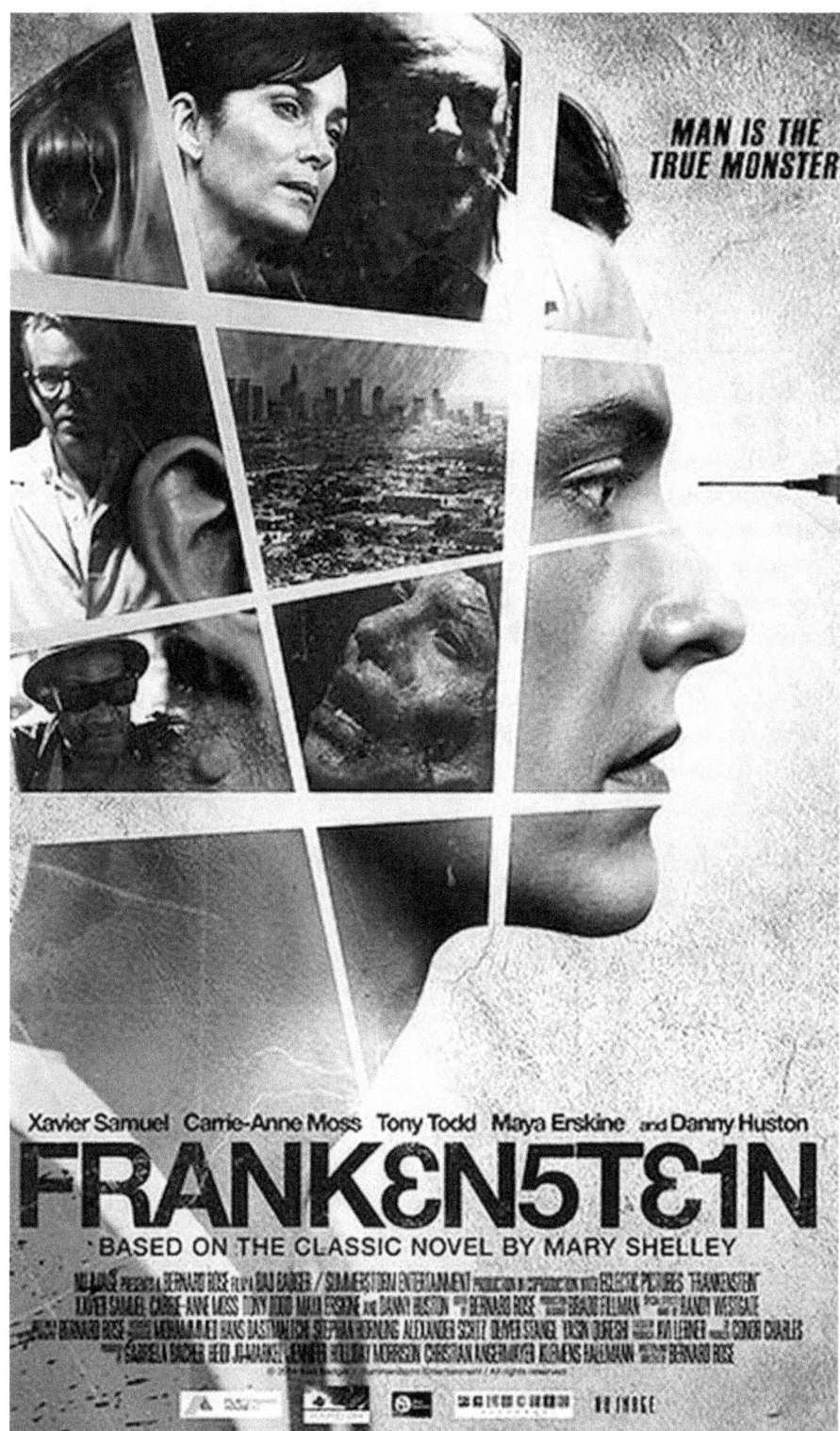

Estreno: 12 de abril de 2015, en el Festival de Cine Fantástico de Bruselas (Bélgica)

Esto va de: adaptación novela, científico, experimento, hospital, monstruo, morgue

El monstruo «despierta» en una habitación. Se trata de un hombre adulto perfecto, que no tiene idea de quién es, cómo llegó hasta allí, o incluso lo que es. Tiene tan poco control sobre sí mismo como un recién nacido. Al monstruo lo atienden Víctor y Elizabeth Frankenstein, y él se siente querido por ellos, sobre todo por Elizabeth, de quien se enamora. Un día, Víctor nota una mancha en la cara del monstruo, un pequeño sarcoma que se ha desarrollado. En muy poco tiempo, el problema se vuelve mucho peor. La cara y el cuerpo del monstruo se deteriora, convirtiéndole en un ser horrible y aterrador. Víctor reconoce que el experimento ha fracasado y trata de acabar con él por medio de una inyección letal. Paralizado por las drogas, pero no muerto, el monstruo llega a la morgue. Cuando lo van a diseccionar, despierta y se escapa al bosque en busca de su propia existencia.

Frankenstein es una adaptación moderna de la clásica novela de Mary Shelley, ambientada en Los Angeles, en nuestros días, y planteada en su totalidad desde la perspectiva del monstruo.

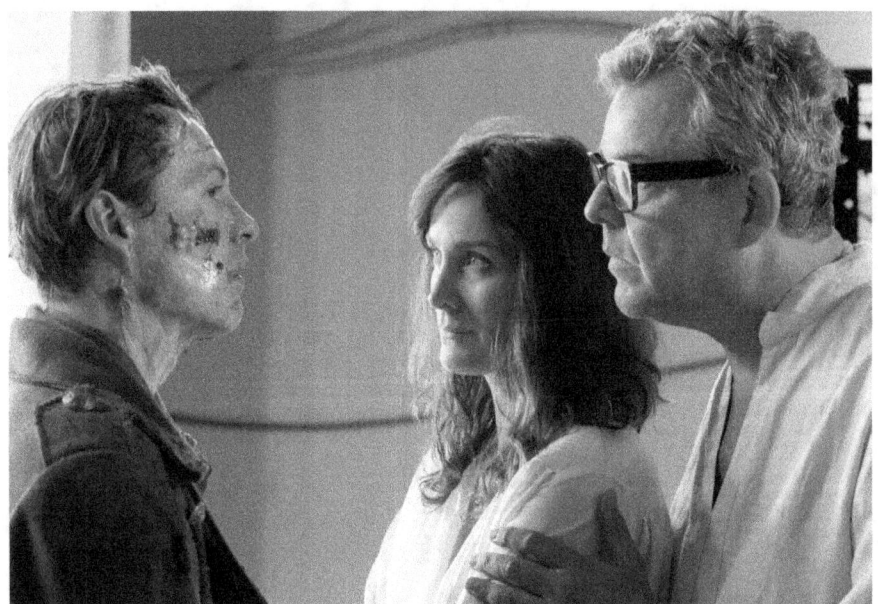

«*Frankenstein* es tan relevante hoy como cuando apareció por primera vez hace casi doscientos años. El libro de Mary Shelley es puro terror, ciencia ficción y novela gótica, tal y como tal se ha interpretado muchas veces. Nada más memorable que la película clásica de James Whale, protagonizada por Boris Karloff. Nuestra historia utiliza el monstruo de Frankenstein, pero también contiene una gran distorsión del texto de Mary Shelly... El monstruo tiene una vida interior; es un ser emocional rico que sueña, ama, odia. Esencialmente, él es el hombre romántico, y esto nos convence de que está "vivo". Nos apiadamos por él, por la injusticia de su nacimiento, para el comportamiento violento que recibe, y por su sufrimiento cuando lo rechazan sus semejantes. Esto es lo que me atrajo de esta historia tantas veces: que uno podría estar dentro de su cabeza, sentir su confusión y su dolor; sentir su creciente curiosidad a medida que descubre la verdadera naturaleza de su origen y quiere respuestas a las eternas preguntas: ¿Quién soy yo? ¿De dónde vengo? ¿Cuál es mi destino?»

Bernard Rose (director y guionista).

FREAKS OF NATURE

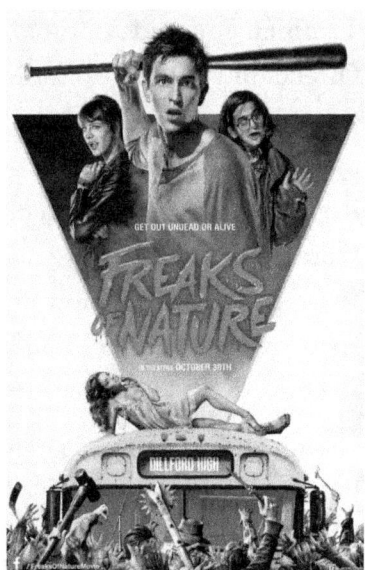

Estados Unidos: Columbia Pictures

También conocida como: *Éramos pocos y llegaron los aliens*, *The Kitchen Sink*

Dirección: Robbie Pickering

Guión: Oren Uziel

Fotografía: Uta Briesewitz

Reparto: Mackenzie Davis, Ed Westwick, Vanessa Hudgens, Keegan-Michael Key, Joan Cusack, Bob Odenkirk, Denis Leary, Cerina Vincent

Duración: 92 min.

Estreno: 30 de octubre de 2015, en Estados Unidos

Esto va de: adolescente, comedia de terror, extraterrestre, supervivencia, vampiro, zombi

En el pequeño pueblo de Dillford (Ohio), vampiros, zombis y humanos conviven de forma pacífica. Los vampiros representan a la clase alta de la sociedad; los humanos a la clase media; y los zombis, el último escalafón. Pero este equilibrio se rompe cuando la ciudad recibe un ataque extraterrestre. Un ejército de alienígenas hostiles quieren acabar con todo. La única posibilidad de restablecer el orden estará en manos de tres adolescentes —un humanos, un vampiro y un zombi— que formaran un equipo para intentar frenar la invasión extraterrestre.

Las comedias de terror gustan de parodiar a los personajes principales del género. En *Freaks of Nature*, el director de *Natural Selection* (2011), Robbie Pickering, no quiere prescindir de nada y mete en la misma olla a vampiros, zombis, extraterrestres... ¿Para qué elegir si podemos combinarlo todo? El disparate, como se puede suponer, es mayúsculo, pero simpático.

FROM THE DARK

Irlanda: Abandoned Films, Workshed Films
También conocida como: *Demon from the Dark, Desde la oscuridad*
Dirección y guión: Conor McMahon
Fotografía: Michael Lavelle
Música: Ray Harman
Reparto: Niamh Algar, Stephen Cromwell, Gerry O'Brien
Duración: 90 min.
Estreno: 20 de septiembre de 2014, en el Fantastic Fest (Estados Unidos)
Esto va de: demonio, granja, monstruo, pantano, pareja, supervivencia, viaje

Sarah y Mark van de camino a la boda de un amigo. Durante el viaje, toman un camino equivocado y se pierden en pleno campo irlandés. Ante la caída de la noche, buscan refugio en una granja aislada, cuyo propietario parece gravemente enfermo. De los pantanos colindantes surge una misteriosa criatura que ha resucitado y que acosa a la pareja sin permitirles abandonar la granja. Sarah y Mark tienen que encontrar una manera de sobrevivir a la más negra de las noches y defenderse del terror que ha surgido de la oscuridad.

Con algunas similitudes al *In Fear* (2013), de Jeremy Lovering, el director de *Carne muerta* (2004) nos ofrece una producción de bajo presupuesto con un arranque interesante que después va perdiendo algo de fuelle.

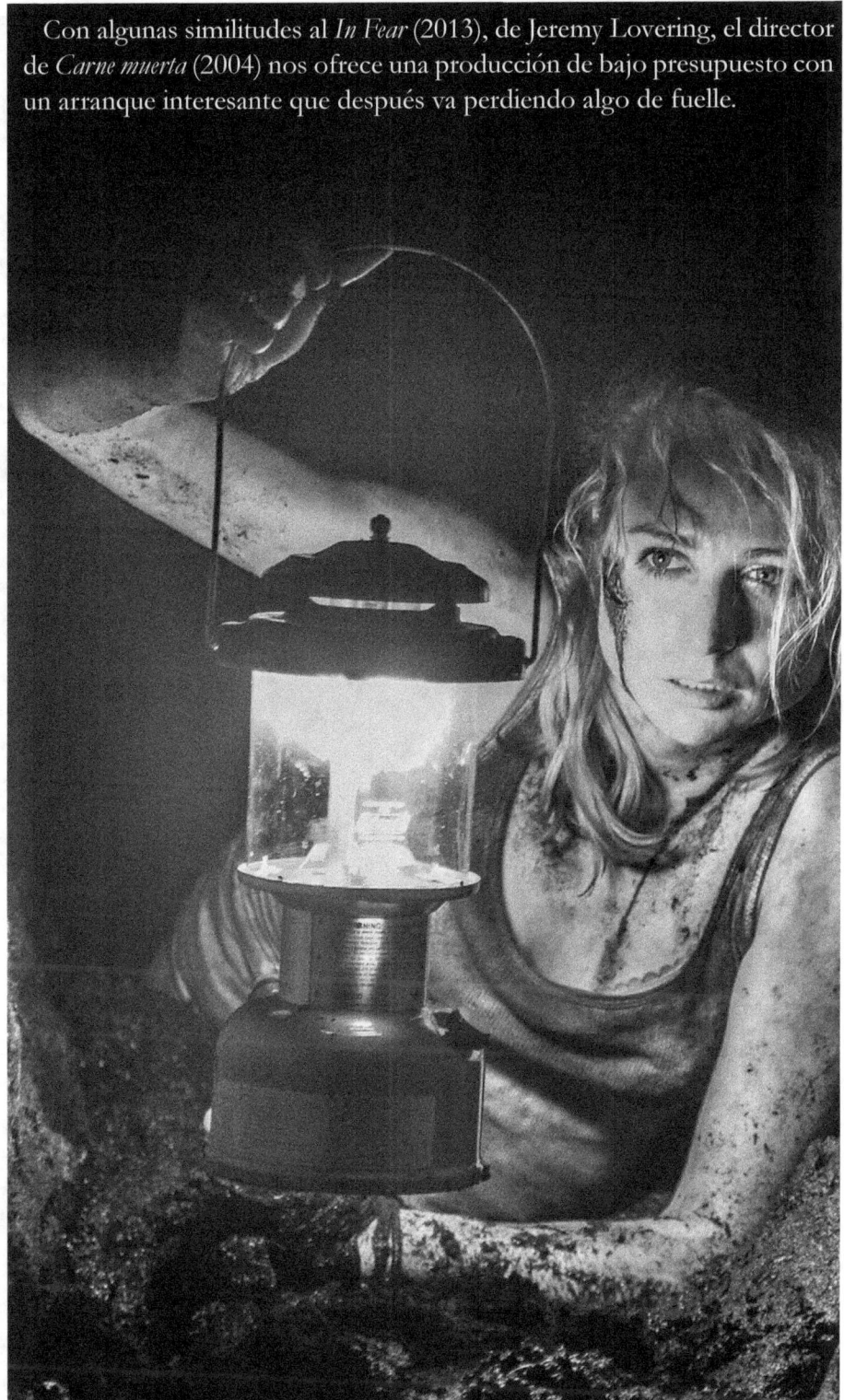

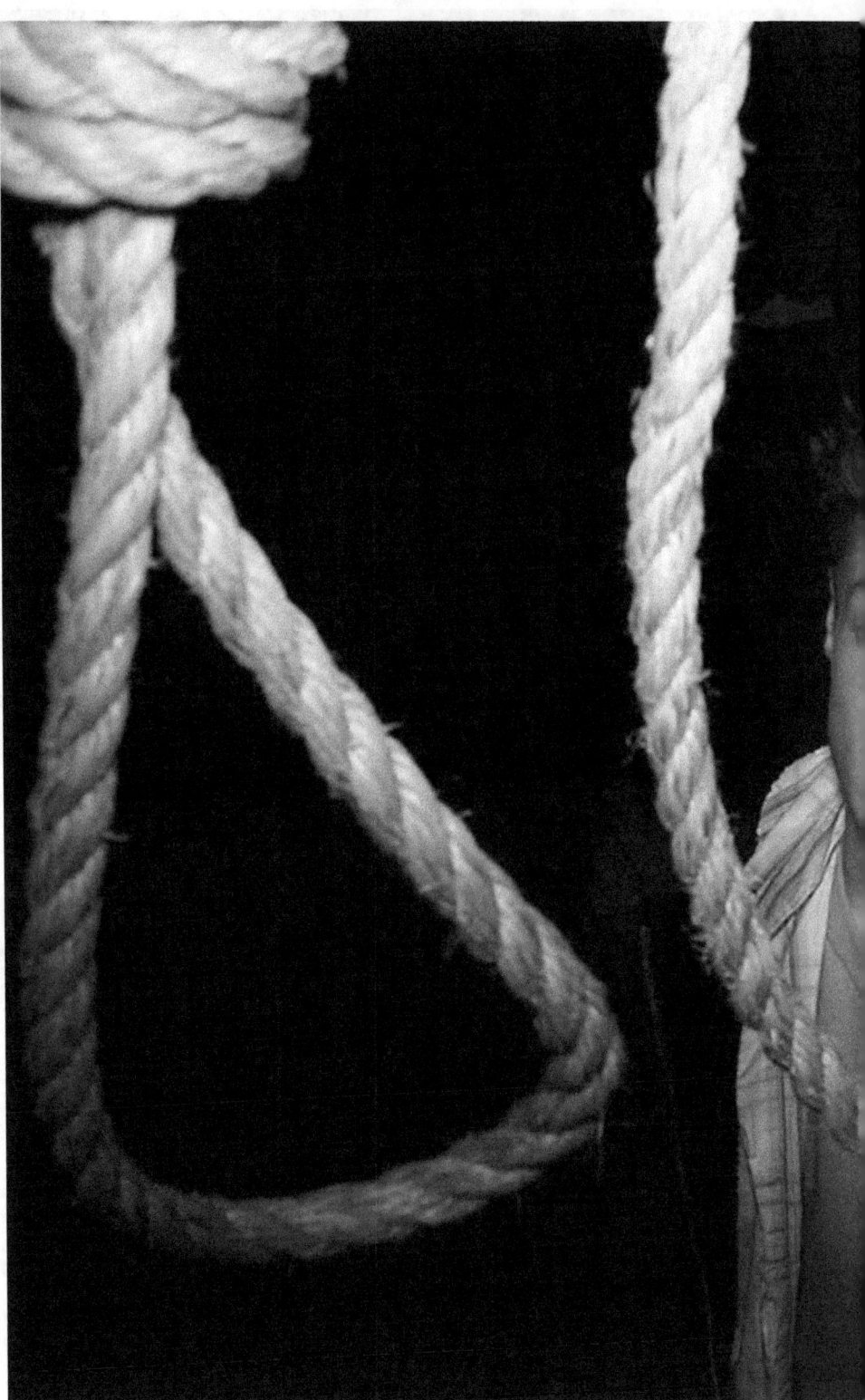

THE GALLOWS

Estados Unidos: Blumhouse Prod., New Line Cin., Management 360, Tremendum Pict.

También conocida como: *A Forca, La horca, La potence, Stage Fright, Superstition*

Dirección y guión: Travis Cluff, Chris Lofing

Fotografía: Edd Lukas

Música: Zach Lemmon

Reparto: Cassidy Gifford, Pfeifer Brown, Ryan Shoos, Reese Mishler, Alexis Schneider, Donna Robinson, Price T. Morgan

Duración: 81 min.

Estreno: 9 de julio de 2015, en Argentina

Esto va de: asesino, adolescente, estudiante, horca, instituto, máscara, metraje encontrado, slasher, sobrenatural, teatro, venganza

En un instituto de Estados Unidos, tenía por costumbre representar una una obra teatral titulada «La horca». Durante una representación, uno de los actores murió en lo que pareció un fatal accidente. 20 años después, los alumnos deciden rescatar del olvido la malograda producción teatral. La noche antes del estreno, un grupo de estudiantes se cuelan en el instituto para pisar el escenario donde se representará la función. En esos momentos, se dan cuenta de que no están solos.

Es muy posible que *El proyecto de la bruja de Blair* (1999) marcara el inicio de una nueva etapa en la historia del cine de terror. Pero también dejó un legado doloroso para el género, como es la técnica del *found footage* o metraje encontrado. Sería importante recalcarle a algún que otro realizador que el hecho de que los protagonistas graben en vídeo todo lo que les está sucediendo, no da miedo de por sí, y menos cuando lo único que se oye alrededor son comentarios absurdos y repetitivos de los protagonistas. *La horca* es un título más que cae en este vicio. Seguro que la historia, narrada de forma convencional, hubiera funcionado mucho mejor.

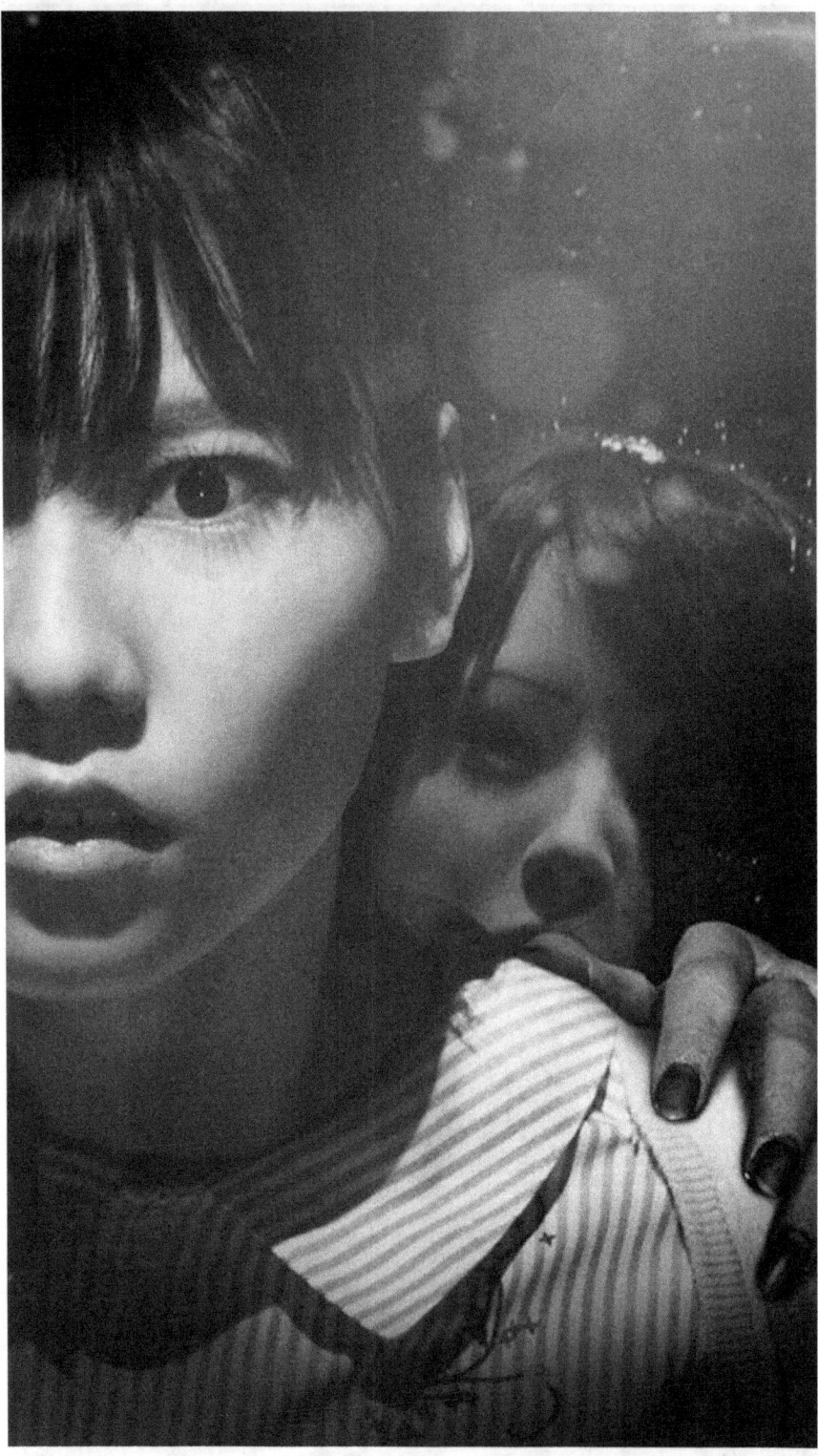

GEKIJÔREI

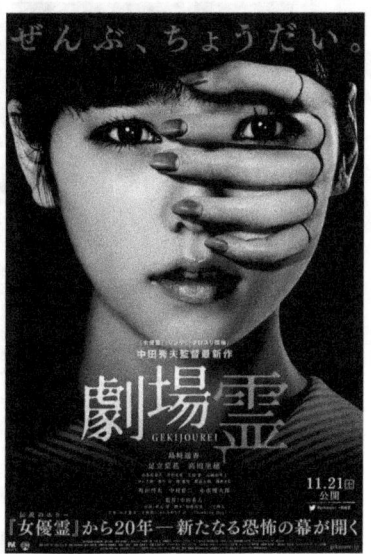

Japón: Django Film, Kyoraku Industrial Holdings, Nikkatsu

También conocida como: *Ghost Theater*

Dirección: Hideo Nakata

Guión: Jun'ya Katô, Ryûta Miyake

Música: Kenji Kawai

Reparto: Rika Adachi, Haruka Shimazaki, Riho Takada, Keita Machida

Duración: 100 min.

Estreno: 11 de septiembre de 2015, en el L'Étrange Festival (Francia)

Esto va de: actriz, fantasma, hospital, policía, sobrenatural, teatro

La joven actriz Sara se siente feliz cuando consigue un pequeño papel para una obra de teatro protagonizada por la pareja de artistas a la que más admira, Aoi y Kaori. La chica no se pierde ni un ensayo, lo que le permite hasta memorizar los diálogos de la protagonista. Un miembro del equipo es hallado muerto en extrañas circunstancias. Mientras la policía investiga, Aoi cae desde un balcón. Internada de urgencias en el hospital, la actriz presenta lesiones que le impedirán estar bien para el estreno de la obra. Por lo tanto, a toda prisa, el director le confía el papel a Sara que se siente abrumada. Pero la chica comprobará pronto que alguien o algo está tratando de poner fin a la producción a toda costa.

El director de culto del nuevo J-Horror, Hideo Nakata, creador de joyas como *Ring* (1998) o *Dark Water* (2002), nos presenta un remake de su propia película *Joyû-rei* (1996), ambientando la acción en el mundo del teatro. Una obra de imágenes inquietantes, como solo Nakata sabe crear, pero de ritmo un tanto soporífero.

Con esas apariciones fantasmales tan del gusto del realizador, la película ha sido comparada por algunos como una versión terrorífica de *Eva al desnudo* (1950), aunque quizá sea mucho decir.

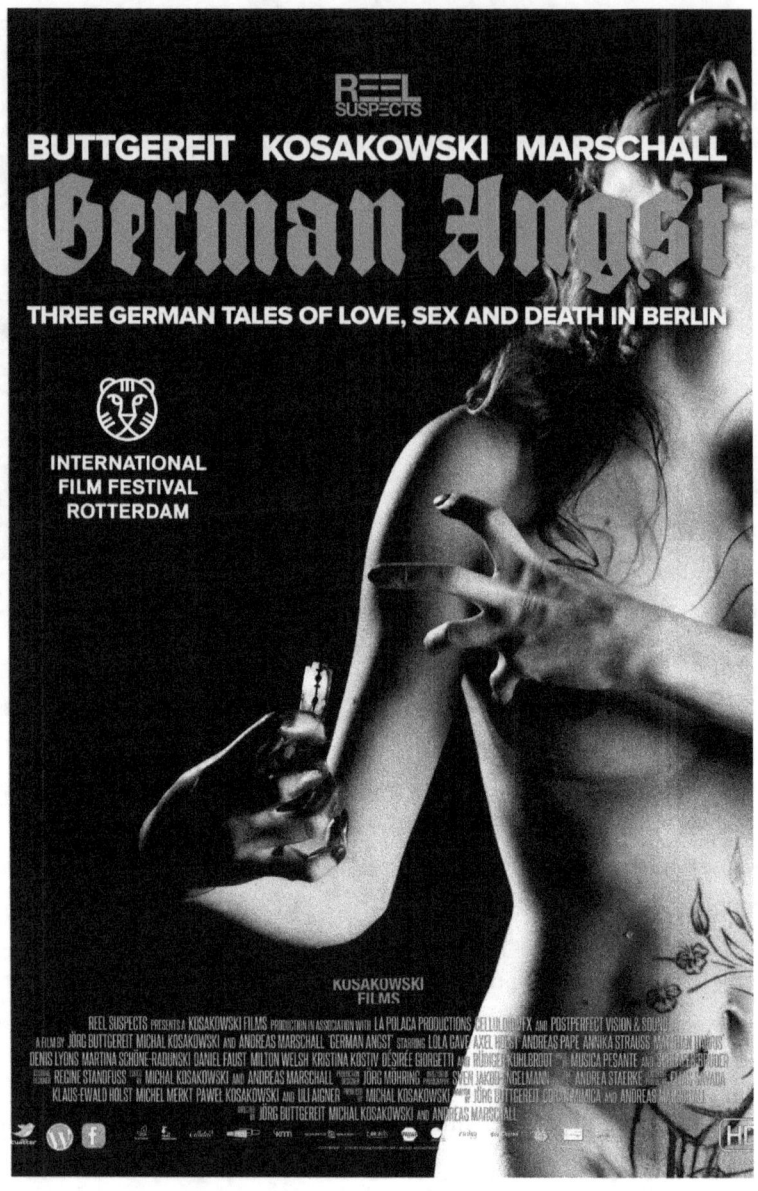

GERMAN ANGST

Alemania: Kosakowski Films

Dirección: Jörg Buttgereit, Michal Kosakowski, Andreas Marschall

Guión: Jörg Buttgereit, Goran Mimica, Michal Kosakowski, Andreas Marschall

Fotografía: Sven Jakob-Engelmann

Música: Fabio Amurri

Reparto: Lola Gave, Axel Holst, Michael Zenner, Lila Lorane, Mucki, Andreas Pape, Matthan Harris, Annika Strauss, Denis Lyons, Martina Schöne-Radunski, Daniel Faust

Duración: 111 min.

Estreno: 24 de enero de 2015, en el Festival de Róterdam (Países Bajos)

Esto va de: acoso, apartamento, discapacitado, droga, película de episodios, pareja, prisionero

Tres historias diferentes están unidas por imágenes antiguas de Berlín y por presentar argumentos muy inquietantes. La primera de ellas es la de una muchacha que vive en un sucio apartamento de la capital alemana. Parece que está sola, pero en su dormitorio oculta a un hombre atado. El segundo episodio explica cómo una pareja de sordomudos hacen frente al acoso de una pandilla de gamberros. Finalmente, la tercera historia presenta la experiencia de un hombre dispuesto a probar lo último en sexo, consumiendo una droga hecha con raíces de Mandrágora. La experiencia de éxtasis tiene terribles efectos secundarios.

De nuevo una película de episodios cortos que buscan impactar al espectador con narraciones breves y escalofriantes. Una de las escasas muestras del cine de terror alemán más moderno.

GHOUL

República Checa / Ucrania: J.B.J. Film

También conocida como: *Juegos demoniacos*

Dirección: Petr Jákl

Guión: Petr Bok, Petr Jákl

Fotografía: Jan Suster

Reparto: Jennifer Armour, Alina Golovlyova, Jeremy Isabella, Paul S. Tracey

Duración: 86 min.

Estreno: 26 de febrero de 2015, en la República Checa

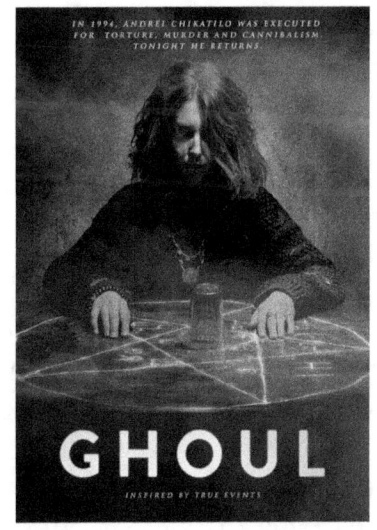

Esto va de: asesino, bosque, caníbal, documental, espíritu, fantasma, metraje encontrado, ouija, sobrenatural

Tres jóvenes estadounidenses viajan hasta Ucrania para filmar un documental sobre la epidemia de canibalismo que se extendió por el país durante la hambruna de 1932. Los chicos se internan en un bosque con la esperanza de entrevistar al último superviviente conocido de la epidemia. Sin embargo, allí comienzan a tener encuentros sobrenaturales inexplicables hasta el punto de vérselas con el maléfico espíritu de uno de los asesinos más célebres de la extinta URSS.

El año que llega a las pantallas *El niño 44* (2015), de Daniel Espinosa, película basada en el *best seller* de Tom Rob Smith, que reconstruye el caso del célebre «Carnicero de Rostov», *Ghoul* se fija también en el mismo asesino en serie: Andréi Románovich Chikatilo, acusado de mutilar y acabar con más de medio centenar de mujeres y niños entre los años 1978 y 1990. Al contrario que el thriller de Espinosa, el cineasta checo Petr Jákl —actor visto en *XXX* (2002) y *Alien vs. Predator* (2004), ahora reconvertido a director— nos ofrece una visión terrorífica y sobrenatural del criminal.

THE GIFT

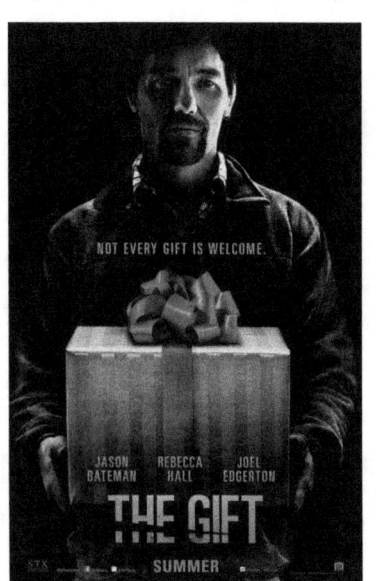

Estados Unidos: Blue-Tongue Films, Blumhouse Productions

También conocida como: *Le cadeau, Dar, O Presente, El regalo, Um Presente do Passado, Weirdo*

Dirección y guión: Joel Edgerton

Fotografía: Eduard Grau

Música: Danny Bensi, Saunder Jurriaans

Reparto: Jason Bateman, Rebecca Hall, Joel Edgerton, Beau Knapp, Allison Tolman, David Denman, P.J. Byrne, Tim Griffin

Duración: 108 min.

Estreno: 30 de julio de 2015, en Estados Unidos

Esto va de: acoso, bullying, cumpleaños, embarazo, mudanza, pareja, perro, policía, venganza

Simon y Robyn se acaban de mudar a una nueva casa. Ambos forman una joven pareja cuya vida va justo como estaba previsto hasta que un encuentro casual con un conocido de la escuela secundaria de Simon hace tambalearse su mundo perfecto. Mientras compran en una tienda, Simon no reconoce a Gordo su viejo compañero de instituto. Pese a que parece un hombre amable, sus constantes apariciones y misteriosos regalos comienzan a preocupar a la pareja. Simon llega a hablar con él para que se aleje de su casa. Sin embargo, cuando Robyn descubre la verdad inquietante de lo que pasó entre Simon y Gordo, empieza a preguntarse: ¿qué sabemos realmente de las personas más cercanas a nosotros, y de su pasado?

El regalo es el sugerente debut como director de Joel Edgerton. «¿Es algo bueno o malo hurgar en el pasado?», se pregunta el cineasta. «Eso es realmente el punto de partida de la historia. Cuando escribí *El regalo* estaba interesado en plantear dónde están esas personas que nos intimidaron en el pasado. ¿Y aquellas a las que intimidamos nosotros? Quería poner al espectador delante de un espejo a través de esta historia, para que viera su responsabilidad por nuestro pasado y nuestras acciones, y hacerlo con un verdadero sentido del misterio y la intriga».

GODDESS OF LOVE

Estados Unidos: Dalia Films
También conocida como: *The Dark Side of Venus, Mania, Venus*
Dirección: Jon Knautz
Guión: Alexis Kendra, Jon Knautz
Fotografía: Jon Knautz
Música: Ryan Shore
Reparto: Alexis Kendra, Woody Naismith, Elizabeth Sandy, Monda Scott, Rachel Alig, Emily Lawrence, Deana Ricks, Leonel Claude, Will Leon, Matt Shapira
Duración: 91 min.
Estreno: 31 de agosto de 2015, en el Film4 FrightFest (Reino Unido)

Esto va de: celos, locura, pareja, ruptura, venganza

Venus es una mujer atractiva, excéntrica y solitaria. Su mundo se vuelve del revés cuando conoce a Brian, a quien reconoce como el hombre de sus sueños. La pareja inicia una relación apasionada y muy sexual. Pero cuando pasa el tiempo, esa intensa luna de miel comienza a decaer. Brian rompe con Venus después de que un antiguo amor, Christine, reaparezca en su vida. La mujer, completamente destruida, no está dispuesta a aceptar la ruptura de buen grado. Venus comienza una espiral descendente hacia la locura poseída por sus fantasías retorcidas de amor y venganza.

«¿Qué se siente al experimentar la angustia a través de los ojos de los locos? Tener el corazón roto puede ser la experiencia más dolorosa de todas. Incluso el más fuerte de los individuos puede quedar destrozado después de perder al amor de su vida. Es un dolor insoportable, una angustia terrible por conseguir ese "alguien especial" de nuevo... Puede plagar nuestras mentes de pensamientos desesperados, deseos o visiones de la venganza por los corazones arrancados de nuestros pechos. Tal vez nuestro ser querido no era leal... y nos enteramos tarde.»

Jon Knautz (director y guionista).

GOKUDÔ DAISENSÔ

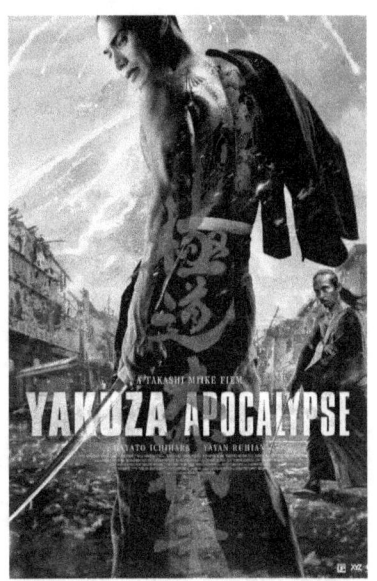

Japón: Backup Media, Django Film, Gambit

También conocida como: *Yacuza Apocalypse*

Dirección: Takashi Miike

Guión: Yoshitaka Yamaguchi

Fotografía: Hajime Kanda

Música: Kôji Endô

Reparto: Yayan Ruhian, Rirî Furankî, Mio Yûki, Hayato Ichihara, Pierre Taki, Yoshiyuki Morishita, Riko Narumi

Duración: 115 min.

Estreno: 21 de mayo de 2015, en el Festival de Cannes (Francia)

Esto va de: banda criminal, vampiro, venganza, yakuza, zombi

En los bajos fondos que domina la despiadada yakuza, nadie es más legendario que el jefe Kamiura. Se rumorea que es invencible. Tiene muchos años de experiencia a sus espaldas porque, en realidad, es un vampiro. Kageyama es su brazo derecho, pese a que el resto del clan lo tratan con desdén y lo ridiculizan por su incapacidad para tatuarse debido a la piel sensible. Desde el extranjero llega el experto en artes marciales Kyoken para hacer un ultimátum a Kamiura: o regresa al sindicato internacional del crimen del que se marchó años atrás o muere. Tras un intenso combate, Kamiura queda mortalmente herido, pero con sus últimas fuerzas muerde a Kageyama para convertirlo en un vampiro. Cuando descubre sus nuevos poderes, el yakuza vampiro prepara su venganza contra los jefes del sindicato extranjero que ordenaron la muerte de Kamiura.

Yakuzas, vampiros, zombis... Takashi Miike sigue haciendo de las suyas, dando espectáculo para la amplia legión de seguidores que tiene alrededor del mundo.

GOOSEBUMPS

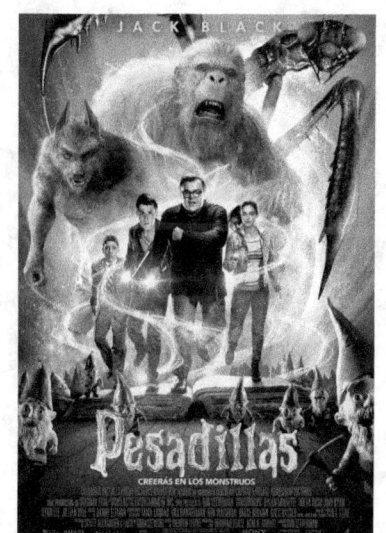

Estados Unidos: Columbia Pictures, Sony Pictures Animation, LStar Capital, Village Roadshow Pictures

También conocida como: *Chair de poule, Escalofríos, Gänsehaut, Goosebumps: Monstros e Arrepios, Pesadillas, Piccoli brividi*

Dirección: Rob Letterman

Guión: Carl Ellsworth, Darren Lemke, Larry Karaszewski (novelas: R.L. Stine)

Música: Danny Elfman

Fotografía: Javier Aguirresarobe

Reparto: Dylan Minnette, Odeya Rush, Amy Ryan, Jillian Bell, Jack Black, Ryan Lee, Steven Krueger, Larry Mainland, Jeremy Ambler, Ken Marino, Halston Sage

Duración: 103 min.

Estreno: 3 de octubre de 2015, en el Festival de San Diego (Estados Unidos)

Esto va de: adaptación novela, adolescente, comedia de terror, escritor, libro, monstruo, sobrenatural, supervivencia, vecino

El adolescente Zach Cooper, disgustado por tener que mudarse de una gran ciudad a un pueblo pequeño, encuentra al menos un cierto consuelo cuando conoce a su guapa vecina, Hannah, y hace un nuevo amigo, Champ. El chico se entera de que el misterioso padre de Hannah es nada menos que R. L. Stine, el autor de la serie de libros *Pesadillas*, y descubre que el escritor guarda un peligroso secreto: las criaturas que sus historias hicieron famosas son reales y Stine las mantiene encerradas en sus libros para proteger a sus lectores. Cuando los monstruos son liberados sin querer de sus manuscritos, Zach, Hannah, Champ y Stine se ven obligados a trabajar juntos para devolver a todos esos productos de la imaginación de Stine —entre ellos el muñeco Slappy, la chica de la máscara maldita, los gnomos y muchos más— a los libros a los que pertenecen y salvar así el pueblo.

Desde el lanzamiento de la serie en 1992, Scholastic ha publicado más de 400 millones de libros de *Pesadillas* en todo el mundo, en 32 idiomas distintos, que le han valido los elogios de la crítica y le han permitido dominar las listas mundiales de superventas. R. L. Stine está reconocido como uno de los autores infantiles más vendidos de la historia. El fenómeno literario salta a la gran pantalla en 3D.

En un primer momento, el equipo de producción –que incluía al director Rob Letterman y a los productores Deborah Forte y Neal H. Moritz– tuvo que afrontar un dilema: con casi 200 libros distintos de *Pesadillas* entre los que escoger, ¿qué libro adaptaban? La respuesta llegó cuando el equipo dio con una solución: meterían docenas de las creaciones más famosas de Stine en una sola película, con el propio Stine como figura central. «Queríamos crear una experiencia más grandiosa que los libros o la serie de televisión —explica Forte—. El guión tenía que captar la auténtica esencia de los libros de *Pesadillas* y al mismo tiempo ofrecer un gran espectáculo cinematográfico para los espectadores". La auténtica esencia exigía calcar el tono con el que habían conectado los lectores una y otra vez en cientos de títulos. «Los libros dan miedo, pero no mucho miedo; son divertidos, pero sin exagerar —explica Moritz—. Queríamos una historia con la que los niños pudieran sentirse identificados y divertirse con Jack Black encarnando a R. L. Stine».

GREEN ROOM

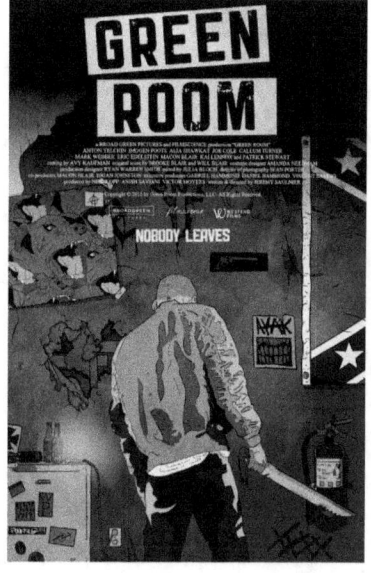

Estados Unidos: Broad Green, Film Science

Dirección y guión: Jeremy Saulnier

Fotografía: Sean Porter

Música: Brooke Blair, Will Blair

Reparto: Patrick Stewart, Anton Yelchin, Imogen Poots, Alia Shawkat, Mark Webber, Taylor Tunes, Joe Cole

Duración: 94 min.

Estreno: 17 de mayo de 2015, en el Festival de Cannes (Francia)

Esto va de: banda de música, concierto, nazi, perro, skinhead

The Ain't Rights es un cuarteto de punk formada por el bajista Pat, la guitarra Sam, el cantante Tiger y el batería Reece. Después de ganar menos de lo esperado por una actuación, el grupo acepta intervenir en un local perdido en los bosques de Oregón, cuya clientela está compuesta por skinheads. Con su repertorio no se ganan las simpatías del público, pero consiguen terminar su actuación y cobrar lo estipulado. Cuando están a punto de marcharse, Sam recuerda que ha dejado olvidado su móvil en el cuarto trastero que hace las veces de *backstage*. Al entrar, sorprende a unos skins que acaban de asesinar a un colega. Los propietarios del local decide retener al grupo en el interior de la habitación. Los chicos se quedan en estado de shock, al igual que Amber, una joven amiga de la víctima, que también se ve encerrada. Después se presenta Darcy, el venerado líder de los skins, y opta por echar el muerto a los músicos. Cuando la banda se da cuenta de que pasa algo raro, intentan escapar, pero comprueban que los nazis no están dispuestos a dejarlos salir de allí con vida.

Cuando hablamos de cine de terror, enseguida pensamos en monstruos, espíritus diabólicos o psicópatas asesinos armados con hachas. *Green Room* nos aproxima a un terror diferente, más realista: saber que te has metido en un lío y que hay una serie de personas que están dispuestas a matarte sin negociación posible. ¿Qué salida hay? El joven director de *Murder Party* (2007) y *Blue Ruin* (2013) vuelve a dar en el clavo.

GUDSFORLADT

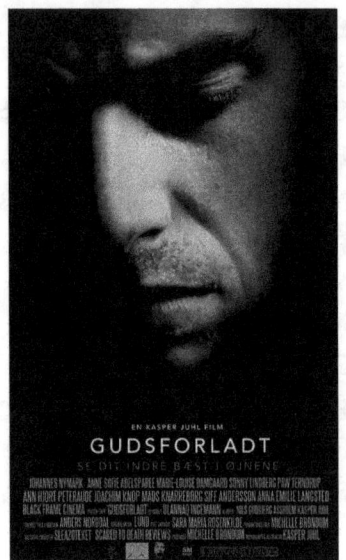

Dinamarca: Black Frame Cinema
También conocida como:
A.G.W.A.U., A God Without a Universe
Dirección y guión: Kasper Juhl
Fotografía: Ulannaq Ingemann
Música: Lasse Lund
Reparto: Johannes Nymark, Anne Sofie Adelsparre, Sonny Lindberg, Marie-Louise Damgaard, Paw Terndrup, Joachim Knop, Ann Hjort, Peter Aude
Duración: 94 min.
Estreno: 19 de abril de 2015, en el CPH PIX (Dinamarca)
Esto va de: droga, hermano, hijo, incesto, malos tratos, padre, secuestro

Después de pasar cerca de 10 años de prisión, Anders recobra la libertad y se reencuentra con su hermana Mia, que está deseando restablecer el estrecho vínculo que les unía. Sin embargo, la brutal niñez que vivieron por culpa de un padre alcohólico les persigue. Anders vuelve pronto a sus hábitos más autodestructivos, mientras Mia descubre su lado más siniestro.

Tras *Madness of Many* (2013) y *Monstrosity* (2014), el cineasta danés Kasper Juhl sigue abonado al cine de terror con una película que le da más protagonismo al miedo psicológico que a las escenas sangrientas. Una historia sombría sobre la violencia, el sexo y el incesto.

THE HALLOW

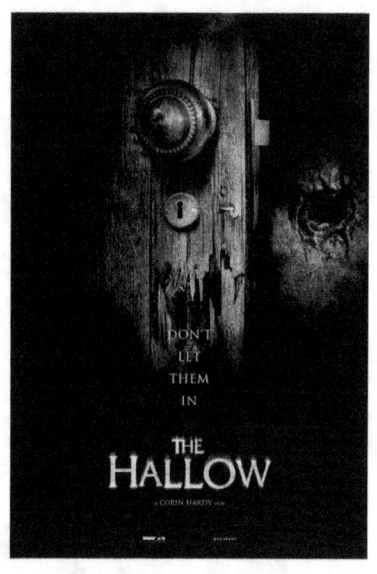

Irlanda / Reino Unido / Estados Unidos: Occupant Entertainment, Hyperion Media Group, Prescience

También conocida como: *The Good People, Los hijos del Diablo, The Woods*

Dirección: Corin Hardy

Guión: Corin Hardy, Felipe Marino

Fotografía: Martijn Van Broekhuizen

Música: James Gosling

Reparto: Joseph Mawle, Bojana Novakovic, Michael McElhatton, Michael Smiley

Duración: 96 min.

Estreno: 25 de enero de 2015, en el Festival de Sundance (EE UU)

Esto va de: bosque, demonio, granja, familia, leyenda, sobrenatural

Cuando el conservacionista Adam y su esposa Clare se mudan con su bebé a una casa de campo en Irlanda, se encuentran con que sus vecinos no los acogen con demasiado entusiasmo. Pronto les hablan sobre la existencia de leyendas que hablan de criaturas diabólicas en los bosques de alrededor. Adam no le da demasiada importancia, hasta que descubre un extraño hongo que crece en el interior de la casa como si tuviera vida propia. Poco después, se dan cuenta de que algunos seres aterradores están acechando la casa.

Con la puesta en escena de un cuento de hadas oscuro, *The Hallow* juega de forma inteligente con las convenciones del género, mientras muestra algunas de las criaturas más terroríficas vistas en años. Corin Hardy debuta en el campo del largometraje con una película intensa que arranca bien y sube después de intensidad hasta sumergirnos en un ambiente que asusta de verdad.

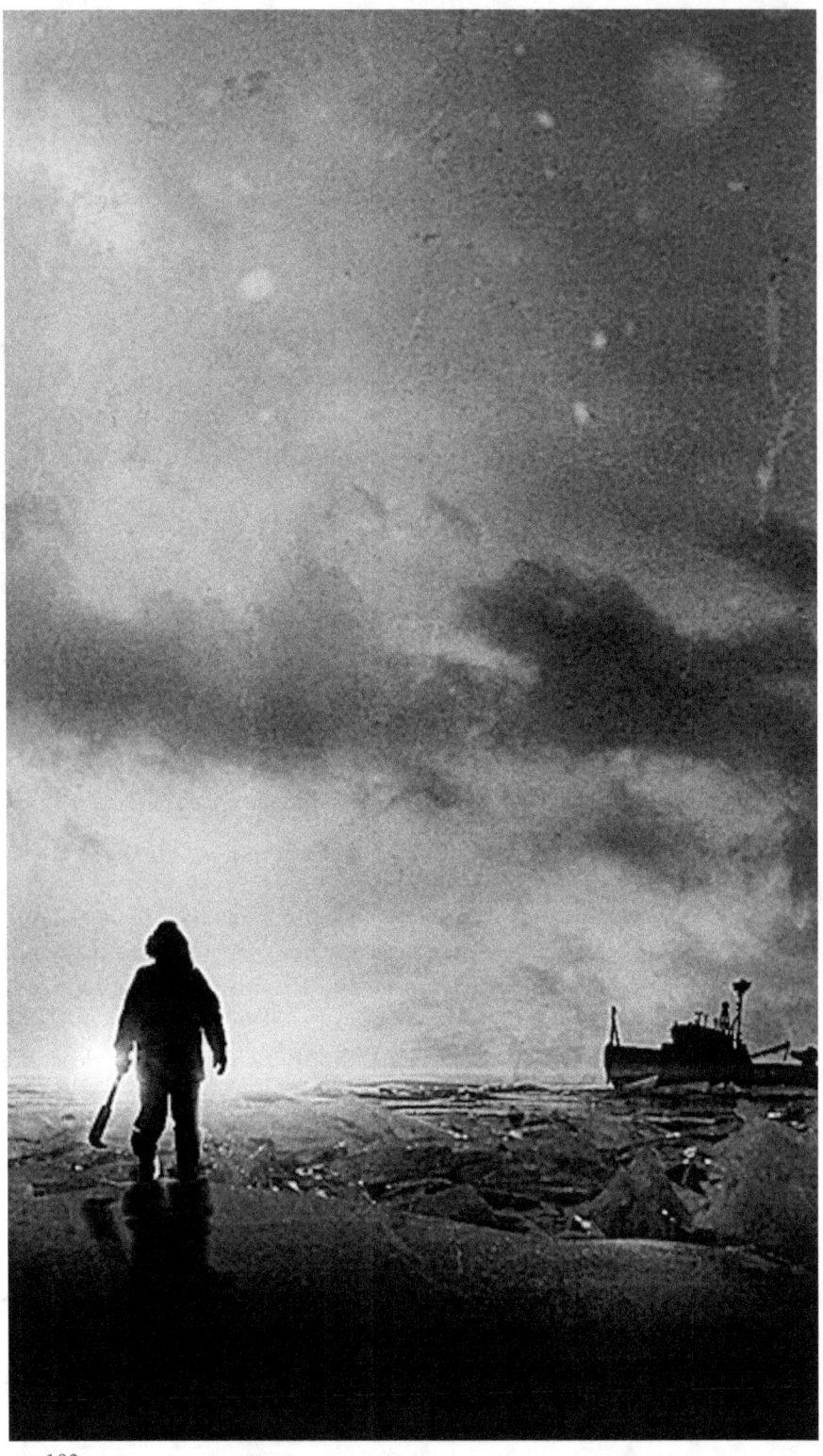

HARBINGER DOWN

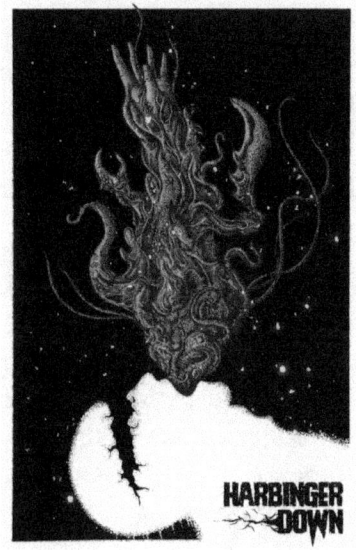

Estados Unidos: Dark Dunes Productions, Studio ADI

También conocida como: *La bestia del otro mundo, Harbinger Down: Es gibt kein zurück, Inanimate, Naufragio mortal, Terror en el Harbinger*

Dirección y guión: Alec Gillis

Fotografía: Benjamin L. Brown

Música: Christopher Drake

Reparto: Lance Henriksen, Camille Balsamo, Matt Winston, Giovonnie Samuels, Winston James Francis, Milla Bjorn, Mick Ignis, Michael Estime, Reid Collums

Duración: 81 min.

Estreno: 9 de julio de 2015, en Malasia

Esto va de: barco, extraterrestre, científico, contaminación, hielo, infección, mutación, monstruo, radiación, universitario

Un grupo de estudiantes de posgrado han reservado pasaje en el Harbinger, un barco pesquero, para estudiar los efectos del calentamiento global sobre una manada de orcas en el Mar de Bering. Cuando la tripulación del buque pesca una pieza recientemente descongelada de un módulo espacial soviético, las cosas se ponen francamente feas. Por lo que descubren, los rusos experimentaron con pequeños animales capaces de soportar las condiciones extremas de radiación espacial. Las criaturas han sobrevivido y mutado. Y, después de estar atrapadas en hielo durante tres décadas, no están dispuestas a renunciar a la calidez de la compañía humana.

Alec Gillis, todo un especialista en la creación de efectos especiales como demostró en películas como *Aliens* (1986), *Jumanji* (1995), *Starship Troopers* (1997) o *Skyline* (2010), se lanza a la dirección para sacar partido a sus conocimientos y nos aísla en la nieve para ofrecernos una terrorífica película que nos recordará por igual a *Alien, el octavo pasajero* (1979) y a *La cosa* (1982), de John Carpenter.

HE NEVER DIED

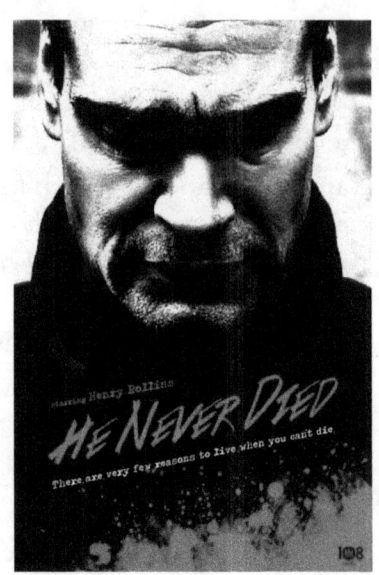

Estados Unidos: 108 Media, Alternate Ending Studios

Dirección y guión: Jason Krawczyk

Fotografía: Eric Billman

Música: James Mark Stewart

Reparto: Henry Rollins, Booboo Stewart, Steven Ogg, Jordan Todosey, James Cade, Michael Cram, Dan Petronijevic, Chantal Craig, Tamara Almeida

Duración: 99 min.

Estreno: 17 de marzo de 2015, en el South by Southwest Film Festival (Estados Unidos)

Esto va de: caníbal, depresión, hijo, inmortalidad, padre, rescate, secuestro, vampiro, venganza

Jack tiene el don de la inmortalidad. Pero él no lo vive como una bendición. Al contrario. Está deprimido y su vida se limita a ver la televisión y a dormir. Al ver a la raza humana como poco más que un trozo de carne con un pulso, Jack no tiene ningún interés por vincularse con nadie. ¿Para qué hacerse amigo de alguien al que finalmente se comería o sobreviviría por más de un milenio? Hay muy pocas razones para vivir cuando no se puede morir. Sin embargo, su rutinaria existencia se ve rota por la llegada de una joven que le dice que es hija suya. Este descubrimiento le ofrece un inesperado aliciente y le obliga a comportarse de forma responsable. Sin embargo, cuando una organización criminal ponga en peligro la vida de la chica, Jack saca a relucir su lado más violento y letal.

Jason Krawczyk sorprende con una película con aire de cine negro que no tiene inconveniente de tratar con naturalidad y humor temas como la inmortalidad o el canibalismo.

HELEN KELLER VS. NIGHTWOLVES

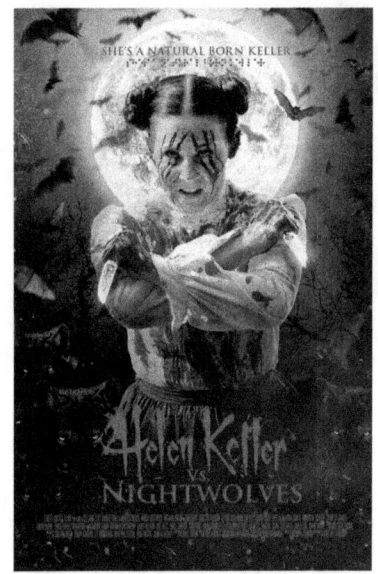

Estados Unidos: Street Justice Films

Dirección y guión: Ross Patterson

Fotografía: Jesús Hernández

Musica: Peter Bateman

Reparto: Jessie Wiseman, Lin Shaye, Barry Bostwick, Alanna Ubach, Jesse Merlin, Ross Patterson, Jim O'Heir, Richard Riehle, Christine Lakin, Edi Patterson

Duración: 75 min.

Estreno: 31 de octubre de 2015, en Estados Unidos

Esto va de: adolescente, bruja, comedia de terror, estudiante, hombre lobo, magia negra, nazi, venganza

Pese a ser judía, Helen Keller no puede evitar enamorarse del atractivo alemán Nick. Su pasión está por encima de los conflictos sociales surgidos en la Alemania nazi. Sin embargo, su compañera de clases de cocina, Anne Keddington, no puede soportar la nueva relación, por lo que recurre a la brujería para transformar a los oficiales de las SS en licántropos a los que controla mentalmente. Anne envía a los hombres lobos contra Nick, que muere desangrado. Con el corazón roto, Helen inicia su particular venganza.

Una delirante ida de olla del actor, director y escritor Ross Patterson, conocido también entre sus seguidores como St. James St. James. Comedia pasada de vueltas con hombres lobos y una más que singular protagonista.

HELLIONS

Canadá: Storyteller Pictures, Whizbang Films

También conocida como: *Infernales*

Dirección: Bruce McDonald

Guión: Pascal Trottier, Pascal Trottier

Fotografía: Norayr Kasper

Música: Todor Kobakov, Ian LeFeuvre

Reparto: Chloe Rose, Robert Patrick, Rossif Sutherland, Luke Bilyk, Rachel Wilson

Duración: 80 min.

Estreno: 25 de enero de 2015, en el Festival de Sundance (Estados Unidos)

Esto va de: ángel, demonio, embarazada, niño, Halloween, pesadilla, sobrenatural, supervivencia

En vísperas de la noche de Halloween, la joven Dora Vogel se entera de que está embarazada, lo que le supone un duro shock. Al caer la tarde, mientras el resto de su familia ha salido a celebrar Halloween, ella se queda sola en casa, disfrazada de ángel, esperando la llegada de su novio, que parece haber desaparecido del mapa. Cuando llaman a la puerta y la chica va abrir creyendo que sean niños del barrio dispuestos a jugar a clásico «truco o trato», la chica se encuentra ante unas pequeñas y macabras criaturas que no son precisamente golosinas lo que están buscando. A partir de ese momento, la noche para Dora se convertirá en una pesadilla que no hará sino que empeorar con el paso de las horas.

Veterano del medio televisivo, Bruce McDonald recurre a una preciosa Chloe Rose —vista en las series *Teenagers* y *Rookie Blue*— para plantearnos una especie de cuento siniestro, en que las imágenes nos invitan a sentirnos inmersos en un auténtico mal sueño. Curiosa.

HIDDEN

Estados Unidos: Primal Pictures, Warner Bros.

Título original: *Hidden: Die Angst holt dich ein, Hidden: terror en Kingsville, Oculto*

Dirección: Matt Duffer, Ross Duffer

Guión: Matt Duffer, Ross Duffer

Fotografía: Thomas Townend

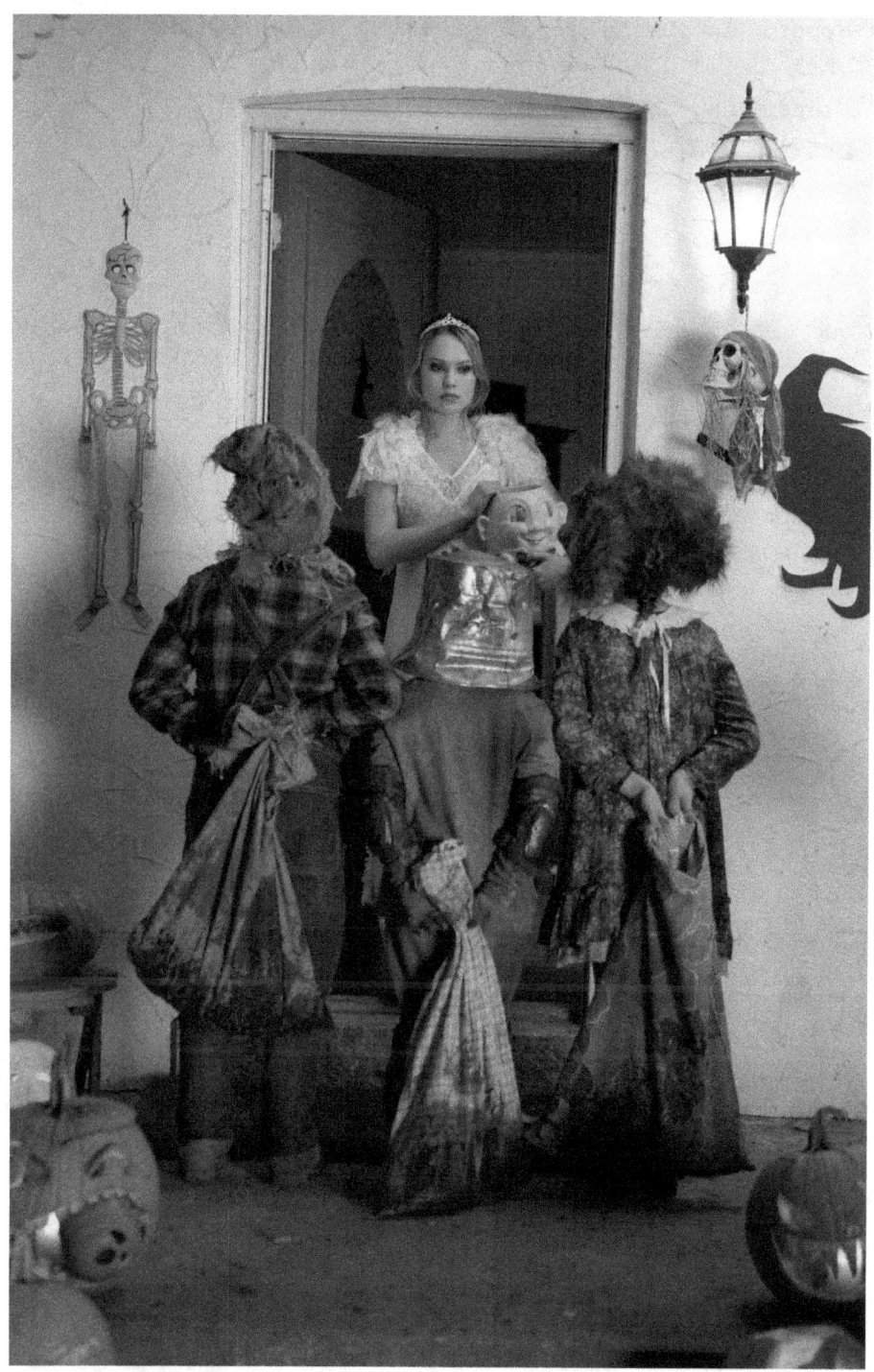

Música: David Julyan

Reparto: Alexander Skarsgård, Andrea Riseborough, Heather Doerksen, Emily Alyn Lind, William Ainscough

Duración: 85 min.

Estreno: 15 de septiembre de 2015, en Estados Unidos

Esto va de: búnker, familia, post-apocalipsis, refugio, supervivencia, zombi

Ray, Claire y su hija de siete años Zoe, son una familia media americana que vive oculta en un refugio antiaéreo de Kingsville (Carolina del Norte), desde el momento de la devastación que lo cambió todo. Han pasado 301 días y han conseguido transformar esa prisión de cemento en un hogar. Pese a que, en ocasiones, oyen pesados pasos sobre ellos, prefieren seguir ocultos, al no tener la seguridad de saber qué es lo que les esperará en el exterior. Sin embargo, su seguridad se vendrá abajo en cuanto se den cuenta de que algo o alguien ha descubierto su escondite y estás dispuesto a ir a por ellos.

El nuevo Tarzán del cine, Alexander Skarsgård, encabeza esta película de terror post-apocalíptico realizada por los hermanos Duffer en Vancouver (Canadá). Lo que arranca como una historia convencional de zombis, acaba con un astuto giro de guión que le proporciona una interesante lectura al largometraje. Entretenida.

THE HIVE

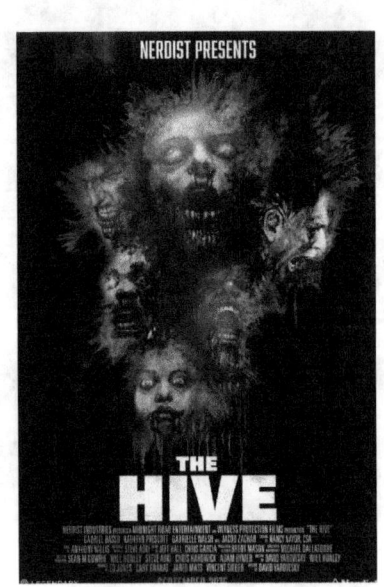

Estados Unidos: Midnight Road Entertainment

También conocida como: *La colmena, La colmena de los malditos*

Dirección: David Yarovesky

Guión: Will Honley, David Yarovesky

Fotografía: Michael Dallatorre

Música: Anthony B. Willis

Reparto: Gabriel Basso, Talitha Bateman, Stephen Blackehart, Mary Elizabeth Boylan, Mike Escamilla

Duración: 93 min.

Estreno: 14 de septiembre de 2015, en Estados Unidos

Esto va de: amnesia, infección, virus

Un chico se despierta solo en una habitación. No sabe quién es ni cómo ha llegado hasta allí. Pero pronto encuentra algunas pistas que él mismo se había dejado, consciente de un virus le ha dejado amnésico y pronto acabará con su vida. También descubre que mantenía una relación sentimental con una mujer, el gran amor de su vida. Ahora, solo él está en disposición de salvar a la chica antes de que el virus termine por completo con él.

Primeros pasos en el metraje de larga duración para David Yarovesky, que trata de sorprender con esta historia de amnésicos, que por supuesto a más de uno le hará añorar el pequeño clásico de Chistopher Nolan *Memento* (2000).

THE HOARDER

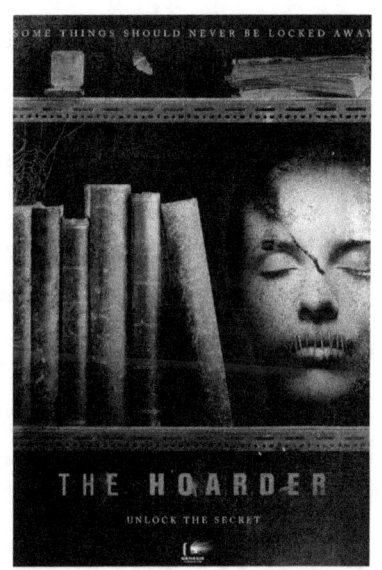

Estados Unidos: Atlantic Picture Company, Sunny Day Media, Tall Man Films

También conocida como: *Bunker: Es gibt kein Entkommen*

Dirección: Matt Winn

Guión: James Handel, Matt Winn, Chris Denne

Fotografía: Eben Bolter

Música: Andrew Pearce

Reparto: Mischa Barton, Andrew Buckley, Charlotte Salt, Ed Cooper Clarke, Emily Atack, Jamie Bacon, John Sackville, Philip Philmar

Duración: 84 min.

Estreno: 26 de febrero de 2015, en el Glasgow Fright Fest (Reino Unido)

Esto va de: demonio, gore, monstruo, prisionero, supervivencia

Cuando Ella acude una noche a almacén subterráneo adaptado para que la gente guarde allí sus cosas, como si fuera un enorme trastero, nota que algo va mal. Una extraña criatura se oculta en ese laberíntico lugar. Convencida de que su vida corre peligro, Ella trata de escapar. Entonces se va encontrando con un grupo de personas que también habían acudido esa noche al almacén, muchos de los cuales tienen algo que ocultar. Todos ellos se dan cuenta de que están atrapados y a merced de algo diabólico que está dispuesto a terminar con sus vidas.

Matt Winn prueba suerte en el largometraje con una historia claustrofóbica con monstruo incluido. Un único escenario, varios personajes por definir y una amenaza real le sirven como elementos para conseguir una película entretenida.

THE HOUSE ON PINE STREET

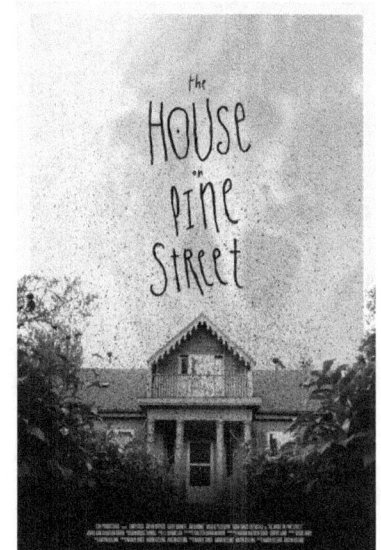

Estados Unidos: E3W Productions

Dirección: Aaron Keeling, Austin Keeling

Guión: Natalie Jones, Aaron Keeling, Austin Keeling

Fotografía: Juan Sebastian Baron

Música: Nathan Matthew David, Jeremy Lamb

Reparto: Emily Goss, Taylor Bottles, Cathy Barnett, Jim Korinke, Natalie Pellegrini, Tisha Swart-Entwistle, Keagon Ellison

Duración: 111 min.

Estreno: 28 de febrero de 2015, en el Cinequest Film Festival (Estados Unidos)

Esto va de: casas encantadas, embarazada, hijo, madre, matrimonio

Tras sufrir una crisis nerviosa, Jennifer Branagan acepta a regañadientes regresar a su ciudad natal en Kansas para pasar allí los últimos meses de embarazo. El miedo a la futura maternidad, las tensiones con su marido

Lucas, y la presencia de su propia madre, tienen a la chica de los nervios. Cuando Jennifer tiene la sensación de que ocurren cosas extrañas en su nueva casa, ha de asegurarse de que su propia cordura no le está jugando una mala pasada.

Un ejemplo del nuevo cine de terror independiente que nos espera. Financiada gracias a una campaña de *crowfunding* en Kikckstarter, y realizada entre los alumnos de la Universidad de Kansas, la película se rodó en tan solo 19 días con todo el equipo conviviendo en el interior de la «casa encantada».

HOWL

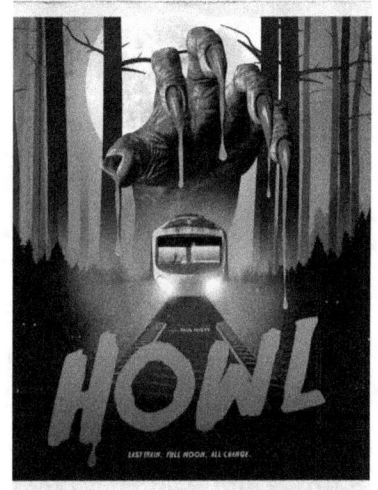

Reino Unido: Starchild Pictures
También conocida como: *Aullido, Aullidos de la muerte, Gritos de la noche*
Dirección: Paul Hyett
Guión: Mark Huckerby, Nick Ostler
Fotografía: Adam Biddle
Música: Paul E. Francis
Reparto: Ed Speleers, Holly Weston, Elliot Cowan, Amit Shah, Sam Gittins, Shauna Macdonald, Duncan Preston, Ania Marson, Rosie Day, Calvin Dean
Duración: 89 min.
Estreno: 5 de agosto de 2015, en el Fantasy Filmfest (Alemania)
Esto va de: atrapado, hacha, hombre lobo, pasajero, tren, sacrificio, superivencia, venganza

Un tren regional de Londres tiene que detenerse en plena noche en mitad de un bosque. La vía está bloqueada. Un par de controladores van a investigar, pero no regresan nunca al tren. Cuando los pasajeros logran ver en el exterior el cuerpo mutilado del conductor del tren, se asustan de verdad. Y el pánico cunde en cuanto se confirma que hay algo acechándoles en el exterior. Joe, un revisor, logra organizar a los pasajeros para atrincherarse dentro del vagón y repeler los ataques del monstruo. En uno de ellos, Joe logra acabar con la vida de la bestia: un espantoso ser mitad animal, mitad humano. La hazaña se celebra solo durante unos instantes. Hasta que oyen nuevos aullidos en el exterior.

Después de *The Seasoning House* (2012), Paul Hyett regresa a la dirección con una escalofriante historia de hombres lobo, en la que puede presumir de su experiencia en el terreno del maquillaje fantástico. Hay que recordar que a Hyett le debemos los efectos especiales de maquillaje de películas como *The Descent* (2005), *Doomsday* (2008), *Attack the Block* (2011) o *La mujer de negro* (2012).

HÜDDAM

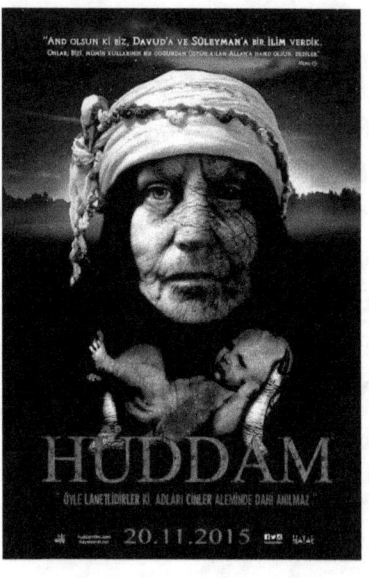

Turquía: Bir Film
Dirección: Utku Uçar
Guión: Murat Özen,Utku Uçar
Fotografía: Mustafa Kuscu
Reparto: Fatma Hun, Murat Özen, Çağrı Duran, Eray Logo, Hande Oktan, Alaattin Maral, Uğur Mamuk, Semra Mamuk, Melike Cem, Selcan Toker
Estreno: 20 de noviembre de 2015, en Turquía
Esto va de: demonio, espíritu, magia negra, posesiones

Can vive con su madre Derya en el campo. Sin explicación aparente, la mujer da signos de pérdida de memoria y muestra un comportamiento extraño. Esto le lleva a Can a preguntarse por la infancia de su madre. Así viaja con ella hasta la ciudad natal de Derya. Allí conoce a Asaf, un imán local que practica la antigua mística judía. Pero cuando trata de extraer los espíritus malignos de la mujer, no hace más que empeorar las cosas.

Magia negra, posesiones y más que algún buen susto es lo que nos propone esta producción turca que, junto a *Baskin* y otros filmes como *Cin Kuyusu* (2015), pone de manifiesto el interés creciente de esta cinematografía por el género del terror.

I AM A HERO

Japón: Toho Pictures
Dirección: Shinsuke Sato
Guión: Akiko Nogi, según el manga de Kengo Hanazawa
Fotografía: Taro Kawazu
Reparto: Yô Ôizumi, Masami Nagasawa, Kasumi Arimura, Miho Suzuki
Duración: 125 min.
Estreno: 13 de octubre de 2015, en el Festival de Sitges (España)
Esto va de: adaptación manga, dibujante, estudiante, supervivencia, zombi

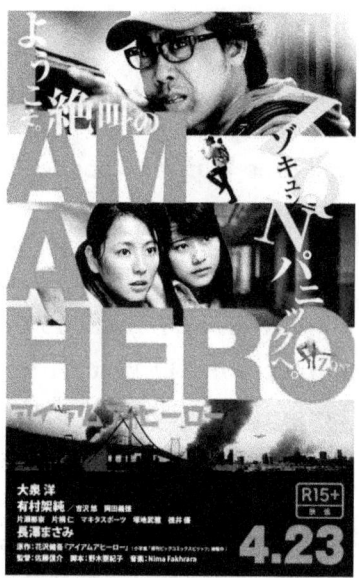

Hideo Suzuki está harto porque sigue siendo el ayudante de un artista de manga a pesar de contar con 35 años de edad. Vive con su novia Tekko, pero incluso su relación sentimental tampoco va a ninguna parte. Cada vez más frustrada por sus sueños inútiles y la incapacidad para planificar el futuro, Tekko explota y lo echa de casa. Cuando, al día siguiente. Hideo regresa para disculparse, Tekko salta sobre él convertida en un agresivo zombi. El dibujante huye hasta Tokio y se arma con su escopeta de tiro al blanco (su mayor pasión después de los cómics), ya que comprueba que el virus que convierte a los humanos en zombis se está extendiendo a gran velocidad. En su desesperada huida, Hideo rescata a la estudiante de secundaria Hiromi Hayakari, que escapa con él. Pero la chica sufre el ataque de un zombi bebé. Por fortuna, dado que el atacante aún no tiene dientes, Hiromi se convierte en un ser mestizo, medio zombi, medio humano, que no ataca a los seres humanos. Hideo la lleva hasta la azotea de un centro comercial, donde se han refugiado otros supervivientes. Desde allí, el dibujante deberá disparar a todos los zombis que se le pongan a tiro mientras piensa en cómo encontrar una cura para Hiromi.

I am a hero es la ambiciosa adaptación del manga homónimo creado por Kengo Hanazawa y publicado en 12 volúmenes. Una obra de culto que ahora cobra vida gracias al ingenio del escritor y cineasta Shinsuke Sato, autor de la popular *Gantz* (2010).

I SPIT IN YOUR GRAVE: VENGEANCE IS MINE

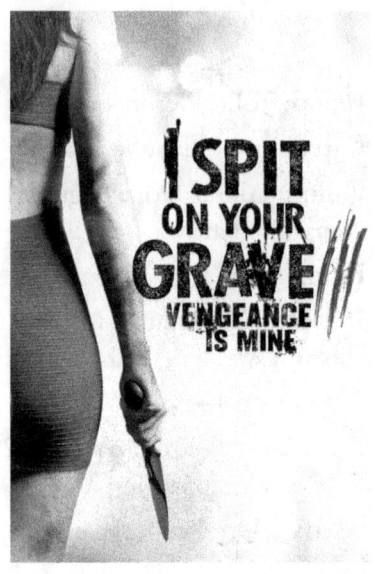

Estados Unidos: CineTel Films

Tanbién conocida como: *Doce Vingança 3: A Vingança é Minha, Dulce venganza 3, Escupiré sobre tu tumba 3. La venganza es mía, I Spit on Your Grave 3*

Dirección: R.D. Braunstein

Fotografía: Richard J. Vialet

Música: Edwin Wendler

Reparto: Sarah Butler, Gabriel Hogan, Doug McKeon, Karen Strassman, Jennifer Landon, Corey Craig, Bobby Reed, Lony'e Perrine, Alissa Juvan, Joshua Kovalscik

Duración: 92 min.

Estreno: 1 de octubre de 2015, en Rusia

Esto va de: abusos sexuales, secuela, secuestro, suicidio, venganza

Jennifer Hills sigue atormentada por el brutal asalto sexual que tuvo que soportar años atrás. Después de múltiples cambios de identidades y ciudades, se da cuenta de que es incapaz de construir una nueva vida, por lo que accede a regañadientes a unirse a un grupo de apoyo. Pero cuando se entera de que los responsables de los asaltos sexuales y el asesino de su anterior novio han quedado en libertad, Jennifer decide hacer lo que el sistema no pude: que los criminales paguen por sus actos de la forma más horrible que uno se pueda imaginar.

La actriz Sarah Butler retoma el papel de la vengativa Jennifer en la tercera entrega de esta violenta saga nacida con la película de Steve R. Monroe *Escupiré sobre tu tumba* (2010) —también conocida como *Dulce venganza*—, que a su vez era un remake de *La violencia del sexo* (1978), de Meir Zarchi. En todos los casos, la saga se basaba en las aventuras de una novelista que planificaba una terrible venganza contra los hombres que habían abusado sexualmente de ella.

INFINI

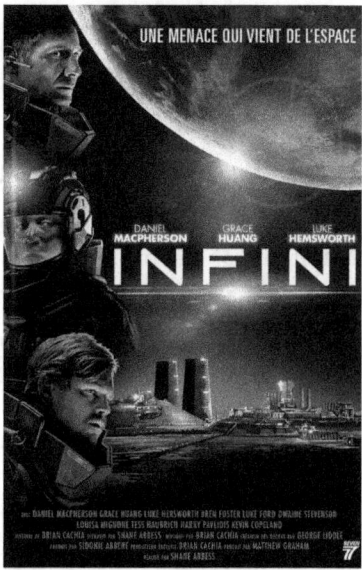

Australia: Storm Vision Entertainment, Eclectik Vision, Storm Alley Entertainment

También conocida como: *Infinito, Tropa espacial*

Dirección: Shane Abbess

Guión: Shane Abbess, Brian Cachia

Fotografía: Carl Robertson

Música: Brian Cachia

Reparto: Daniel MacPherson, Grace Huang, Luke Hemsworth, Bren Foster, Luke Ford, Tess Haubrich, Dwaine Stevenson, Louisa Mignone, Gemma Laurelle

Duración: 110 min.

Estreno: 11 de abril de 2015, en el Festival de Bruselas (Bélgica)

Esto va de: espacio, extraterrestre, hospital, infección, laboratorio, mutante, nave espacial, rescate, resurrección, supervivencia, virus

A comienzos del siglo XXIII, Whit Carmichael le promete a su mujer embarazada que volverá sano y salvo de la misión que le llevará a trabajar a la lejana colonia minera de Infini. Sin embargo, algo ocurre y todo su equipo muere menos él en lo que parece un letal brote biológico. Un equipo de búsqueda acude al rescate de Whit y se queda impresionado por el panorama desolador que encuentra. Mientras que nadie se explica cómo Whit ha podido sobrevivir, los integrantes del equipo de rescate comienzan a presentar extraños síntomas en su regreso hacia la Tierra.

A pesar de su notable carencia de medios —la mayor parte de la película se rodó en el interior de una nave industrial— y de no poder competir en la misma ligar que películas como *Prometheus* (2012), Shane Abbess se defiende y monta una producción que te mantiene el interés de principio a fin.

THE INHABITANTS

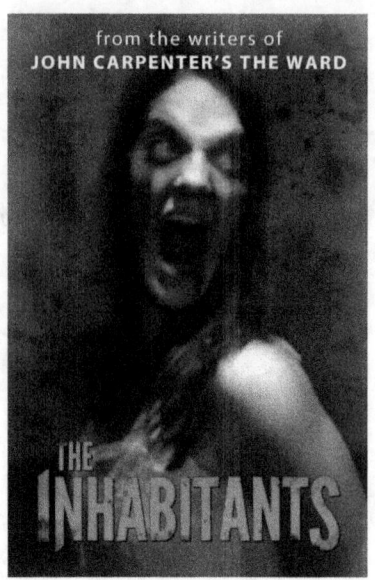

Estados Unidos: Lascaux Media, Sinister Siblings Films

Dirección y guión: Michael Rasmussen, Shawn Rasmussen

Música: John Kusiak

Reparto: Elise Couture, Michael Reed, India Pearl, Vasilios Asimakos, Danny Bryck, Judith Chaffee, Erica Derrickson, Edmund Donovan

Duración: 90 min.

Estreno: 13 de octubre de 2015, en Estados Unidos

Esto va de: casas encantadas, demonio, hotel, pareja, posesiones

Dan y Jessica forman una joven pareja que adquiere un viejo hotel de la localidad de Salem, llamado «The March Carriage». Poco después de instalarse, Jessica comienza a mostrar un extraño comportamiento. A pesar de que Dan se da cuenta de que algo raro ocurre, no puede evitar que una maléfica fuerza se apodere de su pareja.

Los hermanos Rasmussen, guionistas de *Encerrada* (2010) y realizadores de *Dark Feed* (2013), presentan su propia historia de casas encantadas y posesiones diabólicas que rodaron en una casa histórica con vínculos auténticos a las célebres brujas de Salem.

INNER DEMON

Australia: Demon Girl Productions

Dirección y guión: Ursula Dabrowsky

Fotografía: Nima Nabili Rad

Música: Michael Taylor

Reparto: Sarah Jeavons, Kerry Ann Reid, Andreas Sobik

Duración: 84 min.

Estreno: 20 de noviembre de 2014, en el A Night of Horror International Film Festival (Australia)

Esto va de: casas encantadas, demonio, granja, huida, prisionero, supervivencia

Sam es una atractiva joven que cae en las garras de una pareja de enloquecidos asesinos en serie. Tras pasar unos momentos de indescriptible angustia, la chica logra escapar y huye hasta refugiarse en una granja que parece estar abandonada. Sin embargo, cuando Sam piensa que lo peor ha pasado, descubre que se ha metido en un lugar diabólico que pondrá a prueba su resistencia física y psicológica.

Inner Demon es la pieza central de una trilogía ideada por la cineasta Ursula Dabrowsky, y que ella misma denomina «Demon Trilogy». La primera entrega fue *Family Demons* (2009) y el tríptico se cerrará con *The Devil's Work*.

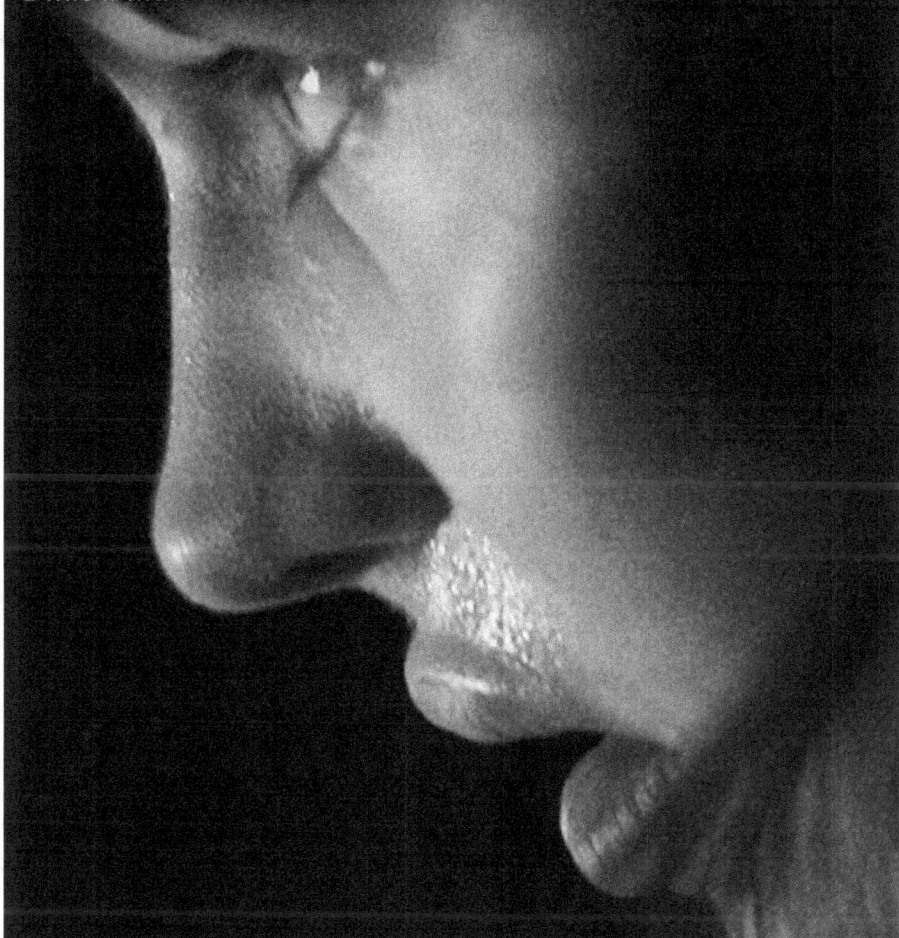

«*Con Inner Demon*, mi intención era crear una película de genuino y sostenido terror emocional, que presentara una historia convincente. Yo me dirijo a un público exigente entre los fans del horror que, como yo, anhelan algo con más sustancia, más significado, historias que sean valientes y que muestren el lado más oscuro de la existencia humana, el lado que la mayoría la gente tiende a evitar porque les hace sentir incómodos. Lo intento con cada película de terror que ruedo, confiando en que nadie dude de que el género está siendo tratado con el respeto que se merece.»

Ursula Dabrowsky (directora y guionista).

INSIDIOUS: CHAPTER 3

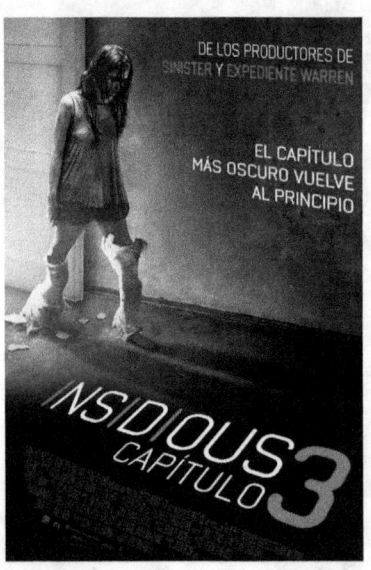

Estados Unidos: Focus Features, Stage 6, Automatik Entertainment, Blumhouse Productions, Entertainment One

También conocida como: *Insidieux 3, Insidious: capítulo 3, La noche del demonio: capítulo 3, Sobrenatural: A Origem*

Dirección y guión: Leigh Whannell

Fotografía: Brian Pearson

Música: Joseph Bishara

Reparto: Stefanie Scott, Dermot Mulroney, Lin Shaye, Hayley Kiyoko, Leigh Whannell, Angus Sampson, Michael Reid MacKay, Tate Berney, Anna Ross

Duración: 98 min.

Estreno: 28 de mayo de 2015, en Dinamarca

Esto va de: accidente, actriz, adolescente, demonio, espíritu, fantasma, hospital, médium, pared, precuela, saga, sobrenatural

Quinn Brenner, es una adolescente aspirante a actriz que siente que su difunta madre intenta contactar con ella. Por ese motivo, solicita la ayuda de una experimentada medium, Elise. La mujer muestra una actitud protectora hacia la sensible Quinn, pero la tragedia vivida por Elise en su pasado hace que se sienta reticente a usar sus habilidades.

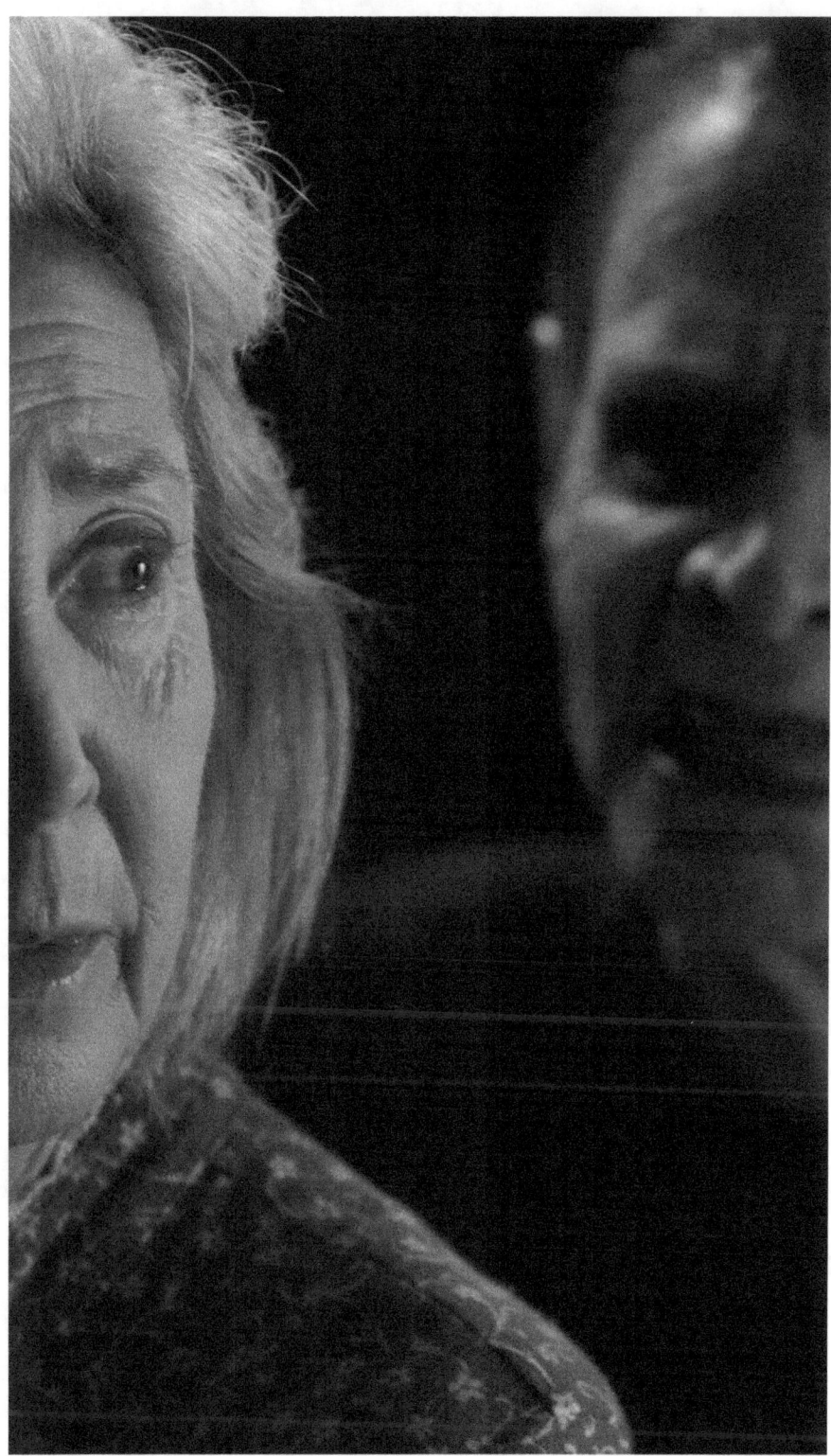

Poco después, un terrible accidente deja a Quinn convaleciente en casa, mientras su padre viudo, Sean lucha por sacar adelante su familia. Una entidad sobrenatural maligna ataca a Quinn en su dormitorio, por lo que Sean suplica ayuda a Elise. Debatiéndose entre su fe y el rumbo que pretende darle a su vida, Elise recurre a sus poderes para contactar con los muertos, con el apoyo de dos individuos a los que ha conocido recientemente, los parapsicólogos sin licencia Tucker y Specs. Obligada a internarse en lo más profundo del Más Allá para proteger a Quinn, Elise no tarda en verse cara a cara con el enemigo más implacable al que se ha enfrentado jamás: un demonio con un ansia insaciable de almas humanas.

La tercera entrega de la saga no es una continuación, sino una precuela. El filme está ambientado años antes de que la familia Lambert se vea acechada por espíritus del Más Allá y de los enfrentamientos de Elise con dichos espíritus recogidos en *Insidious* (2010) e *Insidious: Capítulo 2* (2013).

Dado que el destino de la familia quedó resuelto al final la segunda entrega, al creador de la saga, Leigh Whannell, le interesó centrar la atención en otro elemento constante de estas historias: la indómita psíquica Elise Rainier, interpretada por Lin Shaye. Elise había muerto en su lucha por salvar a los Lambert, pero «me encanta el personaje y me preguntaba cómo podía recuperarlo», recuerda Whannell. «La idea no era tener que tratar con el fantasma de Elise, ¡la quería viva! A la gente le gustaron las historias que se alargaban en el tiempo que presentamos en la segunda película, y pensé que eso me ayudaría a encontrar una historia que diera más sentido al viaje de Elise. Empecé a idear una historia de origen, una precuela ambientada años antes de la primera película, que contuviera elementos esenciales de la marca *Insidious* y en la que pudiera explorar los antecedentes de Elise. Cuando me puse a escribirla, quedé encantado con el resultado».

INTO THE GRIZZLY MAZE

Estados Unidos: Indomitable Entertainment, Purple Pictures
También conocida como: *Territorio Gizzly, En el laberinto Grizzly, Endangered, Grizzly, Red Machine: Hunt or Be Hunted*
Dirección: David Hackl
Guión: J.R. Reher, Rick Cleveland, Guy Moshe

Fotografía: James Liston

Música: Marcus Trumpp

Reparto: James Marsden, Thomas Jane, Scott Glenn, Piper Perabo, Billy Bob Thornton, Adam Beach, Michaela McManus, Patrick Sabongui, Luisa D'Oliveira, Seth Isaac Johnson, Bart the Bear

Duración: 93 min.

Estreno: 27 de febrero de 2015, en Alemania

Esto va de: animal, bosque, cabaña, cazador, montaña, naturaleza, oso, sheriff, stripper

Rowan , un ex convicto, y su hermano Beckett, uno de los agentes del sheriff, se ven obligados a convivir con sus respectivas novias en los bosques de Alaska, mientras un enorme oso pardo llamado Red Machine ha atacado mortalmente a algunas personas. De hecho, Douglas, un experto cazador de osos, se ha internado en el bosque para intentar localizar a la criatura. Mientras convergen ambas partidas, ellos descubren que algo misterioso está desplazando al oso de su habitat y los está convirtiendo a ellos en objeto de caza.

Tras las huellas de *En el bosque sobrevive* (2014), de Adam MacDonald, en la que una pareja de excursionistas tenía que sobrevivir al acoso de un terrorífico oso negro, el director de *Saw V* (2008), David Hackl, nos invita a disfrutar de una película de terror ambientada en la salvaje naturaleza de Alaska que cuenta con un reparto de primer orden. A pesar de ello, la película se lanzó directamente para el mercado del DVD.

INTRUDERS

Estados Unidos: Black Fish Films, Campbell Grobman Films, Jeff Rice Films

También conocida como: *Shut In*

Dirección: Adam Schindler

Guión: T.J. Cimfel, David White

Fotografía: Eric Leach

Música: Frederik Wiedmann

Reparto: Rory Culkin, Leticia Jimenez, Jack Kesy, Timothy T. McKinney, Joshua Mikel, Beth Riesgraf, Martin Starr

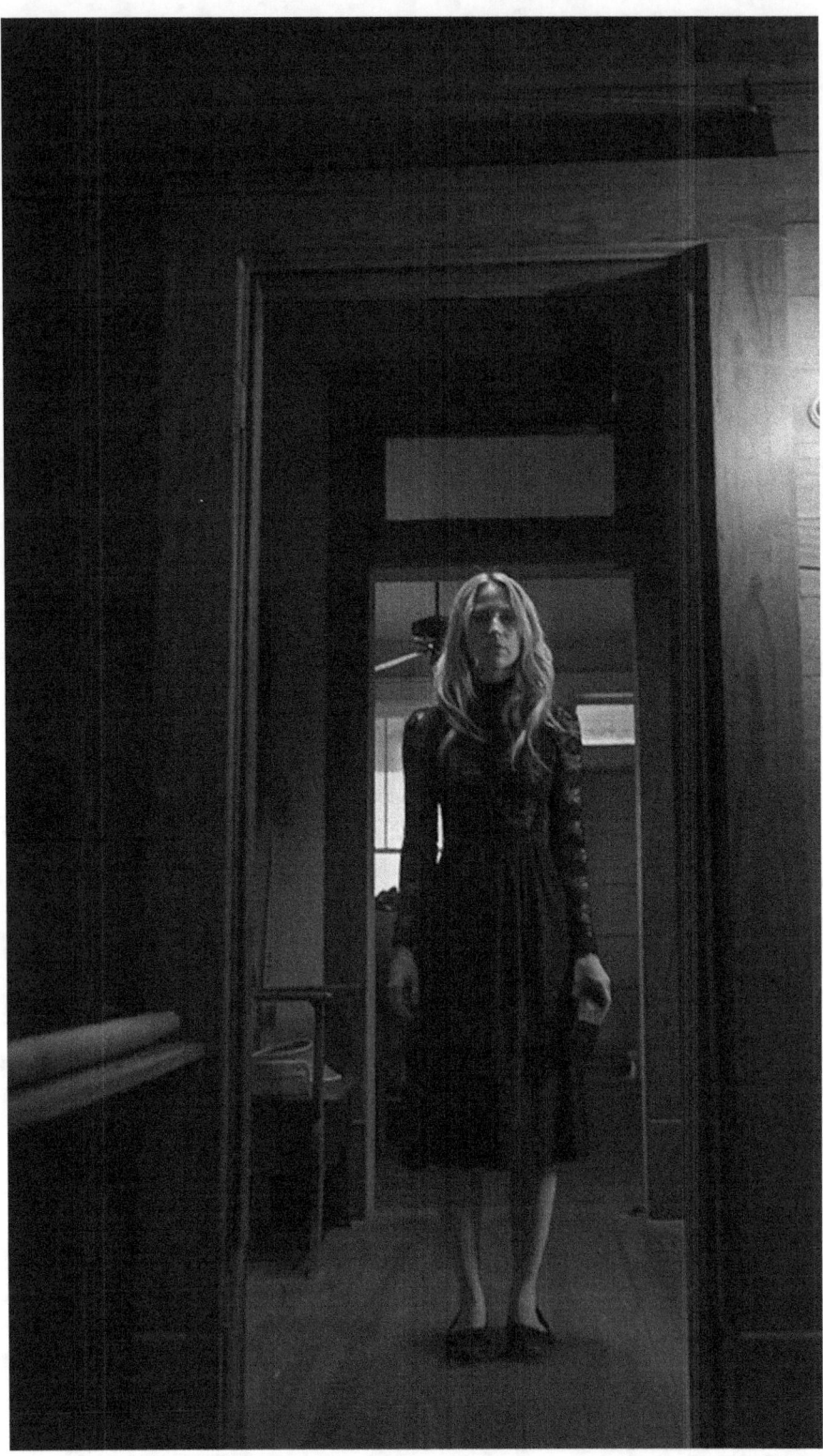

Duración: 90 min.

Estreno: 12 de junio de 2015, en el Festival de Los Ángeles (EE UU)

Esto va de: agorafobia, asalto, banda criminal, enfermedad, venganza

Anna comparte aún la casa familiar con su hermano Conrad, que está en fase terminal por culpa de un cáncer. Aún así, él sale más que ella, por lo menos hasta el porche de la casa. Anna es incapaz de hacerlo porque sufre una agobiante agorafobia, quizá por un trauma relacionado con la muerte de su padre. Cuando por fin Conrad cede a la enfermedad, Anna se queda sola, con la única compañía de su abogada y las visitas habituales de Danny, un simpático repartidor de comida. Sin embargo, por la localidad se corre el rumor de que en casa de la familia hay una buena cantidad de dinero, lo que lleva a un grupo de criminales a asaltar la vivienda. Anna, que al principio parece aterrorizada, enseguida demuestra que la agorafobia es el menor de sus problemas. La víctima se convierte entonces en el más terrorífico de los verdugos.

Adam Schindler debuta en la dirección con este largometraje —también conocido con el título de *Shut In*—, que centra todo su peso en dar un giro radical a su argumento cuando convierte a la aparente víctima de la historia en la mayor amenaza.

THE INTRUDERS

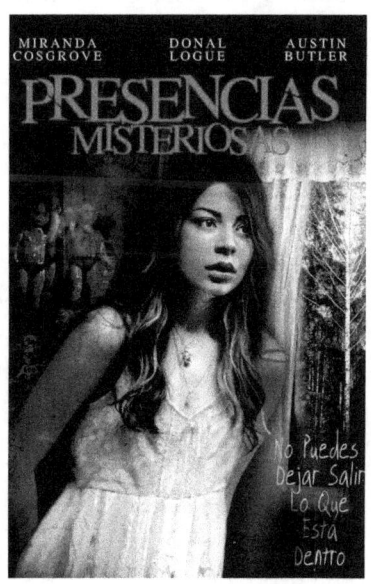

Canadá: Darius Films

También conocida como: *A Casa do Medo, Die Eindringlinge, Los intrusos, Presencias misteriosas*

Dirección: Adam Massey

Guión: Jason Juravic

Fotografía: Brendan Steacy

Música: Joseph Murray, Lodewijk Vos

Reparto: Miranda Cosgrove, Donal Logue, Tom Sizemore, Jenessa Grant, Austin Butler, Kelly Boegel, Claire Calarco, Michael Luckett, Jazmin Paradis

Duración: 92 min.

Estreno: 24 de febrero de 2015, en Estados Unidos

Esto va de: adolescente, casas encantadas, demonio, hijo, padre, mudanza, sobrenatural, vecino

Después de la muerte de su mujer, el arquitecto Jerry Halshford se traslada a una nueva casa con su hija veinteañera Rose, que está muy afectada. La chica hace amistad con su vecina, Leila, quien le pone en antecedentes sobre los oscuros secretos de la casa. Lo cierto es que Rose no tarda en comenzar a escuchar ruidos raros y en tener sensaciones extrañas dentro de la casa, pero su padre no le presta atención porque considera que todo se debe al trauma que arrastra por la pérdida de la madre. Sin embargo, Rose tiene serias razones para estar muy aterrorizada.

Nada muy original, salvo la presencia de Miranda Cosgrove al frente del reparto, en uno de sus primeros papeles cinematográficos adultos, tratando de alejarse ya de su imagen más infantil, consagrada sobre todo por su intervención en la serie de Nickelodeon *iCarly*.

THE INVITATION

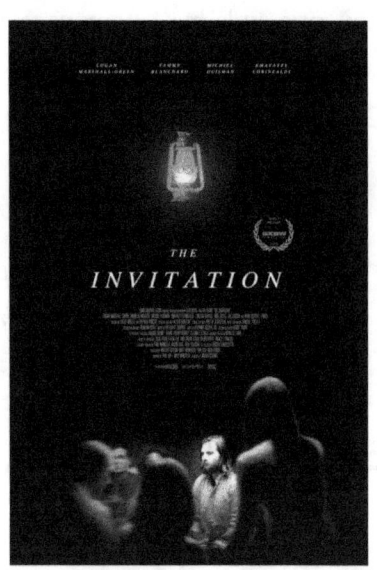

Estados Unidos: Gamechanger Films, The Invitation, Lege Artis

También conocida como: *La invitación*

Dirección: Karyn Kusama

Guión: Phil Hay, Matt Manfredi

Fotografía: Bobby Shore

Música: Theodore Shapiro

Reparto: Logan Marshall-Green, Michiel Huisman, Tammy Blanchard, John Carroll Lynch, Mike Doyle, Emayatzy Corinealdi, Karl Yune, Toby Huss

Duración: 90 min.

Estreno: 13 de marzo de 2015, en el South by Southwest Film Festival (Estados Unidos)

Esto va de: accidente, cena, desaparecido, pareja

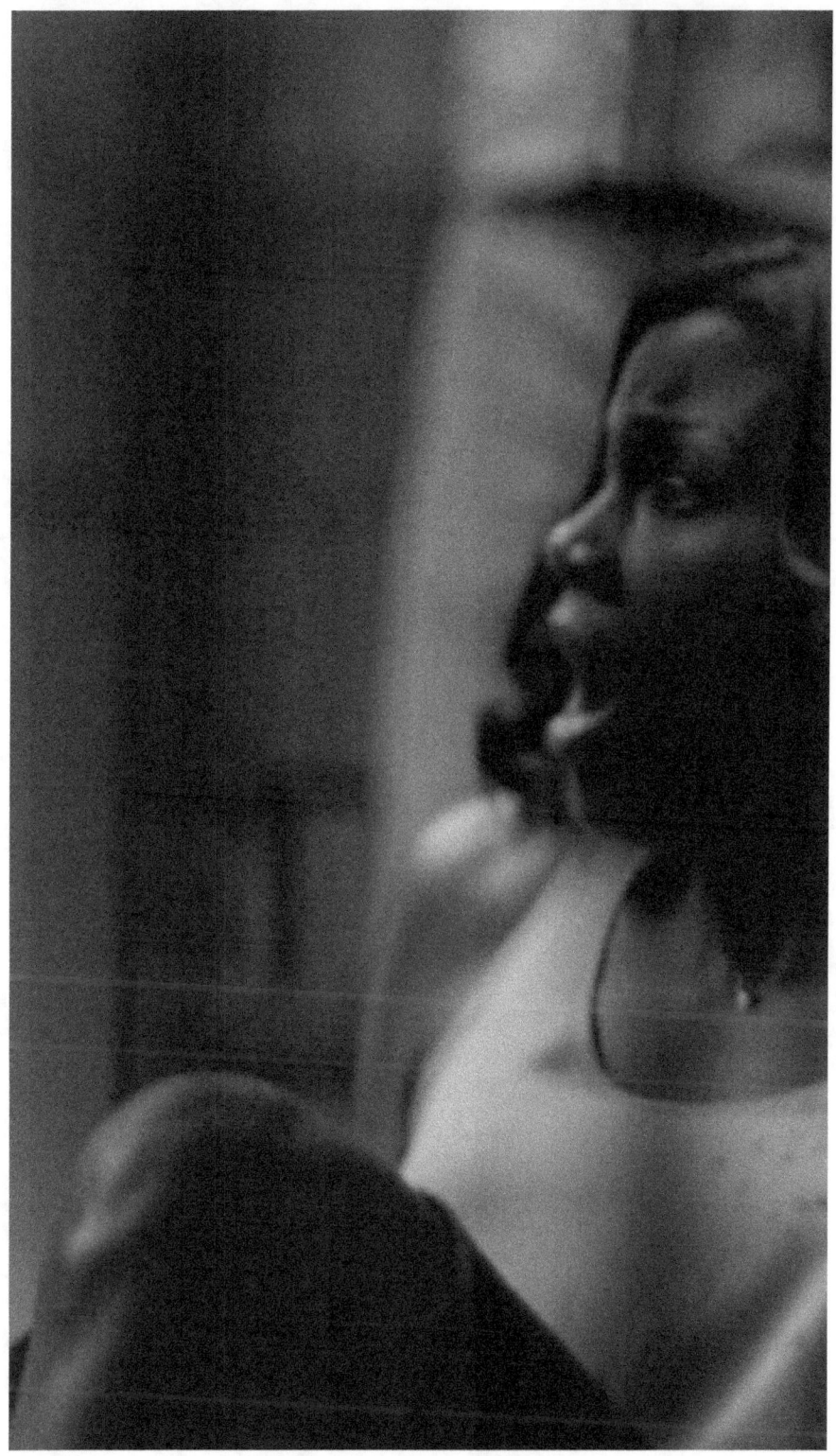

Will y Eden fueron en un tiempo una pareja feliz hasta que la tragedia les sacudió con la inesperada muerte de su único hijo. En pleno momento de duelo, Eden desapareció sin dejar ni rastro. Tres años más tarde, ella vuelve a aparecer con una nueva pareja y, también, como una persona muy diferente. Una noche, Eden invita a cenar a su marido y al grupo de amigos que se vino abajo a raíz de la tragedia. En un ambiente de tensión creciente, Will nota que algo terrible se ha apoderado de su ex esposa.

Premio a la Mejor Película en el Festival de Sitges 2015, *The Invitation* es un thriller para adultos que explota en un clímax verdaderamente impactante. Una película que habla sobre la forma en que el dolor puede transformarnos, hasta el punto de no saber lo que hay dentro de las personas a las que una vez se amó.

JERUZALEM

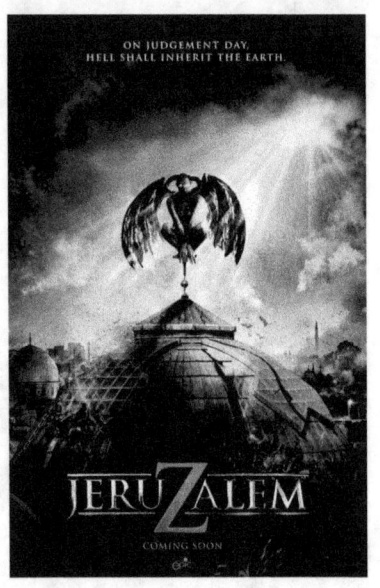

Israel: Paz Films, Epic Pictures Group
También conocida como: *Invasión en Jeruzalem, Jerusalém*
Dirección y guión: Doron Paz, Yoav Paz
Fotografía: Rotem Yaron
Reparto: Yael Grobglas, Yon Tumarkin, Danielle Jadelyn, Dibi Ben-Yosef, Ido Di Capua, Geri Gendel, Tom Graziani
Duración: 87 min.
Estreno: 10 de julio de 2015, en el Festival de Jerusalén (Israel)
Esto va de: Apocalipsis, demonio, estudiante, metraje encontrado, monstruo, supervivencia, turista, vacaciones

Durante el Yom Kipur, dos jóvenes americanas visitan Jerusalén de la mano de un atractivo estudiante de antropología. El momento no podía ser más desacertado: las vacaciones y las fiestas desembocarán en un Apocalipsis bíblico y el trío deberá encontrar la manera de sobrevivir el tiempo suficiente para encontrar una salida de la Ciudad Santa, convertida en un auténtico infierno.

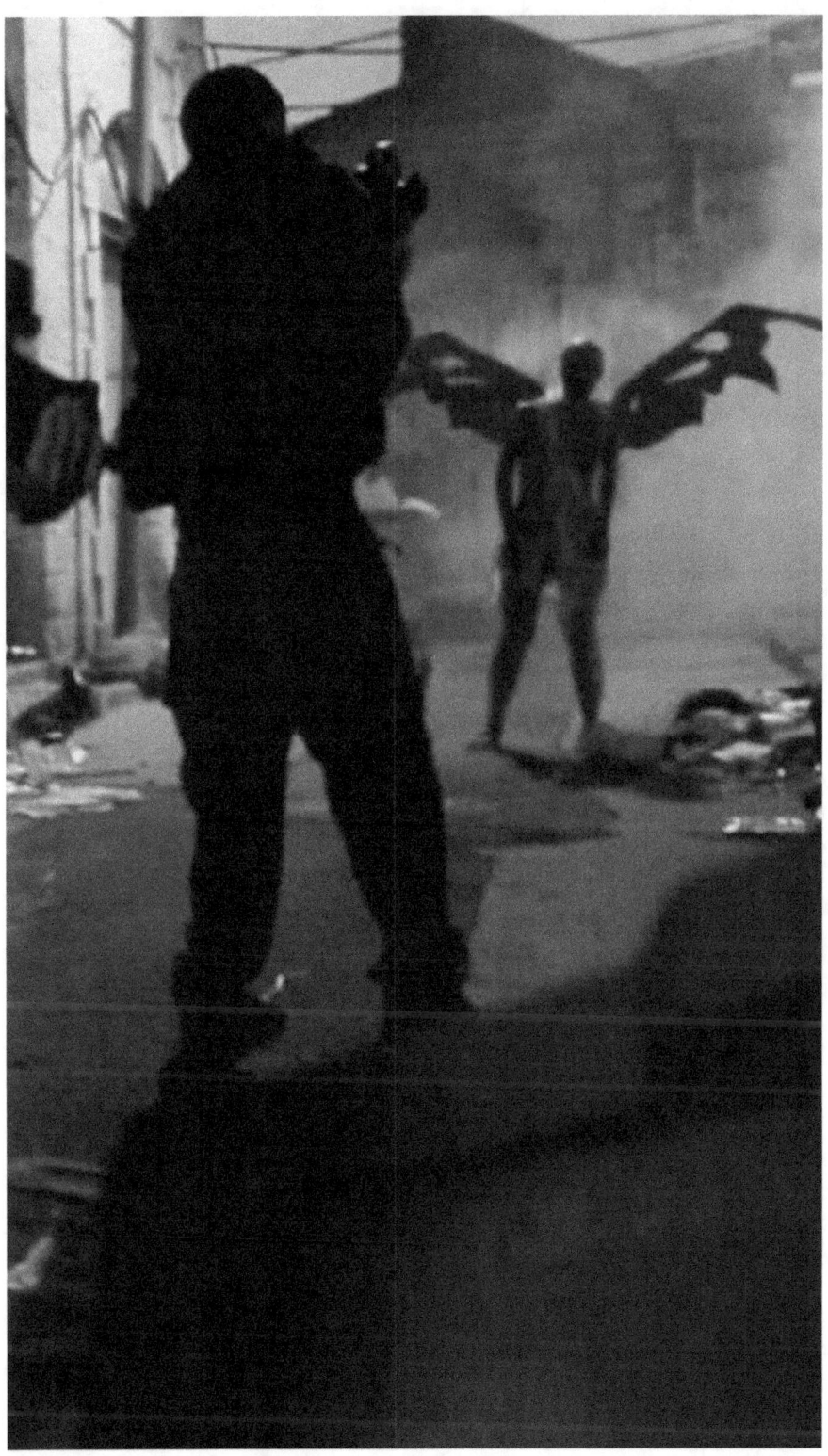

Los hermanos Paz se apuntan también al estilo del metraje encontrado (¡una más!) para llevarnos primero de viaje turístico por Jerusalén y dejarnos después a nuestra suerte en una noche infernal, donde el Apocalipsis se hace realidad en las calles de la ciudad lanzando todo tipo de monstruos y demonios. Muy curiosa.

JIU CENG YAO TA

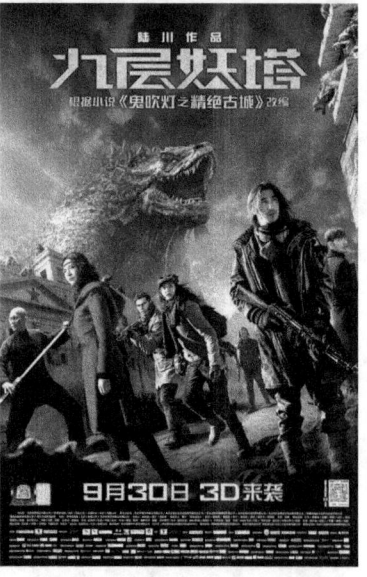

China: China Film Group Corporation
También conocida como: *Chronicles of the Ghostly Tribe*

Dirección: Lu Chuan

Guión: Lu Chuang, Tianxi Banchang, Bobby Roth, Nick Roth

Fotografía: Cao Yu

Música: Jesper Kyd

Reparto: Mark Chao, Yao Chen, Rhydian Vaughan, Li Chen, Tiffany Tang, Daniel Feng

Duración: 115 min.

Estreno: 30 de septiembre de 2015, en China

Esto va de: adaptación novela, arqueólogo, demonio, espíritu, expedición, ladrones de tumbas, monstruo, sobrenatural

Hu Bayi forma parte de una expedición arqueológica que busca revelar antiguos secretos. El explorador conoce a Yang Ping, por la que inmediatamente se siente atraído. Pronto, el equipo se ve envuelta en una peligrosa misión durante la que descubrirán valiosas reliquias y tendrán que hacer frente a espeluznantes criaturas y desastres de todo tipo.

El escritor oriental Tianxi Bachang consiguió un enorme éxito con *Ghost Blows Out the Light*, una serie de novelas de ficción que, combinando fantasía, terror y aventura, narra las aventuras de un trío de legendarios saqueadores de tumbas. Esta película adapta los cuatro primeros volúmenes de la serie, en una producción de acción repleta de criaturas fantásticas y secuencias trepidantes.

JUNE

Estados Unidos: De Angeles Films, Raven Banner Entertainment

Dirección: L. Gustavo Cooper

Guión: Sharon Y. Cobb, L. Gustavo Cooper

Fotografía: Ryan Patrick Dean

Música: Juliette Beavan, Sean Beavan

Reparto: Kennedy Brice, Casper Van Dien, Victoria Pratt, Addy Miller, Eddie Jemison, Kelly Lind, Theodora Greece, Rachel Whitman Groves, Kevin Will

Duración: 90 min.

Estreno: 27 de mayo de 2015, en el Nocturna (España)

Esto va de: demonio, familia, huérfano, niño, poderes, posesiones, sobrenatural

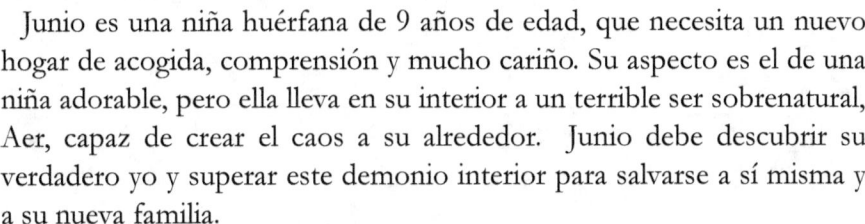

Junio es una niña huérfana de 9 años de edad, que necesita un nuevo hogar de acogida, comprensión y mucho cariño. Su aspecto es el de una niña adorable, pero ella lleva en su interior a un terrible ser sobrenatural, Aer, capaz de crear el caos a su alrededor. Junio debe descubrir su verdadero yo y superar este demonio interior para salvarse a sí misma y a su nueva familia.

Pese a ser una película de bajo presupuesto, *June* cuenta con unos efectos especiales notables. La película sigue la vida de esta niña que es acosada por sus compañeros y es incapaz de controlar sus reacciones, su poder, el miedo en su interior. Una producción con buenos golpes de efecto que, sin duda, nos trae a la memoria algunos títulos clásicos como *Carrie* (1976).

«Me parece fascinante imaginar el mundo desde la perspectiva de un niño. No han sido intoxicados por la sociedad, para ellos todo es nuevo. Creo que todos los niños solo buscan respuestas y cualquiera puede entender bien eso.»

L. Gustavo Cooper (director y guionista).

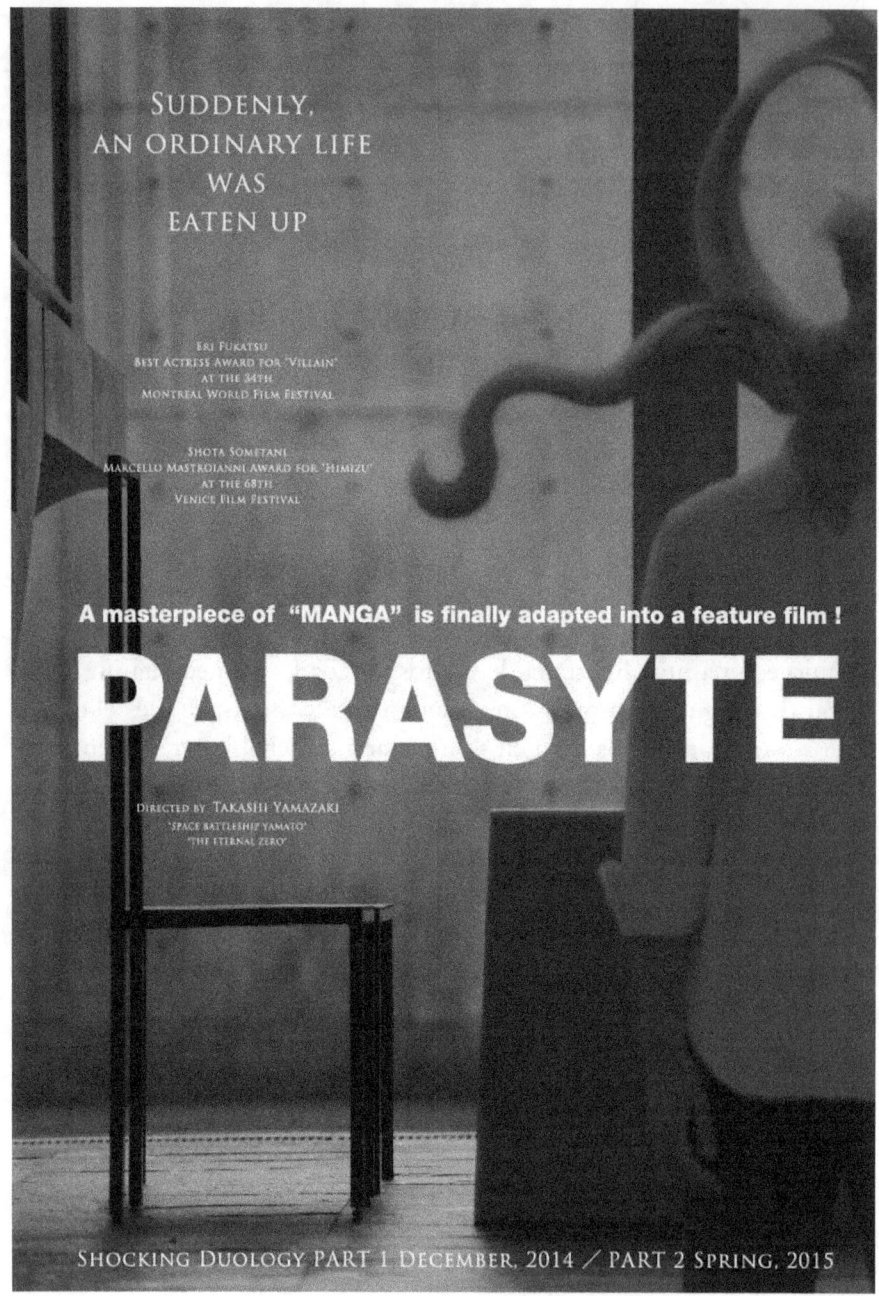

KISEIJÛ

Japón: Kodansha, Nippon Television Network (NTV), Robot Communications, Dentsu, GyaO, KDDI Corporation, Toho

También conocida como: *Parasyte*

Dirección: Takashi Yamazaki

Guión: Ryota Kosawa, Takashi Yamazaki

Fotografía: Shôichi Atô

Música: Naoki Satô

Reparto: Shôta Sometani, Eri Fukatsu, Ai Hashimoto, Kazuki Kitamura, Masahiro Higashide, Tadanobu Asano, Jun Kunimura, Hirofumi Arai, Pierre Taki

Duración: 260 min.

Estreno: Parte I, el 30 de octubre de 2014, en el Festival de Tokio (Japón). Parte II, el 25 de abril de 2015, en Japón.

Esto va de: adaptación manga, estudiante, extraterrestre, invasión

Una noche junto al mar, se despliega un grupo de criaturas diminutas o «parásitos» que llegan con el objetivo de apoderarse de los cuerpos humanos, alimentarse de ellos y controlar la Tierra. Shinichi, un estudiante de secundaria, es víctima del ataque de uno de estos parásitos. Pero el chico le impide tomar por completo su mente y cuerpo, dejando a la criatura aislada en su brazo derecho. Shinichi oculta lo ocurrido y establece una relación de amistad con su parásito, al que llama «Migi». Poco después, descubren a otros parásitos que ponen en peligro la vida de Satomi, el amigo de la infancia de Shinichi. Luego, las cosas toman un giro brusco a peor cuando la madre de Shinichi resulta asesinada y poseída por un parásito. Cuando la criatura lanza un ataque contra él, no tiene más remedio que matarla. Se convierte en una guerra total. Los parásitos matan a los seres humanos y los seres humanos matan a los parásitos. Pero no todo es negro y blanco en esta lucha. Entre los propios parásitos, comienzan a surgir varias facciones.

Takashi Yamazaki, director de *Space Battleship Yamato* (2010), se atreve con la adaptación del conocido manga de ciencia ficción de Hitoshi Iwaaki. Todo un despliegue de ingenio y efectos especiales en una superproducción que dividió su estreno en salas comerciales en dos partes, debido a la extensa duración del metraje.

KNOCK KNOCK

Estados Unidos / Chile: Dragonfly Entertainment, Sobras International Pictures

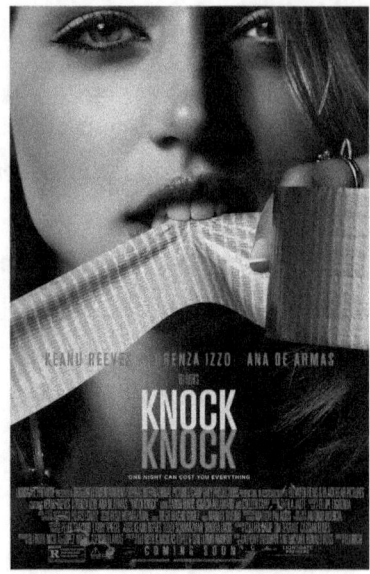

También conocida como: *Bata Antes de Entrar, Knock Knock: Seducción Fatal, Lado oscuro del deseo, El lado peligroso del deseo, Nokku nokku, Toc Toc*

Dirección: Eli Roth

Guión: Eli Roth, Nicolás López, Guillermo Amoedo

Fotografía: Antonio Quercia

Música: Manu Riveiro

Reparto: Keanu Reeves, Ana de Armas, Lorenza Izzo, Aaron Burns, Ignacia Allamand, Colleen Camp

Duración: 95 min.

Estreno: 23 de enero de 2015, en el Festival de Sundance (Estados Unidos)

Esto va de: adolescente, arquitecto, atrapado, infidelidad, matrimonio, psicópata, remake, tortura, trampa, vandalismo

Evan Webber, un modélico marido y padre de familia, se queda un fin de semana solo en su casa terminando un importante proyecto de arquitectura. Durante la lluviosa noche, alguien llama a la puerta. Cuando Evan abre, se encuentra con dos jóvenes empapadas, Bel y Génesis, que se han perdido por la urbanización mientras buscaban la casa de un amigo. Las chicas le piden refugiarse de la lluvia e inician una animada charla entre los tres. Evan termina sucumbiendo a las constantes insinuaciones de las jóvenes y terminan formando un apasionado trío. A la mañana siguiente, el arrepentido arquitecto se encuentra que está en manos de dos desequilibradas que están dispuestas a castigar su infidelidad.

El creador de *Hostel*, Eli Roth, realiza una versión moderna de *Las sádicas* (1977), de Peter S. Traynor. Una película un tanto absurda, cuyo guión no logran enderezarlo ni su atractivo reparto.

«Está en la naturaleza humana querer lo que no tenemos. Al cumplir los 40 años de edad, ahora más que nunca veo una falta de conexión con la generación más joven, (generación de iPhone). Con la llegada de las redes sociales, las adolescentes sexualizan todo hasta el punto de que es difícil discernir si son chicas de 14 años o de 24, simplemente viendo sus imágenes en las redes sociales. En un mundo donde todo el mundo ha visto de todo, hay una generación de niños que se esfuerza por conseguir la atención y la aprobación de los demás a través de las redes. Para alguien de mi edad, Instagram o Twitter no es importante. Incluso Facebook no es para tanto cuando uno se ha establecido familiar y profesionalmente. Pero eso no significa que las personas de 40 no tengan curiosidad acerca de esa generación. Una y otra vez, mis amigos casados me han preguntado con picardía: «¿Es verdad que las niñas de 20 años están mucho más alocadas hoy que cuando nosotros teníamos 20? «. La gente de 40 no tiene ni idea del daño que se puede causar en las redes sociales, porque nunca han tenido que pensar a la defensiva en ese terreno. Por el contrario, los adolescentes de hoy han crecido con la amenaza de que alguien puede arruinar su vida solo con una imagen o un mensaje de texto, por lo que, como resultado, saben también cómo destruir a alguien. Es una habilidad que tienes que desarrollar como adolescente de hoy en día. Con mi película quería ver *Atracción fatal* (1987) en la era de la redes sociales, cuando lo que se hace en la intimidad de tu propia casa de repente se convierte en propiedad del mundo entero.»

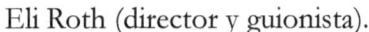

Eli Roth (director y guionista).

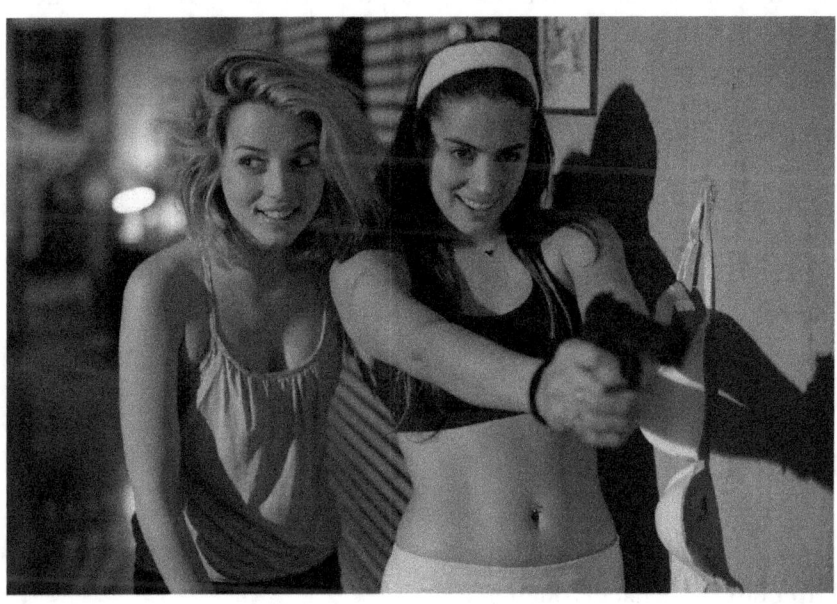

KONG BU YOU YONG GUAN

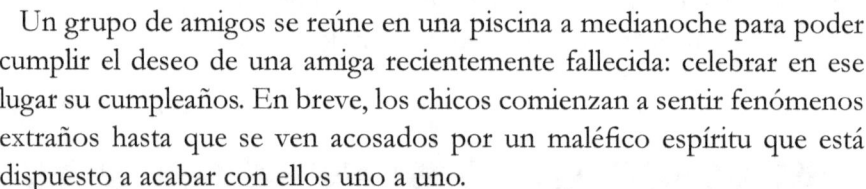

China: Filmoon Pictures, Beijing Suiyuan Media Co.

También conocida como: *Who in the Pool*

Dirección: Jie Yuan

Guión: Huang Yan

Fotografía: Gong Xiaolong

Reparto: Zhang Lanyi, Ding Huiyu, Du Jing, Yan Weier, Yao Yuxin, Du Qiao, Zhong Chao, Jiang Yuxi

Duración: 83 min.

Estreno: 31 de julio de 2015, en China

Esto va de: bikini, cumpleaños, demonio, espíritu, fantasma, piscina, sobrenatural, venganza

Un grupo de amigos se reúne en una piscina a medianoche para poder cumplir el deseo de una amiga recientemente fallecida: celebrar en ese lugar su cumpleaños. En breve, los chicos comienzan a sentir fenómenos extraños hasta que se ven acosados por un maléfico espíritu que está dispuesto a acabar con ellos uno a uno.

Pese a algunos momentos memorables, como el final de *Déjame entrar* (2008), las piscinas no han tenido quizá su debido protagonismo en el género del terror. Hasta ahora. El cineasta Jacky Yuan lleva al interior de una piscina al clásico fantasma oriental de larga melena negra para poner de los nervios a un grupo de jóvenes. Tan absurda como divertida.

KRAMPUS

Estados Unidos: Legendary Pictures

También conocida como: *Krampus: El terror de la Navidad*, *Krampus. Maldita Navidad*, *Krampusz*

Dirección: Michael Dougherty

Guión: Todd Casey, Michael Dougherty, Zach Shields
Fotografía: Jules O'Loughlin
Música: Douglas Pipes
Reparto: Allison Tolman, Emjay Anthony, Adam Scott, David Koechner, Toni Collette, Conchata Ferrell, Stefania Owen, Gareth Ruck, Leith Towers
Duración: 98 min.
Estreno: 30 de noviembre de 2015, en Estados Unidos
Esto va de: demonio, familia, leyenda, mito, monstruo, Navidad, niño, Papá Noel, sobrenatural, vacaciones

Max es un chico que está bastante desilusionado al ver que su desestructurada familia vuelve a estar enfrentada, por lo que decide no celebrar la Navidad. Pero no sabe que su falta de espíritu navideño desatará la furia de Krampus, una vieja fuerza demoníaca y malévola que castiga a los «no creyentes». Los problemas llegan cuando los más queridos iconos navideños adquieren vida propia y asedian el hogar de la familia, que no tendrá más remedio que unirse para sobrevivir.

En las tradiciones de algunos países alpinos, existía la leyenda de un personaje diabólico que, al contrario que Papá Noel, castigaba a los niños que habían sido malos en vísperas de las fiestas navideñas. Este humanoide de pelaje negro y grandes cuernos, respondía al nombre de Krampus y aparecía la noche de 5 de diciembre para ajustarle las cuentas a los más traviesos. A partir de esta leyenda, Michael Dougherty, guionista de *X-Men 2* (2003) y *Superman Returns* (2006), salta a la dirección para dar la versión «made in Hollywood» del mito. Una comedia terrorífica familiar que cuenta con los siempre llamativos efectos de Weta Workshop y Weta Digital, dos empresas que se hicieron famosas por su trabajo en las trilogías de *El señor de los anillos* y *El Hobbit*.

LADY OF CSEJTE

Rusia: Glacier Films
También conocida como: *Bathory*
Dirección: Andrei Konst

Guión: Matthew Jacobs

Fotografía: Maxime Alexandre

Reparto: Svetlana Khodchenkova, Isabelle Allen, Lia Sinchevici, Ada Condeescu, Valentin Teodosiu, Claudiu Trandafir, Pavel Derevyanko, Paul Diaconescu

Estreno: 26 de febrero de 2015, en Rusia

Esto va de: asesino, castillo, criada, desaparecido, niño, nobleza

En el siglo XV, la condesa Bathory se ha convertido en una de las mujeres más importantes de Transilvania. Sin embargo, detrás de su poder oculta un terrible secreto.

La condesa Isabel Báthory de Ecsed, perteneciente a una de las familias más poderosas de Hungría del siglo XIV, tiene el dudoso récord de ser la mujer que más asesinatos ha cometido a lo largo de la historia. Según la leyenda, la condesa asesinaba a niñas y jóvenes criadas para bañarse en su sangre y conservar así su belleza. Esta película adapta la leyenda a la pantalla.

THE LAZARUS EFFECT

Estados Unidos: Blumhouse Productions, Lionsgate, Mosaic Media Group

También conocida como: *O Efeito Lazarus, Lazarus, Projekt Lazarus, Reawakening, Renascida do Inferno, Resucitados*

Dirección: David Gelb

Guión: Luke Dawson, Jeremy Slater

Fotografía: Michael Fimognari

Música: Sarah Schachner

Reparto: Olivia Wilde, Mark Duplass, Evan Peters, Sarah Bolger, Donald Glover, Bruno Gunn, Jennifer Floyd, Emily Kelavos, Ator Tamras, Scott Sheldon

Duración: 83 min.

Estreno: 26 de febrero de 2015, en Camboya

Esto va de: experimento, laboratorio, pareja, perro, pesadilla, poderes, resurrección, sobrenatural, universitario

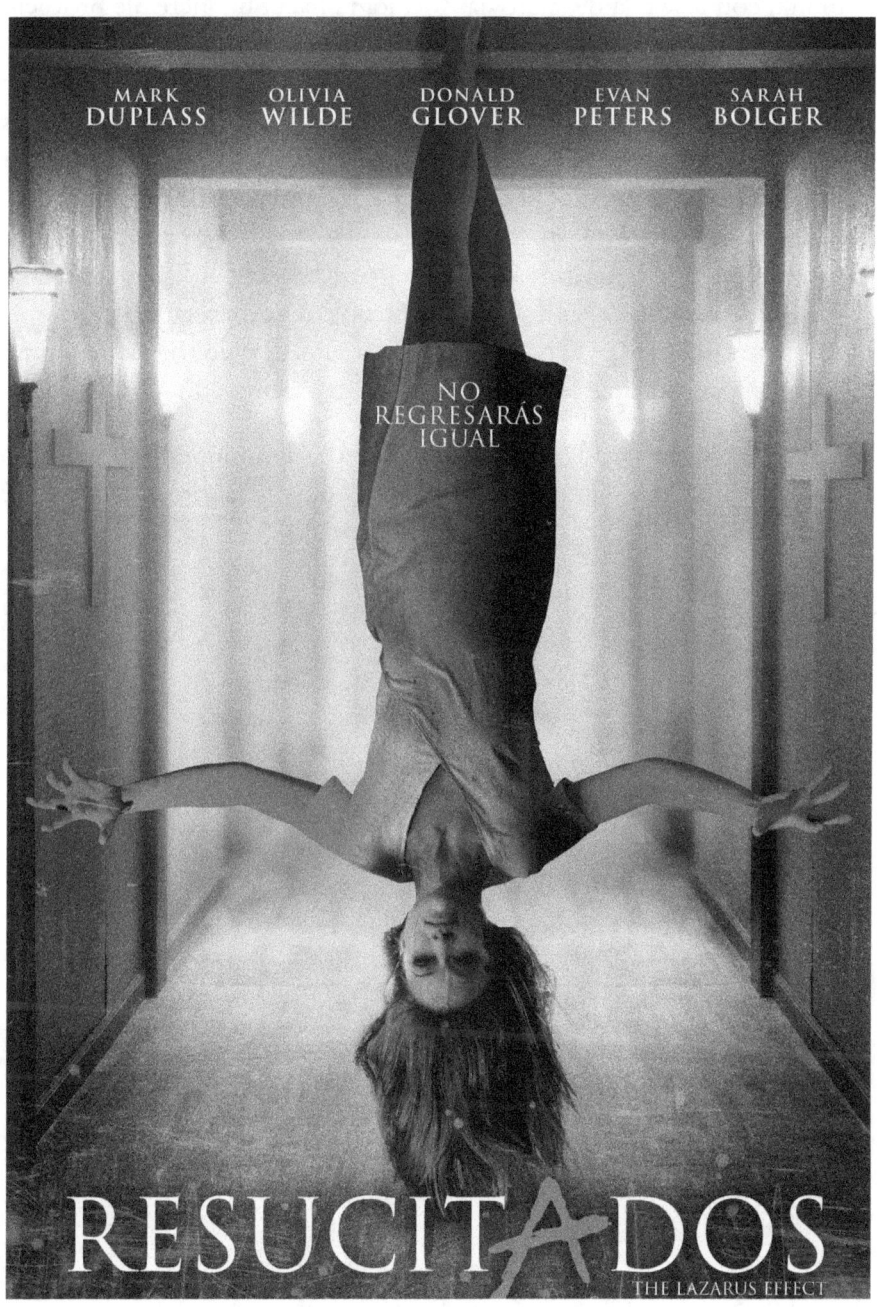

Frank, con la ayuda de su novia Zoe, logra hacer un increíble proyecto científico en la universidad: resucitar a un animal recién fallecido. Los jóvenes investigadores están a punto de dar a conocer su hallazgo al resto del mundo, cuando el decano de la universidad les cierra los laboratorios y les confisca sus materiales. Los chicos recurren a la picaresca para poder realizar otro experimento, pero en esta ocasión las cosas van muy mal, hasta el punto que le cuesta la vida a Zoe. Horrorizado, Frank toma una decisión arriesgada: realizar su primera prueba con un sujeto humano tratando de resucitar a su novia. En principio, el experimento parece un éxito. Zoe vuelve a la vida, pero algo diferente. A medida que pasan las horas, los resultados de la prueba comienzan a dar miedo.

Primer largometraje de David Gelb, que de algún modo se inspira en el mito de Frankenstein para llamarnos la atención sobre los límites de la ciencia.

LUDO

India: Idyabooster, Overdose Joint, Starfire Movies
Dirección y guión: Q (Qaushiq Mukherjee), Nikon
Fotografía: Sayak Bhattacharya
Música: Neel Adhikari
Reparto: Tillotama Shome, Kamalika Banerjee, Rii, Joyraj Bhattacharya, Murari Mukherjee, Ananya Biswas, Ranodeep Bose, Soumendra Bhattacharya
Duración: 92 min.
Estreno: 17 de julio de 2015, en el Fantasia International Film Festival (Canadá)
Esto va de: adolescentes, demonio, gore, juego, maldición, monstruo, mutación, sangre

Ria y sus amigos llegan hasta Calcuta dispuestos a pasar una noche loca. Los cuatro adolescentes deciden recorrer varios clubs nocturnos, beber y dejarse llevar por la euforia juvenil. Su intención es terminar la noche en la habitación de un hotel. Sin embargo, no consiguen engañar a nadie con sus documentaciones falsas. Los chicos encuentran entonces una solución: colarse en el interior de un centro comercial ya cerrado y

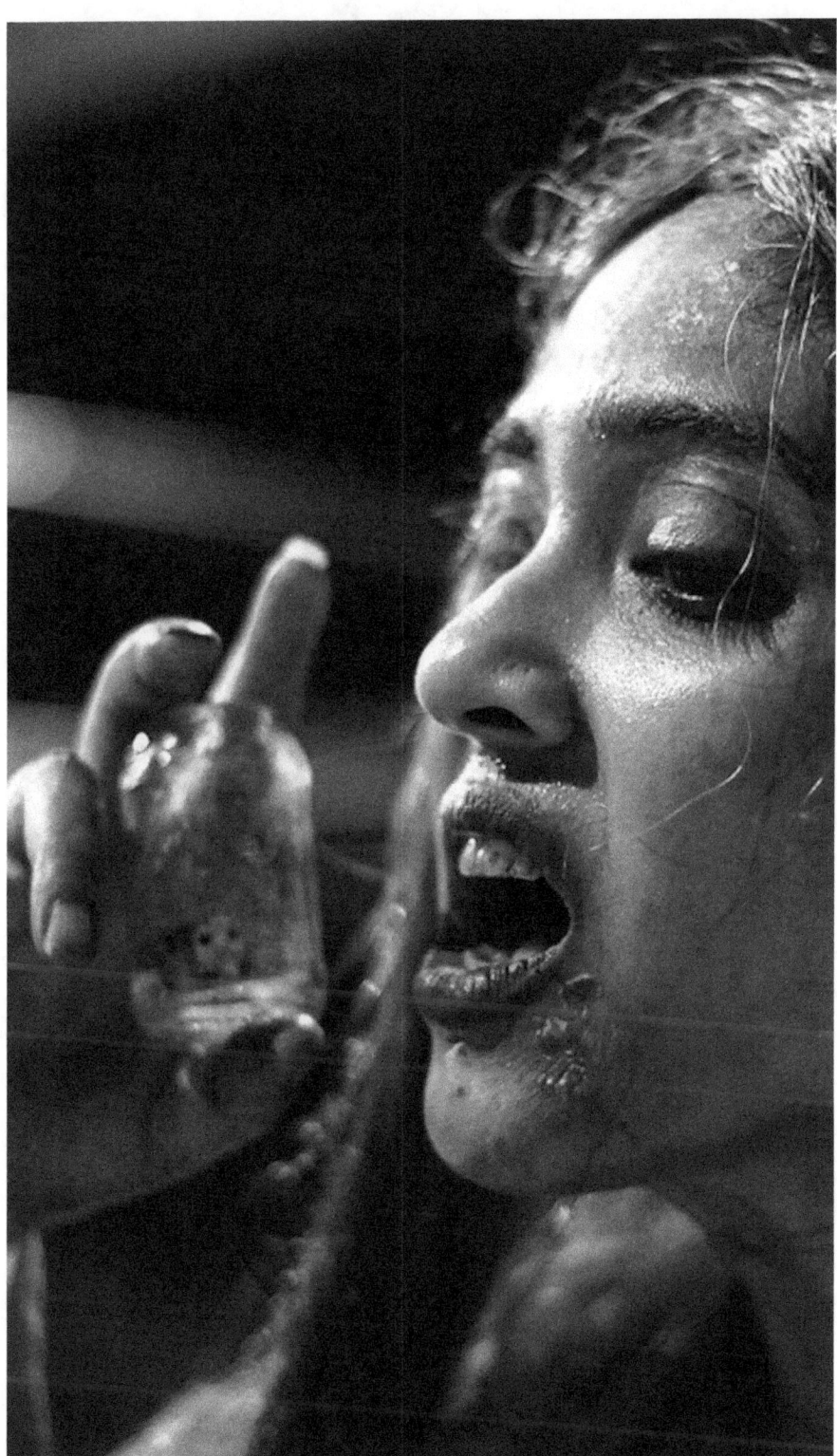

pasar así el resto de la noche. Los chicos se sorprenden al encontrar allí a una extraña pareja de vagabundos que les propone participar en un juego de cartas. Lo llaman Ludo. Los jóvenes aceptan por curiosidad. Pronto descubren que se han sumergido en una horripilante pesadilla, protagonizada por monstruosas divinidades sedientas de sangre.

Una de las pocas producciones de terror procedentes de la India, que no deja de resultar interesante, tanto por el argumento como por algunas soluciones visuales, algunas de las cuales aportan una nueva vuelta de tuerca al mundo del gore, que confirman a Q como uno de los cineastas más transgresores de su país.

LUMBERJACK MAN

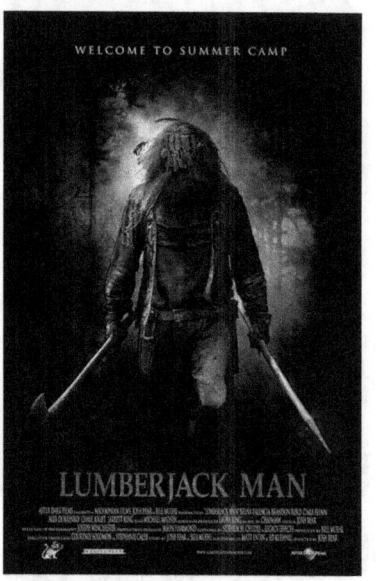

Estados Unidos: Madisonian Films

También concida como: *El leñador maldito*

Dirección: Josh Bear

Guión: Ed Kuehnel, Matt Entin, Josh Bear

Fotografía: Joseph Winchester

Música: Matt Chaney

Reparto: Michael Madsen, Hector Becerra, Jasmin Carina, Wray Crawford, Alex Dobrenko, Ciara Flyn

Duración: 105 min.

Estreno: 16 de octubre de 2015, en Estados Unidos

Esto va de: asesino, bosque, campamento, comedia de terror, gore, hacha, slasher

Un grupo de jóvenes llega a un campamento organizado por una asociación católica. Los chicos tratan de eludir los severos controles religiosos para intentar intimar con las jóvenes del campamento. Sin embargo, todo se dencontrola cuando aparece un siniestro personaje que comienza a asesinar sin sentido tanto a los chicos como a los monitores, que tratan de escapar para salvar la vida.

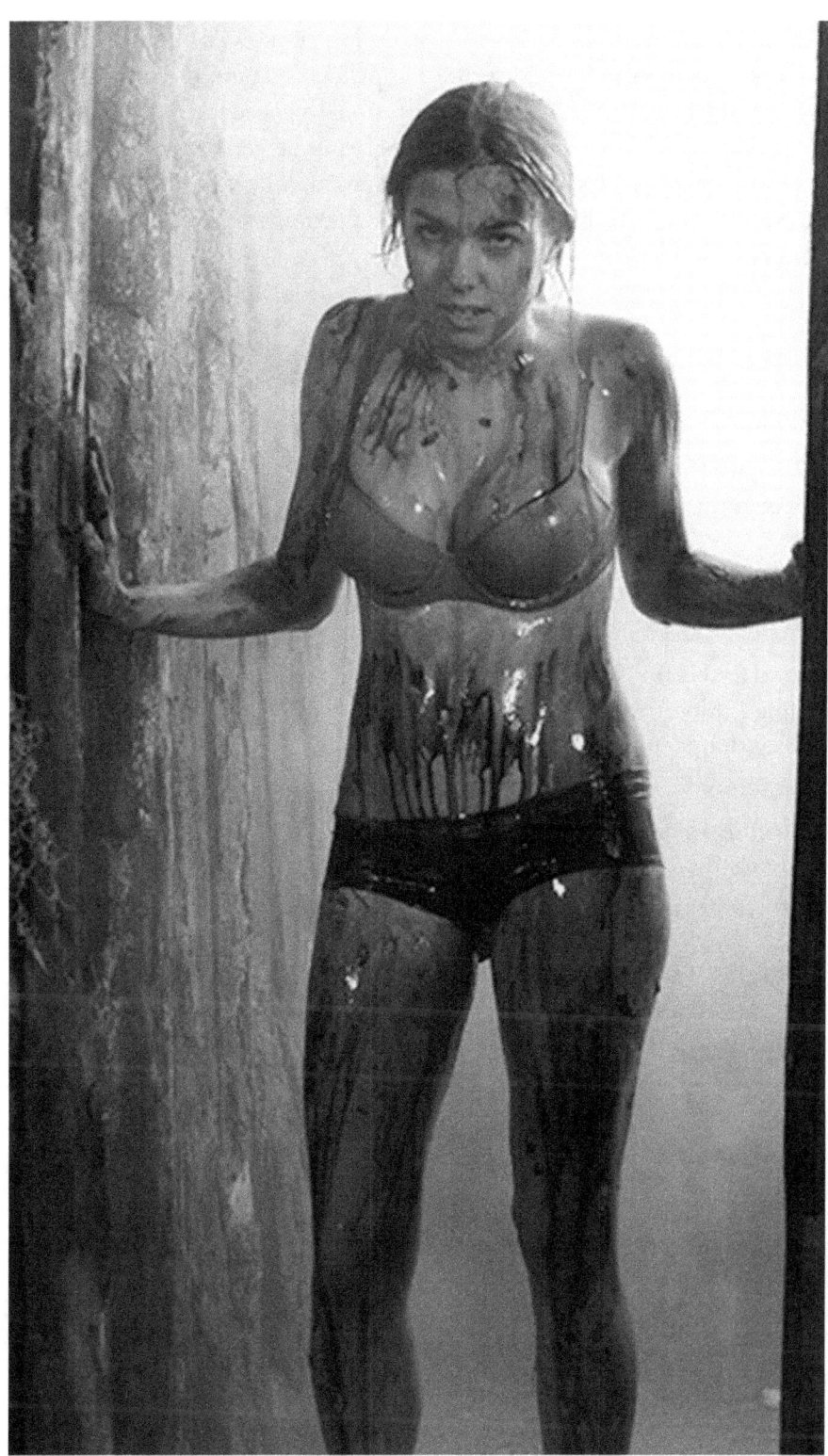

Disparatada parodia de los *slashers* de los años 80, quizá con *Viernes 13* como referente más directo. La película es un disparate que le sirve a su director, Josh Bear —profesional procedente del mundo de los videojuegos— a rendir homenaje al cine de terror de su juventud. Asesinatos imposibles, mutilaciones absurdad, sangre a raudales y chicas en ropa interior son los elementos de esta propuesta.

LUNA DE MIEL

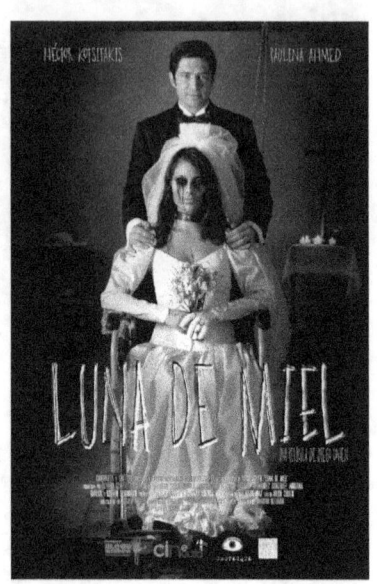

México: Grotesque, Cinenauta
También conocida como: *Honeymoon*
Dirección: Diego Cohen
Guión: Marco Tarditi Ortega
Fotografía: Aram Diaz
Música: Uriel Villalobos
Reparto: Hector Kotsifakis, Paulina Ahmed, Alberto Agnesi, Dunia Alexandra, Stephanie de la Cruz
Duración: 97 min.
Estreno: 15 de abril de 2015, en el Brussels International Fantastic Film Festival (Bélgica)
Esto va de: médico, obsesión, prisionero, secuestro, tortura, vecino

Jorge es un médico solitario y reprimido sexual que vive obsesionado por su vecina, una atractiva joven llamada Isabel, a la que ve con frecuencia cuando ella sale a correr o se encuentra con su novio. Como Jorge se da cuenta de que es incapaz de llamar la atención de la chica, decide secuestrarla y someterle a todo tipo de vejaciones con la esperanza de que ella se enamore de él y puedan disfrutar de una más que particular luna de miel.

En la línea de otros perturbados que secuestran a mujeres que los cautivan, como hemos podido ver en *El coleccionista* (1965) o *Átame* (1989), el cineasta mexicano Diego Cohen muestra la vertiente más macabra de este fenómeno. Así, tras el terror mostrado con la técnica de metraje encontrado en *Perdidos* (2014), Cohen da rienda suelta a un secuestro plagado de torturas que ponen a prueba la paciencia del espectador.

MAGGIE

Estados Unidos: Lionsgate, Inferno Entertainment

También conocida como: *Contagious: Epidemia mortale, Infectée, Maggie: el Apocalípsis ahora*

Dirección: Henry Hobson

Guión: John Scott 3

Fotografía: Lukas Ettlin

Música: David Wingo

Reparto: Arnold Schwarzenegger, Abigail Breslin, Joely Richardson, J.D. Evermore, Laura Cayouette, Amy Brassette

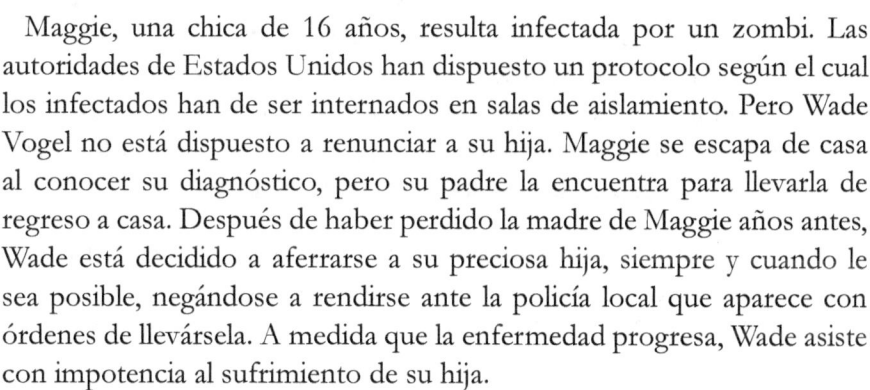

Duración: 95 min.

Estreno: 22 de abril de 2015, en el Tribeca Film Festival (Estados Unidos)

Esto va de: caníbal, cuarentena, granja, hijo, infección, padre, post-apocalipsis, suicidio, virus, zombi

Maggie, una chica de 16 años, resulta infectada por un zombi. Las autoridades de Estados Unidos han dispuesto un protocolo según el cual los infectados han de ser internados en salas de aislamiento. Pero Wade Vogel no está dispuesto a renunciar a su hija. Maggie se escapa de casa al conocer su diagnóstico, pero su padre la encuentra para llevarla de regreso a casa. Después de haber perdido la madre de Maggie años antes, Wade está decidido a aferrarse a su preciosa hija, siempre y cuando le sea posible, negándose a rendirse ante la policía local que aparece con órdenes de llevársela. A medida que la enfermedad progresa, Wade asiste con impotencia al sufrimiento de su hija.

«Hemos visto las hordas de zombies y los combates con ametralladoras en otras películas, todo en un futuro poco creíble. *Maggie* hace que la enfermedad parezca real al reducir el mundo en una sola familia que vive en medio de la nada, en su granja perdida. Cuando leí el guión, supe que tenía que hacerlo. Es un personaje más vulnerable, más real, más emocional, que cualquier otro papel que haya hecho antes.»

Arnold Schwarzenegger (actor y productor).

LA MALDICIÓN DE LA CASONA

Perú: MANX

Dirección: Juan José Padilla

Guión: Juan José Padilla, Edson Canaza Berrios, Gabriel Portugal, Mauricio Rodríguez-Camargo

Fotografía: Juan José Padilla

Reparto: Mauricio Rodríguez-Camargo, Vallery Allison Melo, Claudio Samanez, Roberto Tito Damiani, Gabriel Portugal, Rozinka Carlós Galdós, Dora Maldonado

Duración: 82 min.

Estreno: 10 de julio de 2015, en Perú

Esto va de: casas encantadas, familia, sobrenatural

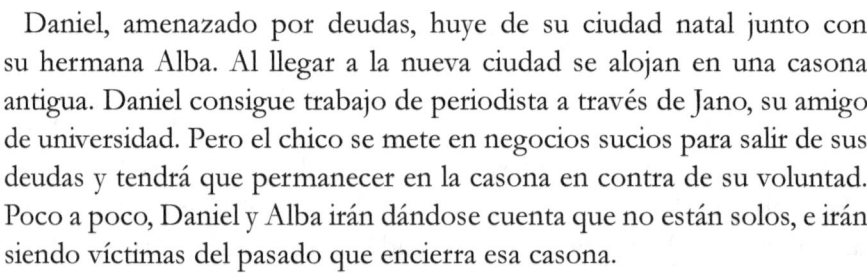

Daniel, amenazado por deudas, huye de su ciudad natal junto con su hermana Alba. Al llegar a la nueva ciudad se alojan en una casona antigua. Daniel consigue trabajo de periodista a través de Jano, su amigo de universidad. Pero el chico se mete en negocios sucios para salir de sus deudas y tendrá que permanecer en la casona en contra de su voluntad. Poco a poco, Daniel y Alba irán dándose cuenta que no están solos, e irán siendo víctimas del pasado que encierra esa casona.

Otra muestra del cine de terror actual realizado en Perú. En esta ocasión, se trata de una historia de casas encantadas que sirve de estreno como realizador a Juan José Padilla.

«El género de terror lo elegí debido al bajo presupuesto que implica hacerlo. Es lo más factible para comenzar a consolidar una productora desde cero. La película es enteramente de ficción y se basó un poco en otra historia que tengo escrita, pero adaptada a la locación que se consiguió para grabar, que es una casona antigua del año 1875, ubicada en el centro de Arequipa.»

Juan José Padilla (director y guionista).

MALDITA VENGANZA

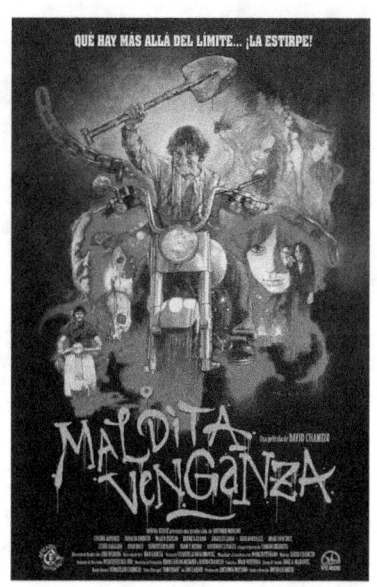

España: Bobina Verde

Dirección y guión: David Chamizo

Fotografía: Juan Carlos Merino, David Chamizo

Música: Sebastián Cornejo

Reparto: Chema Álvarez, Ignacio Andreu, María Espejo, Sebastián Haro, Antonio Canales, Susi Gonzalez, Irene Lázaro, Manu Sánchez, Angeles Lora, Juan y Medio

Duración: 90 min.

Estreno: 22 de abril de 2015, en el Festival de Málaga (España)

Esto va de: huida, road movie, surrealismo

José es un sencillo carnicero de pueblo que sufre las humillaciones de su despótico jefe y el desprecio de su mujer e hija. No obstante, José guarda celosamente un secreto que le permite sobrellevar su triste y rutinaria existencia sin levantar sospechas entre los suyos. Cuando su frágil equilibrio se rompe, se ve obligado a huir y comenzar una desquiciada aventura sin vuelta atrás.

Calificada como una surrealista *road movie* andaluza llena de terror, aventuras y diversión, ha sido escrita, montada y dirigida por David Chamizo. Según el propio director «da unión entre lo andaluz y el más puro estilo de Hollywood, su clásico y a momentos frenético montaje o ambientes que rozan el más puro surrealismo francés, lo convierten en un producto original que traspasa fronteras y que navega entre diferentes géneros, con un público objetivo muy diverso que sacara distintas lecturas de la obra».

La película ha sido rodada en lugares tan típicos como la Catedral de Sevilla, el Mercado de San Gonzalo en Triana, la bodeguita del Peregil, o las playas de Mazagón, en Huelva.

MARTYRS

Estados Unidos: Blumhouse Productions, The Safran Company, Temple Hill Entertainment

Dirección: Kevin Goetz, Michael Goetz

Guión: Mark L. Smith

Fotografía: Sean O'Dea

Música: Eva Goldman

Reparto: Troian Bellisario, Kate Burton, Bailey Noble, Elyse Cole, Blake Robbins, Eve Nigro, Melissa Tracy, Ever Prishkulnik, Marguerite Nocera, Lexi DiBenedetto

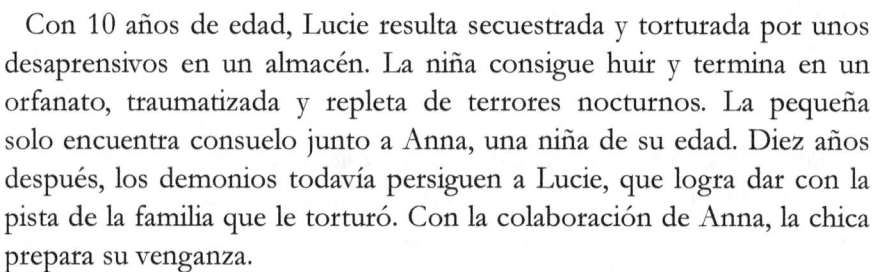

Duración: 81 min.

Estreno: 9 de octubre de 2015, en el Festival de Sitges (España)

Esto va de: familia, huérfano, huida, niño, remake, secuestro, tortura, venganza

Con 10 años de edad, Lucie resulta secuestrada y torturada por unos desaprensivos en un almacén. La niña consigue huir y termina en un orfanato, traumatizada y repleta de terrores nocturnos. La pequeña solo encuentra consuelo junto a Anna, una niña de su edad. Diez años después, los demonios todavía persiguen a Lucie, que logra dar con la pista de la familia que le torturó. Con la colaboración de Anna, la chica prepara su venganza.

Pascal Laugier causó una profunda impresión con su historia de torturas y venganzas *Martyrs* (2008), que a más de uno le costó trabajo digerirla. Ahora, los hermanos Goetz han decidido hacer la versión americana del filme, sin ahorrarse tampoco ninguna truculencia.

THE MESSENGER

Reino Unido: Gateway Films, Ratio Film

Dirección: David Blair

Guión: Andrew Kirk

Fotografía: Ian Moss

Música: Ian Livingstone

Reparto: Robert Sheehan, Lily Cole, Tamzin Merchant, David O'Hara, Joely Richardson

Duración: 95 min.

Estreno: 20 de junio de 2015, en el Festival de Edimburgo (Reino Unido)

Esto va de: fantasma, médium, pareja, sobrenatural

Todos queremos creer en la vida después de la muerte e imaginar a nuestros seres queridos cuidando de nosotros, sentir su presencia en una corriente de aire o en un aroma familiar. Pero Jack no es de esos. Algunos podrían llamarlo un alma atormentada, pero en realidad es él quien tiene el don de ver y comunicarse con las auténticas almas atormentadas. Es lo que le ocurre con Mark, un periodista que fue asesinado y que quiere darle un último adiós a su mujer, Sarah. El pobre Jack intenta acercarse a ella, pero no es fácil. Quizá encuentre ánimos con la aparición de su hermana, Emma, con la que comparte recuerdos secretos de la infancia.

La nueva película de David Blair suena un poco a *Ghost* (1990), pero hay que reconocer que el protagonista, en esta ocasión, no se lo pasa tan bien como Whoopi Goldberg.

THE MIND'S EYE

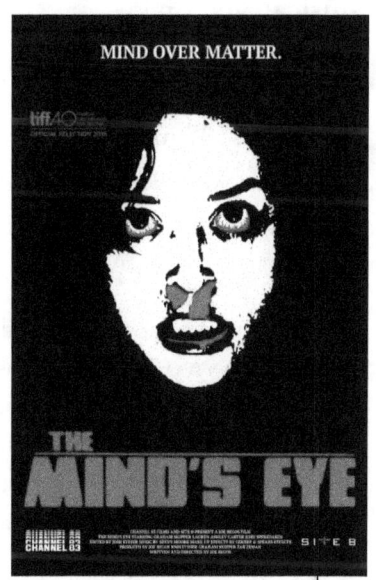

Estados Unidos: Channel 83 Films, Site B

Dirección y guión: Joe Begos

Fotografía: Joe Begos

Música: Steve Moore

Reparto: Graham Skipper, Lauren Ashley Carter, John Speredakos, Larry Fessenden, Noah Segan, Matt Mercer, Michael A. LoCicero, Jeremy Gardner

Duración: 87 min.

Estreno: 15 de septiembre de 2015, en el Festival de Toronto (Canadá)

Esto va de: científico, experimento, poderes, sobrenatural

Zack Connors tiene un increíble poder de telequinesis. Esto le lleva a ser reclutado por el Dr. Michael, un científico de origen eslovaco, que ha creado una institución para estudiar estos fenómenos. Cuando Zack descubre cuáles son los auténticos propósitos del médico, estalla un torbellino de furia psíquica.

El joven director de *Casi humanos* (2013) realiza un personal homenaje al clásico de David Cronenberg *Scanners* (1981).

MOJIN.
THE LOST LEGEND

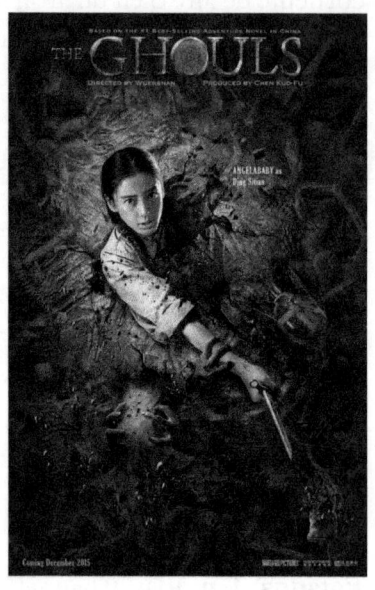

China: CKF Pictures, EnMaze Pictures, Enlight Pictures

También conocida como: *The Ghouls, Touching Gold: The Lost Legend, Guǐ Chuī Dēng Zhī Xún Lóng Jué*

Dirección: Wuershan

Guión: Tianxi Banchang

Fotografía: Jake Pollock

Música: Kôji Endô

Reparto: Shu Qi, Chen Kun, Huang Bo, Angelababy, Xia Yu

Duración: 127 min.

Estreno: 18 de diciembre de 2015, en China

Esto va de: adaptación novela, arqueólogo, demonio, espíritu, ladrones de tumbas, sobrenatural

Algunas personas tienen un don especial. Son capaces de viajar entre los reinos de los vivos y los muertos… y la tumba Raiding pueden significar un gran negocio. Eso al menos piensan los Mojin, tres legendarios ladrones de tumbas que se enfrentan a arqueólogos, rivales en el crimen y hasta la propia ley. Un extraño les hace una oferta que les lleva a pensar en su último golpe y que les embarca en una aventura que pondrá a prueba sus habilidades, su amistad y, en última instancia, sus almas mortales.

Esta adaptación de las cuatro últimas obras de la serie creada por Tianxi Bachang *Ghost Blows Out the Light*, que se le podría considerar como la secuela de *Jiu Ceng Yao Ta*, es una película de aventuras espectaculares rodada en 3D que recuerda a la saga moderna de *La momia* o a *Tomb Raider*.

«El pueblo chino está muy interesado en el mundo de los muertos. Como los egipcios o los mayas, China cuenta con una «cultura de la tumba». Por ejemplo, la famosa tumba de la dinastía Qin en Xian, que está custodiada por los populares guerreros de terracota. Leyendas antiguas sobre antiguos enterramientos permanecen en nuestra cultura, incluso a día de hoy. Los chinos tienen una profunda convicción de que, después de la muerte, entran en otro mundo, el mundo de los muertos.»

Wuershan (director).

MUCK

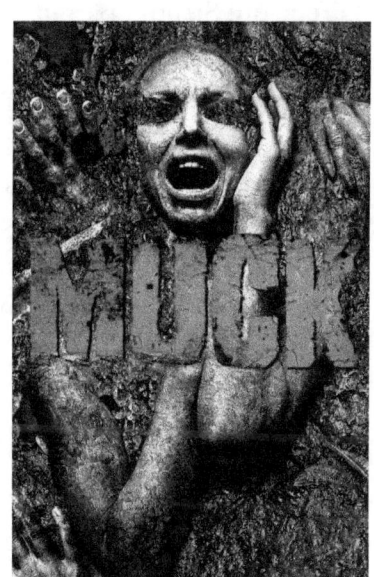

Estados Unidos: WithanO Productions
También conocida como: *Inmundo, Mugre*
Dirección y guión: Steve Wolsh
Fotografía: Michael Solidum
Música: Dan Marschak, Miles Senzaki
Reparto: Kane Hodder, Lachlan Buchanan, Gia Skova, Lauren Francesca, Laura Jacobs, Stephanie Danielson
Duración: 90 min.
Estreno: 13 de marzo de 2015, en Estados Unidos
Esto va de: cementerio, demonio, hacha, monstruo, sobrenatural

Tras escapar de un cementerio enterrado bajo las marismas de Cape Cod, un grupo de jóvenes se oculta en una casa de vacaciones. Sin embargo, su nuevo refugio no les asegura estar a salvo, ya que algo monstruoso acecha desde el exterior y está dispuesto a terminar con los chicos uno a uno.

Chicas despampanantes corriendo en ropa interior de un lado a otro, fenómenos paranormales, monstruos, hachazos y muertes sangrientas. ¿Alguien da más? *Muck* es el debut en la dirección de Steve Wolsh, que pretende construir una trilogía dedicada a los fanáticos del terror, que de momento seguirá con *Muck: Feast of Saint Patrick* (2016).

NAVY SEALS VS. ZOMBIES

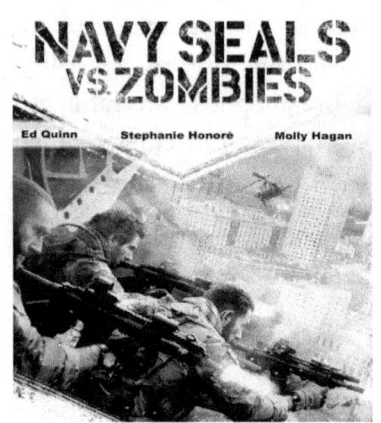

Estados Unidos: Hollywood Media Bridge, Media Circus, Throne Productions

También conocida como: *Guerra Mundial Z: el origen, La muerte en batalla*

Dirección: Stanton Barrett

Guión: Matthew Carpenter

Fotografía: Don E. FauntLeRoy

Música: Patrick De Caumette, Brian Jackson Harris, Drew Jordan, Justin Raines, Michael Wickstrom

Reparto: Michael Dudikoff, Stephanie Honoré, Molly Hagan, Ed Quinn, Rick Fox, Sue-Lynn Ansari, Charlie Talbert, Han Soto, Judd Lormand, Micheal K. Douglas

Duración: 98 min.

Estreno: 8 de octubre de 2015, en Estados Unidos

Esto va de: bélico, desaparecido, guerra, infección, militar, político, rescate, secuestro, zombi

Durante un acto electoral en Lousiana, el vicepresidente de los Estados Unidos se ve sorprendido por el ataque de unos sanguinarios zombis. El gobierno envía a un equipo de los Navy Seals para tratar de rescatarlo mientras las noticias del brote mortal en Nueva Orleans son cada vez más preocupantes. Los soldados de élite han de enfrentarse con unos monstruos rápidos y letales que están hambrientos.

Después de *Ninjas vs. Zombies* (2008), *Humans vs Zombies* (2011), *Zombies Vs. Strippers* (2012), *Cockneys vs Zombies* (2012), *Pro Wrestlers vs Zombies* (2014), y *Milfs vs. Zombies* (2015), no es de extrañar que entren en acción los Seals. Además, lo hacen a lo grande, recuperando al mítico Michael Dudikoff para el reparto. ¿Quién nos hubiera dicho que íbamos a volver a ver en acción a *El guerrero americano* (1985)?

NI LE CEL, NI LA TERRE

Francia: Kazak Productions

También conocida como: *The Wakhan Front*

Dirección y guión: Clément Cogitore

Fotografía: Sylvain Verdet

Música: Eric Bentz, François-Eudes Chanfrault

Reparto: Jérémie Renier, Swann Arlaud, Kévin Azaïs, Finnegan Oldfield, Marc Robert, Christophe Tek

Duración: 100 min.

Estreno: 16 de mayo de 2015, en el Festival de Cannes (Francia)

Esto va de: bélica, desaparecido, militar, pueblo, sacrificio, sobrenatural

Afganistán, 2014. El Capitán Bonassieu está al mando de una patrulla a la que han asignado una misión de vigilancia en el valle de Wakhan. El lugar se revela como una zona difícil de controlar, y la tensión no tarda en apoderarse de los miembros de la patrulla. Pero lo más extraño es que, de pronto, los soldados empiezan a desaparecer.

Proyectada en el festival de Cannes, esta producción bélica atípica es una propuesta llena de enigmas, que sin duda sorprenderá a los aficionados del género.

NIGHTLIGHT

Estados Unidos: Herrick Entertainment

También conocida como: *Terror en la noche*

Dirección y guión: Scott Beck, Bryan Woods

Fotografía: Andrew Davis

Reparto: Shelby Young, Chloe Bridges, Carter Jenkins, Mitch Hewer, Taylor Ashley Murphy, Kyle Fain

Duración: 85 min.

Estreno: 27 de marzo de 2015, en Estados Unidos

Esto va de: adolescente, bosque, demonio, desaparecido, fantasma, gore, instituto, juego, slasher

Durante años, el bosque Covington ha estado envuelto en un halo de misterio, por convertirse en el destino final para varios jóvenes problemáticos. Sin dejarse intimidar por haber sido el escenario del reciente suicidio de un compañero de clase, cinco adolescentes se internan en el bosque para contar historias de fantasmas y jugar con linternas. Pero sus planes se tuercen cuando los chicos despiertan a una presencia demoníaca en uno de sus juegos; un mal invisible que pretende apoderarse de sus más profundos temores y sumergirlos en una pesadilla de terror absoluto.

Rodada en 2013, en Salt Lake City, la película se tomó su tiempo para llegar hasta los cines, pese a presentar una historia de terror que funciona y que, a más de uno, le hará pasar mucho miedo. Beck y Woods vuelven a repetir la dirección a cuatro manos tras sorprender con el western contemporáneo *The Bride Wore Blood* en 2006.

THE NIGHTMARE

Estados Unidos: Campfire, Zipper Bros Films

También conocida como: *Noćna Mora*, *Pesadillas*

Dirección y guión: Rodney Ascher

Fotografía: Bridger Nielson

Música: Jonathan Snipes

Reparto: Siegfred Peters, Yatoya Toy, Elise Robson, Stephen Michael Joseph, Nicole Bosworth, Age Wilson

Duración: 91 min.

Estreno: 26 de enero de 2015, en el Festival de Sundance (EE UU)

Esto va de: cama, documental, dormitorio, entrevista, parálisis del sueño, pesadilla

Película documental que fija su atención en un trastorno conocido como «la parálisis del sueño». A través del testimonio de ocho personas diferentes que han experimentado este fenómeno, descubrimos que esta parálisis pueden ir acompañadas de alucinaciones o de sentir cercanas «presencias» que provocan un increíble terror en el individuo. El cineasta Rodney Ascher entrevista a los distintos participantes para después recrear con actores profesionales algunas de sus experiencias más escalofriantes.

La parálisis del sueño es un tratorno del sueño clasificado dentro del grupo de las parasomnias. Lo sufren algunas personas en la transición entre el estado de sueño y el de vigilia. Suele ocurrir cuando uno comienza a dormirse o, al contrario, al empezar a despertarse. No dura más de dos o tres minutos, pero el tiempo resulta suficiente como para causar una profunda sensación de angustia en quien lo experimenta. Así le ocurrió al cineasta Rodney Ascher, que decidió dedicar un documental a este fenómeno, buscando casos reales a través de las nuevas tecnologías. Una curiosidad para comprobar cómo el dormitorio es, sin duda, el escenario de nuestros peores terrores.

NINA FOREVER

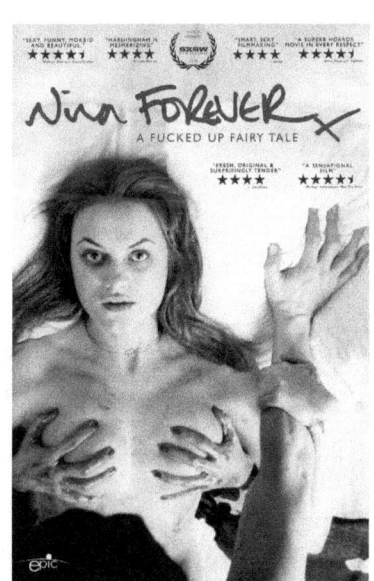

Reino Unido: ARK Movie Fund, Brand and Deliver, Casualties Bureau

Dirección y guión: Ben Blaine, Chris Blaine

Fotografía: Oliver Russell

Música: Daniel Teper

Reparto: Fiona O'Shaughnessy, Abigail Hardingham, Cian Barry, David Troughton, Elizabeth Elvin, Bill Holland, Lee Nicholas Harris

Duración: 98 min.

Estreno: 14 de marzo, en el South by Southwest Film Festival (EE UU)

Esto va de: accidente, pareja, romance, sobrenatural, suicidio, zombi

Tras la muerte de su novia Nina en un accidente de tráfico, Rob se viene abajo y trata de suicidarse. Cuando se recupera, comienza a trabajar en un supermercado, donde conoce a Holly, que se busca allí la vida mientras se prepara para convertirse en paramédico. La chica se empeña en salvar a Rob y no para hasta que le conquista. Pero la primera vez que se van juntos a la cama, se les aparece Nina ensangrentada y muy enfadada porque ellos nunca llegaron a practicar el sexo. En lugar de salir corriendo, Holly acepta la presencia de Nina, dispuesta a convertirse en lo más importante para Rob. Sin embargo, poco a poco, la presencia malévola de Nina irá teniendo cada vez más influencia en Holly.

Un años después que Joe Dante nos demostrara que hay parejas que no se rompen ni después de muertas en la comedia *Enterrando a la ex novia* (2014), nos llega una muestra similar, aunque con un giro final seguramente más inesperado.

«Queríamos hacer algo entre fantástico y mágico, pero fiel a nuestras propias experiencias de pérdida, desamor y el deseo de ayudar a la gente. También estábamos muy interesados en capturar el tranquilo paisaje suburbano inglés en el que crecimos, para situarlo como centro de la misma explosión de locura. Queríamos abordar un montón de emociones que no se suelen ventilar en público.»

Los hermanos Blaine (directores y guionistas).

NOCTURNA

Estados Unidos: Bravo Hotel, Hollywood Media Bridge
Dirección y guión: Buz Alexander
Fotografía: Don E. FauntLeRoy
Música: Brian Jackson Harris, Justin Raines
Reparto: Mike Doyle, Estella Warren, Massimo Dobrovic, Johnathon Schaech, Billy Blair, Mariana Paola Vicente, Danny Agha, Nicolas Bosc

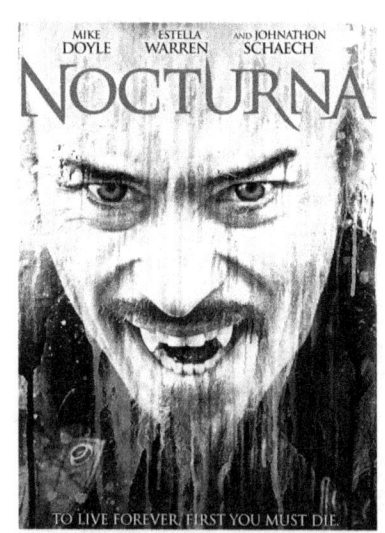

Duración: 92 min.

Estreno: 6 de octubre de 2015, en Estados Unidos

Esto va de: banda criminal, cabaña, crimen, huida, investigación, vampiro

Dos agentes de la policía de Nueva Orleans acuden al escenario de un crimen, en una cabaña apartada de una zona pantanosa, y se encuentran con una niña en apariencia perdida. Al investigar el caso, los agentes se ven envueltos en las luchas de poder de dos clanes de vampiros, que llevan enfrentados desde hace siglos. Divididos entre seguir su vida cotidiana o caer en la peligrosa tentación de la inmortalidad, los policías acaban enfrentados a los peligrosos vampiros.

Con el mercado de los vampiros bastante saturado por los perversos efectos de la saga *Crepúsculo*, aún hay quien confía en darle brillo a los colmillos. El debutante Buz Alexander escribe y dirige una historia que mezcla el terror con el estilo policíaco, y que nos muestra a una galería de vampiros que, sin ser algo por completo novedoso, no dejan de tener su interés.

OBSERVANCE

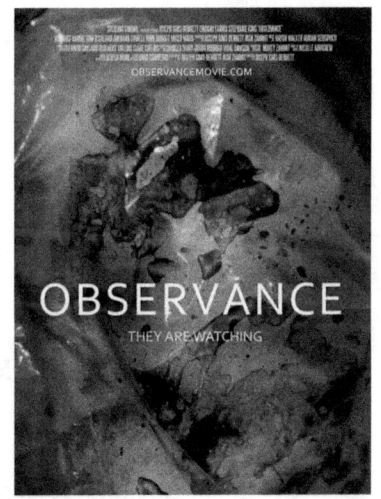

Australia: Sterling Cinema

Dirección: Joseph Sims-Dennett

Guión: Joseph Sims-Dennett, Josh Zammit

Fotografía: Rodrigo Vidal-Dawson

Música: Adrian Sergovich, Haydn Walker

Reparto: Lindsay Farris, Stephanie King, Brendan Cowell, Benedict Hardie, Tom O'Sullivan, Roger Ward

Duración: 90 min.

Estreno: 19 de julio de 2015, en el Fantasia Film Festival (Canadá)

Esto va de: accidente, casas encantadas, demonio, detective privado, hijo, locura, padre, visiones, voyeur, sobrenatural

Hundido por la muerte de su pequeño hijo y el posterior derrumbe de su matrimonio, Parker trata de recuperar su vida y regresa, sin demasiado ánimo, a su trabajo como detective privado. Alguien le encarga alojarse en un apartamento destartalado para vigilar, desde allí, los movimientos de una atractiva mujer que vive en la casa de en frente. Desganado, Parker inicia la vigilancia y comienza a tener extrañas visiones. Pronto comprende que en la casa hay una extraña presencia que amenaza con terminar con su cordura.

Desde los tiempos de *La ventana indiscreta* (1954), el voyerismo ha proporcionado al cine numerosos y suculentos argumentos. En esta ocasión, es más una jugada de despiste para meternos de lleno en una escalofriante historia de casas encantadas.

OLD 37

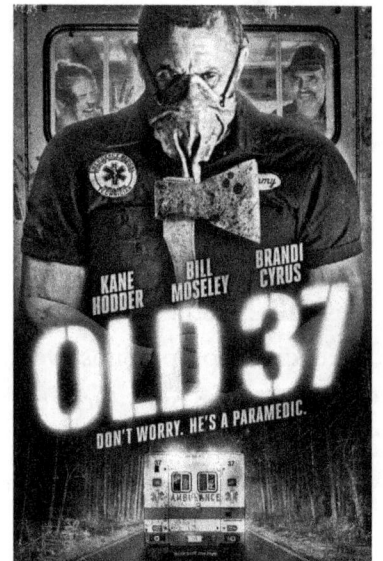

Estados Unidos: Big Picture Media
También conocida como: *El crimen perfecto, Malditos psicópatas, Unidad 37*
Dirección: Alan Smithee
Guión: Joe Landes, Paul Travers
Fotografía: David Kruta
Música: Darius Holbert
Reparto: Kane Hodder, Bill Moseley, Brandi Cyrus, Jake Robinson, Olivia Alexander, Sascha Knopf, Catherine Blades, Robert Bogue, Caitlin Harris
Duración: 84 min.
Estreno: 21 de marzo de 2015, en el HorrorHound Film Festival (Estados Unidos)
Esto va de: accidente, ambulancia, asesino, carretera, gore, hacha, hermano, máscara, paramédico, psicópata, slasher, tortura

Después de perder a su padre y a su mejor amiga en menos de una año, Amy decide pasar página y recuperar las ganas de vivir. Amy comienza a insinuarse a Jason, el musculoso camionero que sale con su sexy vecina Brooke. Entre tanto, en una apartada carretera donde los jóvenes se citan para hacer carreras, dos hermanos bastante desequilibrados, Darryl y Jon Roy, interceptan llamadas de emergencia desde la vieja ambulancia de su padre para recoger a las víctimas y someterlas a todo tipo de torturas. Un desafortunado accidente, deja a Brooke y Jason a merced de los locos. Amy se acerca demasiado, sin darse cuenta de que al desear tanto la vida de su vecina, finalmente lo que consiga sea seguir su desafortunado destino.

Recuperando la alocada idea que sugería Larry Cohen en el thriller *La ambulancia* (1990), Christian Winters convierte a los paramédicos en psicópatas asesinos en una película entretenida, que cuenta con algún momento a celebrar, como esa escena en la que el asesino se dirige a su víctima y le dice: «Tranquila, soy médico». El director retiró su nombre de los créditos y lo cambió por el de Alan Smithee, recurso que se utiliza cuando un cineasta considera que ha perdido por completo el control creativo de su obra.

THE OUIJA EXORCISM

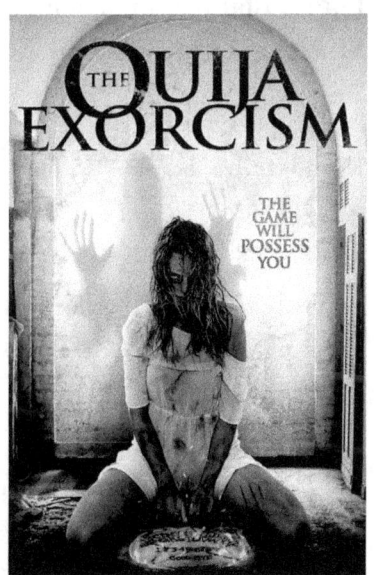

Estados Unidos: Marquis Productions
También conocida como: *El juego de la Ouija*
Dirección y guión: Nick Slatkin
Fotografía: Miko Dannels
Música: Darren Morze
Reparto: J. Damian Anastasio, Brittney Bertier, Cameron Bigelow, Jay Brothers, Tony Harutyunyan, Lola Kelly, Laura Kirchner, Walker Mintz, Ben Morrison
Duración: 87 min.
Estreno: 6 de octubre de 2015, en Estados Unidos

Esto va de: demonio, espíritu, exorcista, ouija, posesiones, sobrenatural

Un conocido exorcista logró en 1985 atrapar a un peligroso demonio en una tabla de Ouija. Poco después, su hijo utilizó el tablero como un juego y permitió que el demonio escapara. El exorcista se vio obligado a enviar muy lejos a su hijo hasta lograr acabar con la presencia diabólica. Ahora que han pasado 30 años y el anciano ha fallecido, su nieto va a cometer el mismo error. El mal está de regreso.

Una floja producción que busca rascar algo del éxito de *Ouija* (2014), de Stiles White, que ya cuenta con una secuela, *Ouija 2* (2016), dirigida por Mike Flanagan. Pues eso, un tablero con muy mala leche que, a la que te descuidas, te lanza un espíritu maligno para que lo pases realmente mal.

THE PACK

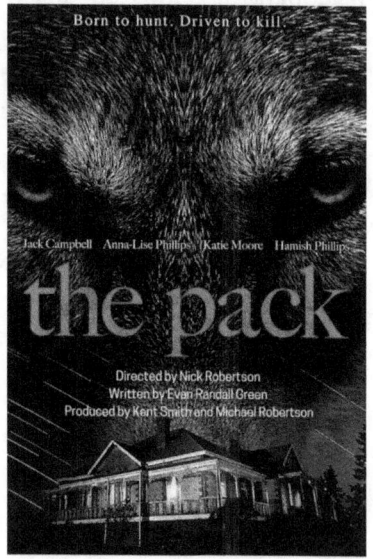

Australia: Breakout Movies, Kojo Pictures, Lightning Entertainment

También conocida como: *La manada*

Dirección: Nick Robertson

Guión: Evan Randall Green

Fotografía: Benjamin Shirley

Música: Tom Schutzinger

Reparto: Anna Lise Phillips, Jack Campbell, Kieran Thomas McNamara, Katie Moore, Hamish Phillips, Charles Mayer

Duración: 90 min.

Estreno: 5 de agosto de 2015, en el Fantasy Filmfest (Alemania)

Esto va de: animal, bosque, familia, granja, isla, jauría, naturaleza, perro, supervivencia

La familia Wilson atraviesa problemas financieros serios. Adam sabe que si insiste en mantener su granja pondrá en riesgo la seguridad de su mujer y sus dos hijos. Para acabarlo de arreglar, descubre que una jauría de perros salvajes han acabado con parte de sus ovejas. Cuando las cosas parecen no poder ponerse peor, la jauría rodea la granja. Adam tendrá que agudizar el ingenio para evitar el ataque mortal de los perros.

Sin excesivas ambiciones, Nick Robertson consigue una película efectiva provocando el terror con una banda de perros salvajes. Algo que, en la soledad del campo, se puede convertir en una experiencia aterradora.

«Se trata de una fábula existencial donde los perros representan a los agentes del destino, cuando la familia asediada debe enfrentarse precisamente a su destino, y el efecto resulta tan aterrador como la llegada de la oscuridad misma. Como Alfred Hitchcock en *Los pájaros* (1963), se organiza un clímax apocalíptico en el que la familia asediada en la casa de campo ha de hacer un esfuerzo frenético para sobrevivir. En *The Pack*, los perros desatan su furia sobre el hombre en una sangrienta oleada de gruñidos y crujir de dientes; mientras, el hombre se defiende como puede.»

Nick Robertson (director).

PARANORMAL ACTIVITY: THE GHOST DIMENSION

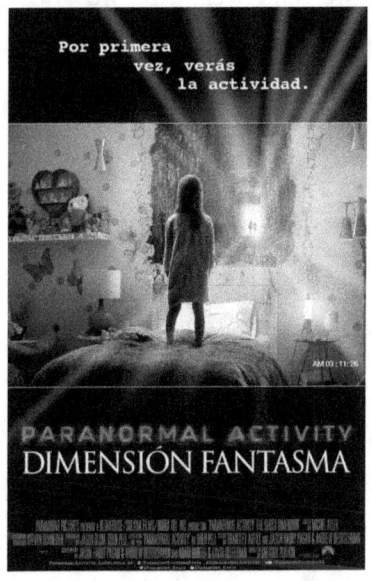

Estados Unidos: Blumhouse Productions, Paramount Pictures

También conocida como: *Actividad Paranormal: La dimensión fantasma, Atividade Paranormal: Dimensão Fantasma, Activité paranormale: La dimension fantôme, Paranormal Activity: Dimensión fantasma, Paranormal Activity 5*

Dirección: Gregory Plotkin

Guión: Jason Pagan, Andrew Deutschman, Adam Robitel, Gavin Heffernan

Fotografía: John W. Rutland

Reparto: Chris J. Murray, Brit Shaw, Ivy George, Dan Gill, Olivia Taylor Dudley, Chloe Csengery, Jessica Tyler Brown, Don McManus, Michael Krawic

Duración: 88 min.

Estreno: 20 de octubre de 2015, en Francia

Esto va de: demonio, familia, niño, metraje encontrado, Navidades, saga, secuela, sobrenatural

Ryan Fleeg, su mujer Emily y su hija pequeña Leila, se trasladan a una casa nueva. Mientras completan la mudanza, Ryan encuentra algo que dejaron los anteriores inquilinos: una cámara de vídeo y unas cintas que recogen algunos extraños fenómenos que les ocurre a dos pequeñas, Kristi y Katie. Extañado por el sorprendente olvido, el hombre hace funcionar la cámara. No tarda en darse cuenta de que posee una lente especial que le permite captar fantasmas que resultan invisibles al ojo humano. Y la cámara le permite comprobar que los espectros están aún en la vivienda.

Sexta y, por lo que parece, última entrega de una franquicia creada por Oren Peli, que arrancó con *Paranormal Activity* (2007) y que provocó tal locura por la técnica del metraje encontrado, algo que luego ha sido empleada hasta la extenuación en el género. Como era de esperar, este nuevo capítulo no aporta ninguna novedad real sobre lo ya visto anteriormente.

PATCHWORK

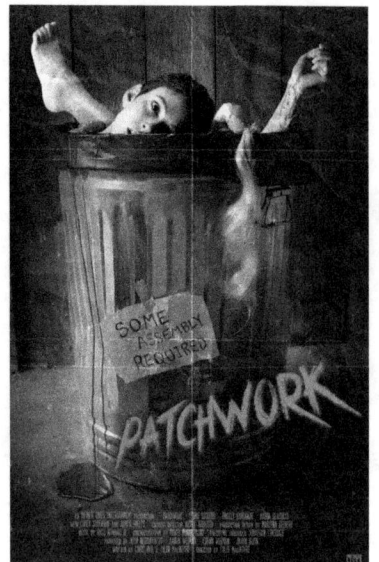

Canadá / EStados Unidos: Infinite Lives Entertainment
Dirección: Tyler MacIntyre
Guión: Chris Lee Hill, Tyler MacIntyre
Fotografía: Pawel Pogorzelski
Música: Russ Howard III
Reparto: Tory Stolper, Tracey Fairaway, Maria Blasucci, James Phelps, Eric Edelstein, Jon Rudnitsky, Mark Hapka, Craig Anstett, Corey Sorenson
Duración: 86 min.
Estreno: 17 de octubre de 2015, en el Screamfest Horror Film Festival (Estados Unidos)

Esto va de: comedia de terror, experimento, mutilación, venganza

Jennifer, Ellie, y Madeleine son tres amigas que salen de marcha por la ciudad. Sin saber cómo, en plena fiesta pierden el conocimiento. Al despertar, descubren con horror que alguien las ha trozeado para después unirlas en un solo cuerpo, como si fueran telas de un patchwork. Las tres amigas —transformadas ahora en una sola mujer— ponen todo su empeño en saber qué les sucedió y quién es el responsable, para después dar rienda suelta a una alocada venganza.

Hay títulos que están bien traídos. Es el caso de esta disparatada y gamberra comedia de horror, solo recomendada a auténticos buscadores de rarezas sin prejuicios.

PAY THE GHOST

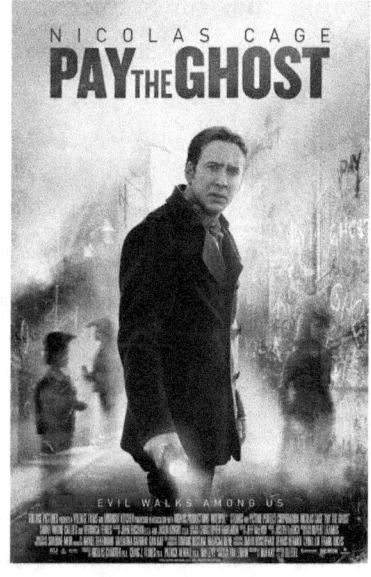

Estados Unidos: Voltage Films
También conocida como: *Pago maldito, Puertas de la oscuridad, Regresso do Mal*
Dirección: Uli Edel
Guión: Dan Kay
Música: Joseph LoDuca
Fotografía: Sharone Meir
Reparto: Nicolas Cage, Sarah Wayne Callies, Veronica Ferres, Lyriq Bent, Jack Fulton, Juan Carlos Velis, Elizabeth Jeanne le Roux, Alex Mallari Jr., Erin Boyes
Duración: 94 min.
Estreno: 16 de septiembre de 2015, en Filipinas
Esto va de: demonio, desaparecido, espíritu, Halloween, hijo, padre, profesor, rescate, sacrificio, secuestro, sobrenatural, visiones

Mike es un profesor que vive angustiado después de haber perdido a su hijo durante el desfile de Halloween, en la ciudad de Nueva York. Cuando comienza a tener visiones escalofriantes del pequeño, Mike va en busca de su ex mujer, Kristen, y le pide que le ayude a descubrir qué está ocurriendo. Juntos, descubren la existencia de un maléfico espíritu que, cada noche de Halloween, secuestra a un niño y lo condena a perderse en el Más Allá de no ser rescatado en un breve periodo de tiempo. A Mike no le queda más opción que hacer todo lo posible por recuperar a su hijo.

Aunque ya el argumento pueda resultar sonrojante, estamos ante una nueva aparición de Nicolas Cage en el género del terror, algo que vale su peso en oro. Eso sí, hay que tomárselo con buen humor.

PLAGUE

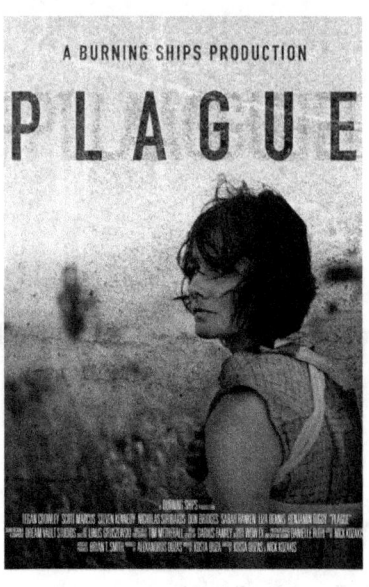

Australia: Burning Ships
Dirección: Nick Kozakis, Kosta Ouzas
Guión: Kosta Ouzas
Fotografía: Tim Metherall
Música: Benni Knop, Shaun Smith
Reparto: Don Bridges, Cris Cochrane, Tegan Crowley, Liza Dennis, Steven Jianai, Scott Marcus, Sarah Ranken, Benjamin Rigby, Nicholas Stribakos
Duración: 84 min.
Estreno: 12 de mayo de 2015, en Estados Unidos

Esto va de: granja, infección, matrimonio, post-apocalipsis, supervivencia, virus, zombi

Un pequeño grupo de supervivientes buscan refugio de una infección que se ha extendido como una plaga entre la población humana. Evie forma parte de un contingente en el que también se encuentran Bob, su esposa Marge, Sammy, y Gary, entre otros. John, el marido de Evie, se ha separado del grupo y no ha regrsado. La insistencia de Evie en que deben esperar su regreso comienza a fracturar los frágiles lazos que mantiene unido al grupo.Durante la noche, una horda de zombis ataca el cobertizo que están utilizando como refugio. Al finalizar el ataque, Bob insiste en que deben huir hacia el sur hasta la costa. Armada con un rifle, Evie le exige las llaves del vehículo y toma el control de la situación. Gary defiende la decisión de Evie de salir a buscar a John, pero Bob monta en cólera y mata a Gary, para luego llevarse el coche y a los demás supervivientes. Esa noche, Evie despierta de una pesadilla con el sonido de golpes en la puerta del cobertizo. Al abri, encuentra a John allí de pie, sano y salvo. A la felicidad por el reencuentro, le sigue la tensión por saber que han perdido el único medio de escape. El horror para ellos no ha hecho más que comenzar.

Bajo una clara influencia de *The Walking Dead*, esta aportación al cine de zombis más puro cuenta con un gran aliciente en algunas imágenes que son de enorme impacto. Tal vez, sea la calidad de la fotografía y algunos cuidados encuadres lo más destacable de una película que fue lanzada en Estados Unidos directamente para las plataformas de pago de Internet.

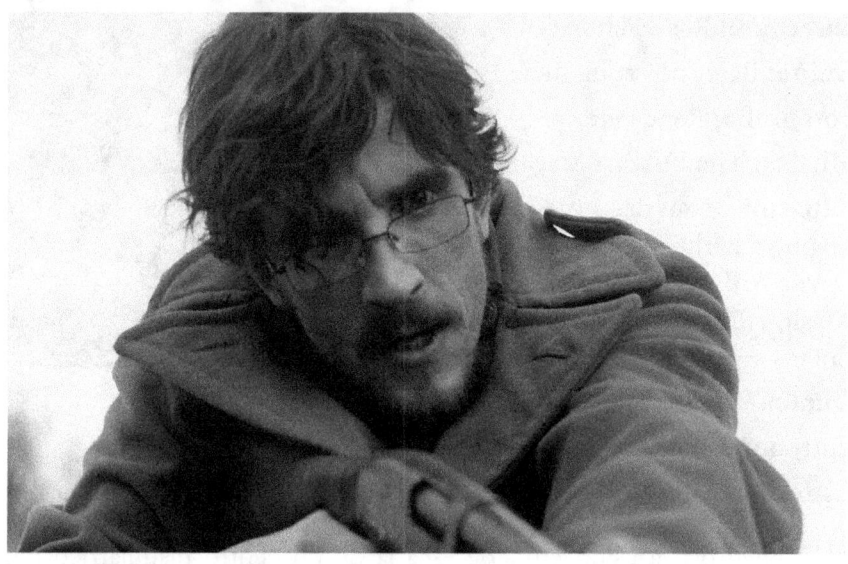

Al igual que la mencionada serie de televisión, *Plague* utiliza el tema de los zombis para poner en conflicto a un grupo de personas que se ven obligadas a vivir juntos en una situación límite, donde la desesperación da paso a la violencia con extraordinaria facilidad.

«Como directores estábamos interesados en la idea del contrato social y en la forma en que nos tratamos los unos a los otros. Queríamos saber si el sentido de lo que es bueno y correcto es innato en los seres humanos, o si es que existe, simplemente, porque somos parte de una sociedad que nos enseña la manera de actuar hacia los demás. Cuando cada decisión afecta a las posibilidades de supervivencia, ¿el contrato social siguen existiendo, o se rompe, llevándonos a ser gobernados solamente por nuestros instintos primarios? Este tipo de comportamiento generalmente se observa sólo en casos de estrés extremo, donde las buenas personas se ven obligadas a tomar malas decisiones.»

Kosta Ouzas y Nick Kozakis (directores).

PLAYING WITH DOLLS

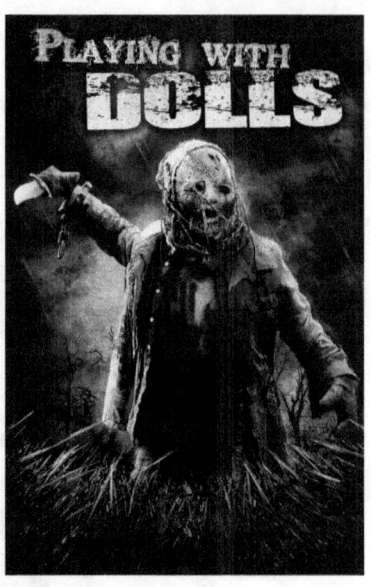

Estados Unidos: iDiC Entertainment

También conocida como: *Cinderella, Jugando con muñecas*

Dirección: Rene Perez

Guión: Barry Massoni, Rene Perez

Fotografía: Rene Perez

Música: The Darkest Machines

Reparto: Natasha Blasick, Richard Tyson, Charlie Glackin, Alanna Forte, David A. Lockhart, John Scuderi, John Welsh, Allisun Sturges, Sean Story, Lisa Collins

Duración: 80 min.

Estreno: 6 de marzo de 2015, en Alemania

Esto va de: asesino, bosque, gore, manicomio, psicópata, slasher

Un peligroso asesino en serie escapa de un centro pisquiátrico para criminales. Mientras las fuerzas de seguridad lo persiguen por el bosque, el psicópata mata a todo el que se cruza en su camino en una auténtica orgía de violencia y sangre.

René Pérez deja a los zombis descansar —justo después de dirigir a Danny Trejo en *The Burning Dead* (2015), donde presentaba a una curiosa horda de zombis volcánicos— para presentarnos a un *slasher* que viene a ser un híbrido entre Jason Voorhees y Leatherface, e igual de bruto que cualquiera de los dos. Al mismo tiempo, nos muestra en todo su esplendor a la protagonista de la película, la actriz Natasha Blasick, mientras el asesino se dirige hacia ella (no hay mucho más argumento).

Merece la pena señalar que *Playing with Dolls*, que ya cuenta con su secuela *Playing with Dolls: Bloodlust*, es solo una de las cuatro producciones que René Pérez firmó en 2015. Las otras tres restantes son la ya mencionada *The Burning Dead*; *Little Red Riding Hood*, versión del cuento de *Caperucita Roja*; y *Prey for Death*, una versión western de *El malvado Zaroff* (1932). Como vemos, un cineasta realmente comprometido con el cine de género. A su manera, eso sí.

POD

Estados Unidos: Alexander Groupe, High Window Films, Illium Pictures

También conocida como: *Aislamiento*

Dirección y guión: Mickey Keating

Fotografía: Mac Fisken

Música: Giona Ostinelli

Reparto: Larry Fessenden, Lauren Ashley Carter, Dean Cates, Brian Morvant, John Weselcouch, Forrest McClain

Duración: 76 min.

Estreno: 16 de marzo de 2015, en el South by Southwest Film Festival (Estados Unidos)

Esto va de: casas encantadas, demonio, espíritu, hermano, sobrenatural

Después de recibir un mensaje críptico de su hermano, Ed y Lyla viajan hasta la aislada casa familiar del lago con el objetivo de celebrar un reencuentro. El hermano, un veterano de guerra llamado Martin, les recibe armado con un rifle. Muy nervioso les explica que hay algo acosándole. Ed y Lyla no saben qué pensar, ya que su hermano parece notablemente desequilibrado. Sin embargo, pronto verán que realmente está ocurriendo algo extraño en la casa.

Tras acercarse al fenómeno del slasher con *Ultra Violence* (2011) y al mundo de las sectas satánicas en *Ritual* (2013), el director y guionista Mickey Keating sigue explorando el género del terror con una película entretenida que mantiene la intriga hasta el final.

POLTERGEIST

Estados Unidos: Fox 2000 Pictures, Metro-Goldwyn-Mayer (MGM), Ghost House Pictures

También conocida como: *Poltergeist, juegos diabólicos*

Dirección: Gil Kenan

Guión: David Lindsay-Abaire

Música: Marc Streitenfeld

Fotografía: Javier Aguirresarobe

Reparto: Kennedi Clements, Sam Rockwell, Rosemarie DeWitt, Kyle Catlett, Jared Harris, Nicholas Braun, Jane Adams, Saxon Sharbino

Duración: 93 min.

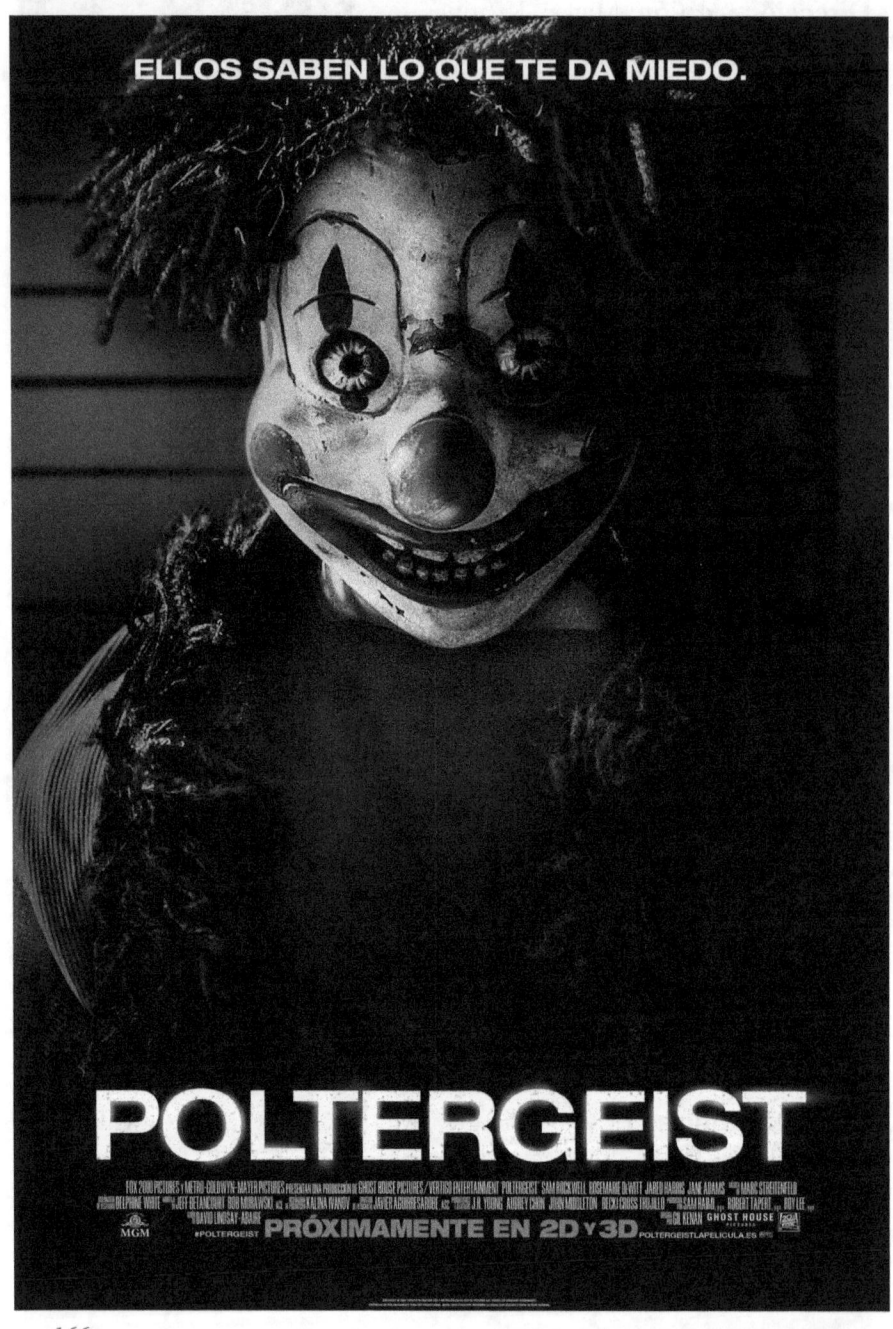

Estreno: 18 de mayo de 2015, en Argentina

Esto va de: casas encantadas, cementerio, dron, espíritu, familia, fantasma, mudanza, muñeco, niño, poltergeist, remake, sobrenatural, televisión

Eric y Amy Bowen se trasladan con sus hijos, Kendra, Griffin y Madison, a una nueva casa situada en una urbanización. Poco después, detectan que en la casa ocurren algunos fenómenos paranormales. Pero la situación les parece más un juego que otra cosa. Cuando las terroríficas apariciones intensifican sus ataques y aprisionan a la hija pequeña, la familia debe unirse para rescatarla antes de que desaparezca para siempre. Entra en escena la doctora Powell, jefa del departamento de parapsicología, que da un paso al frente para ocuparse del reto que Amy presenta. Llega a la casa con sus dos ayudantes, Boyd y Sophie, y acompañada de ciertos aparatos de alta tecnología para la caza de espíritus. El equipo, en especial Boyd, se muestra escéptico sobre las afirmaciones de la familia, y ha aceptado el trabajo más para desacreditar la teoría del secuestro sobrenatural que para salvar a los Bowen. Cuando el fantasma pasa a la defensiva, Boyd tiene un aterrador encuentro con el armario dentro del que Maddy ha desaparecido. El equipo cazador de espíritus se lleva un susto de muerte. La doctora Powell tiene que admitir que esta aparición, extraordinariamente agresiva, sólo puede resolverse con la ayuda del superdotado médium Carrigan Burke. Él es la estrella de un reality show llamado «Purificadores de Casas», que le ha aupado a la condición de celebridad cazafantasmas. A su llegada al hogar de los Bowen, es recibido con escepticismo por todos menos por la adolescente Kendra, fanática de la cultura pop. Todo el equipo se prepara para la lucha final contra la diabólica presencia.

Con la producción y guión de Steven Spielberg, *Poltergeist* (1982), de Tobe Hooper, se convirtió en su día en un gran éxito de taquilla y en todo un hallazgo, ya que consiguió algo impensable: convertir el terror en un género que también podía disfrutarse en familia. Esta forma de «terror blanco» abrió una puerta por la que después desfilarían un buen número de producciones de desigual resultado. En cierto modo, tiene su lógica que para hacer un remake (a todas luces innecesario) de este clásico moderno, se reclutara a Gil Kenan, puesto que él se había atrevido llevar el terror hasta los más pequeños con la película de animación *Monster House* (2006).

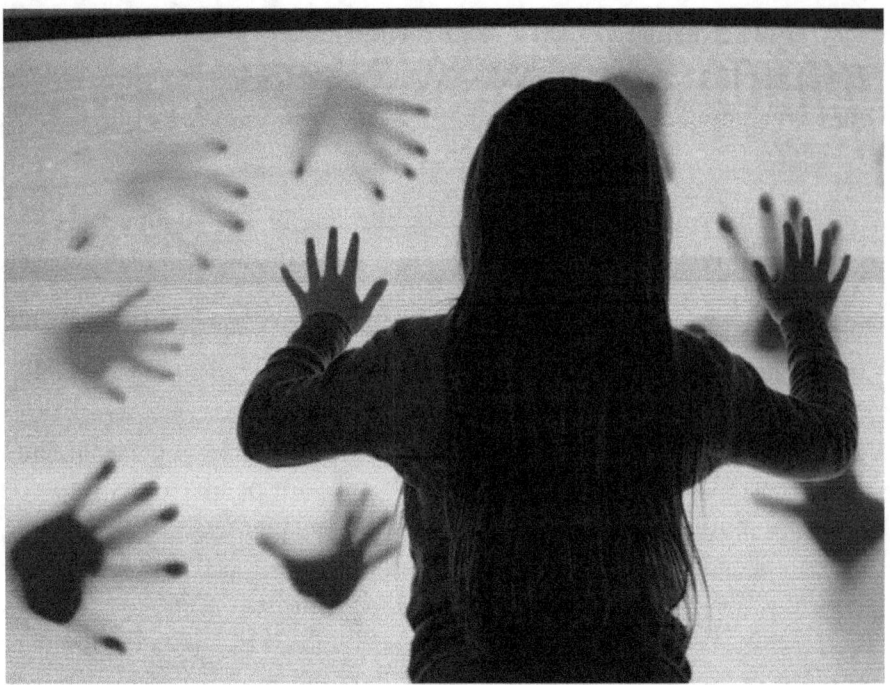

A diferencia del *Poltergeist* original, ambientado en una época de bonanza económica durante los años ochenta, esta película se sitúa dentro del ideal norteamericano —marginado y que se debilita por momentos— al que llamamos urbanizaciones de las afueras. Una comunidad en decadencia, formada por casas idénticas de tres dormitorios, jardines descuidados y vallas de tela metálica situada en un barrio de Illinois, crea la escena para los desprevenidos protagonistas y recuerda al público que la vida en las afueras puede en ocasiones estar muy lejos de la seguridad.

«A principios de los ochenta nadie dudaba sobre la conveniencia de mudarse a una urbanización, pero la vida contemporánea en esas zonas brinda un perfecto contraste porque su brillo y su distinción superficiales han desaparecido. Nuestros personajes han tratado de llevar la prototípica vida de una urbanización, pero han errado el tiro y parten de una situación inestable. Si añadimos a este ambiente el drama básico de las apariciones sobrenaturales y el secuestro de una niña, estamos preparados para lo inesperado.»

Gil Kenan (director).

REGRESIÓN

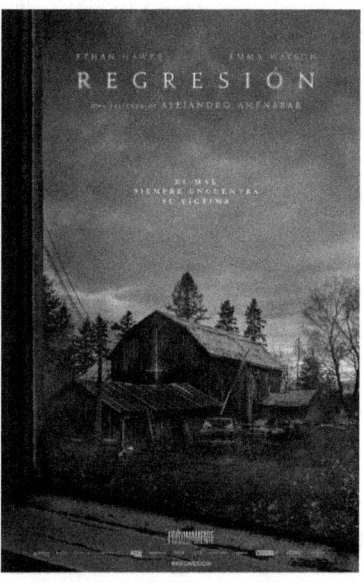

España / Canadá: MOD, Himenóptero, First Generation Films, Telecinco Cinema

También conocida como: *Regressão, Regression*

Dirección y guión: Alejandro Amenábar

Fotografía: Daniel Aranyó

Música: Roque Baños

Reparto: Ethan Hawke, Emma Watson, David Thewlis, Aaron Ashmore, Devon Bostick, Dale Dickey, Aaron Abrams, Adam Butcher, David Dencik

Duración: 106 min.

Estreno: 18 de septiembre de 2015, en el Festival de San Sebastián (España)

Esto va de: abusos sexuales, amnesia, basada en hechos reales, cementerio, hipnosis, hospital, iglesia, pesadilla, policía

Minnesota, 1990. El detective Bruce Kenner investiga el caso de la joven Angela, que acusa a su padre, John Gray, de cometer un crimen inconfesable. Cuando John, de forma inesperada y sin recordar lo sucedido, admite su culpa, el reconocido psicólogo Dr. Raines se incorpora al caso para ayudarle a revivir sus recuerdos reprimidos. Lo que descubren desenmascara una siniestra conspiración.

Rodada a lo largo de ocho semanas en escenarios naturales de Toronto y en los estudios Pinewood canadienses, *Regresión* es un nuevo acercamiento de Alejandro Amenábar al mundo del suspense. Una película de factura internacional muy alejada de la imagen de sus primeras obras, *Tesis* (1996) o *Abre los ojos* (1997).

Inspirada en una oleada de sucesos ocurridos en Estados Unidos durante la década de los 80, la película es a la vez «una reflexión sobre la maldad y una exploración de los vericuetos de la mente», dice el productor Fernando Bovaira. Las acusaciones iniciales que sirvieron de documentación para la escritura del guión nacieron en el contexto de un creciente poder político y religioso dentro de los Estados Unidos, y luego se propagaron por el resto del mundo con desigual intensidad, llegando a calificarse como un caso de conspiración global no sólo por las fuentes más sensacionalistas. «Hubo una serie de fenómenos reales en los que la investigación policial, el asesoramiento psicológico y la superstición convergieron en un intento por desentrañar un extraño y horripilante puzzle conocido como Abuso Ritual Satánico», recuerda Alejandro Amenábar. «La catarata de acusaciones y confesiones fue abrumadora, destruyó familias enteras, generó caos y pánico social y tuvo en numerosos casos duras consecuencias penales. Ha sido muy interesante revisar aquellos casos de la década de los ochenta y noventa con la mirada de un ciudadano del siglo XXI. En el crecimiento de aquel fenómeno jugaron un importante papel los medios de comunicación, los testimonios y los ensayos que se han escrito sobre experiencias satánicas... y también la propia influencia del cine».

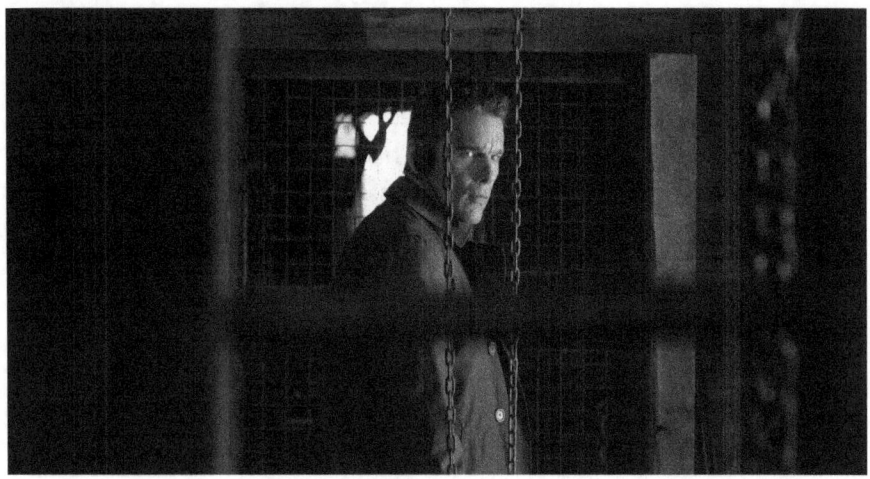

«Algunas de las cosas que se narran en *Regresión* encajarían en la temática de terror, aunque el tratamiento es de thriller psicológico con altas dosis de policíaco. Los referentes han sido sobre todo thrillers y películas de terror americanas de los 70: *El exorcista*, *La semilla del diablo*, entre otros, porque había algo de contención que me apetecía rescatar. En *Los Otros* (2001), la inspiración fueron películas de los 40, 50 y 60; y aquí de los 70. Quería rescatar el tono sobrio e incluso pausado de muchas de ellas. Pero sobre todo, tomarme muy en serio lo que estábamos contando.»

Alejandro Amenábar (director y guionista).

RESIDUE

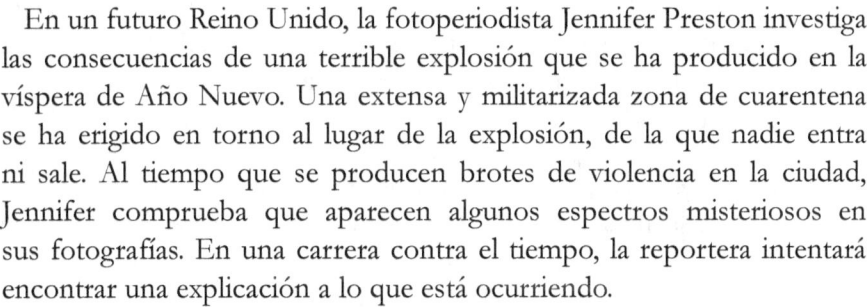

Reino Unido: Matador Pictures, Gloucester Place Films, Green Screen Productions

También conocida como: *Futuro incierto*, *Tortu*

Dirección: Alex Garcia Lopez

Guión: John Harrison

Fotografía: Felix Wiedemann

Música: Al Hardiman

Reparto: Natalia Tena, Iwan Rheon, Danny Webb, Adrian Schiller, Emilia Jones, Adrian Schiller, Eleanor Matsuura, Brian Ferguson, Emilia Jones

Duración: 129 min.

Estreno: 20 de marzo de 2015, en Reino Unido

Esto va de: cuarentena, fantasma, infección, periodista, reportero, virus

En un futuro Reino Unido, la fotoperiodista Jennifer Preston investiga las consecuencias de una terrible explosión que se ha producido en la víspera de Año Nuevo. Una extensa y militarizada zona de cuarentena se ha erigido en torno al lugar de la explosión, de la que nadie entra ni sale. Al tiempo que se producen brotes de violencia en la ciudad, Jennifer comprueba que aparecen algunos espectros misteriosos en sus fotografías. En una carrera contra el tiempo, la reportera intentará encontrar una explicación a lo que está ocurriendo.

La actriz Natalia Tena —la Nymphadora Tonks de la saga de *Harry Potter*— protagoniza esta producción futurista británica que cuenta también con un formato de miniserie de televisión de tres episodios.

RIARU ONIGOKKO

Japón: Asmik Ace Entertainment, NBC Universal Entertainment, Sedic Deux

También conocida como: *The Chasing World*, *Tag*

Dirección: Sion Sono

Guión: Yûsuke Yamada, Sion Sono

Fotografía: Maki Ito

Música: Tomoatsu Kikuchi

Reparto: Reina Triendl, Mariko Shinoda, Erina Mano, Mika Akizuki, Urara Aryû, Mao Asô, Nanami Hidaka, Aki Hiraoka, Rin Honoka, Hikaru Horiguchi

Duración: 85 min.

Estreno: 11 de julio de 2015, en Japón

Esto va de: accidente, adolescente, boda, estudiante, juego, novia, pesadilla, profesor, surrealismo

Mitsuko viaja junto a sus compañeras de secundaria en un autobús. Una repentina ráfaga de viento rebana el autobús por la mitad, matando a 40 niñas en un abrir y cerrar de ojos, a excepción Mitsuko, que se agacha justo a tiempo. De forma incomprensible, la chica se encuentra poco después caminando hacia el instituto con sus amigas como si nada hubiera ocurrido, hasta que una maestra aparecer con una ametralladora disparando sobre las niñas. Al instante se encuentra en una calle llena de tiendas. «¿Qué pasa, Keiko? ¡Hoy es tu boda! », dice un muchacho. Mitsuko es ahora Keiko, una mujer de 25 años de edad. Antes de que pueda evitarlo, Keiko está vestida con un vestido de novia. ¿Es esto una pesadilla o un extraño juego?

Shion Sono, el director de *Suicide Club (El club del suicidio)* (2001), nos planta ante una explosiva mezcla de comedia, terror y surrealismo a la que hay que acercarse con calma, ya que todo lo que tiene de sorprendente puede terminar resultando un chispo irritante.

THE SAND

Estados Unidos: Allegra Pictures, Scatena & Rosner Films

Dirección: Isaac Gabaeff

Guión: Alex Greenfield, Ben Powell

Fotografía: Matt Wise

Música: Vincent Gillioz

Reparto: Cleo Berry, Bryan Boone, Brooke Butler, Etalvia Cashin, Jennifer Churchich, Hector David Jr., Nikki Frye, Dean Geyer, Meagan Holder

Duración: 84 min.

Estreno: 28 de agosto de 2015, en el Film4 FrightFest (Reino Unido)

Esto va de: bikini, fiesta, gore, monstruo, playa, universitario

Nada como una buena fiesta de graduación en la playa. El problema puede presentarse a la mañana siguiente. No solo por la resaca, sino porque la arena se ha convertido en algo vivo que parece querer devorar a todo el que entra en contacto con ella. Un grupo de chicos y chicas se ha quedado aislado en mitad de la playa. Y ahora tiene que encontrar la manera de salir de allí sin tocar la arena.

No es una película que hará historia, pero tiene su gracia. Chicas en bikini, chicos con poco cerebro, alguna escena bien sangrienta... Isaac Gabaeff no ambiciona más que entretener a quienes disfrutaron con *Piraña 3D* (2010) y otras películas por el estilo.

SAVE YOURSELF

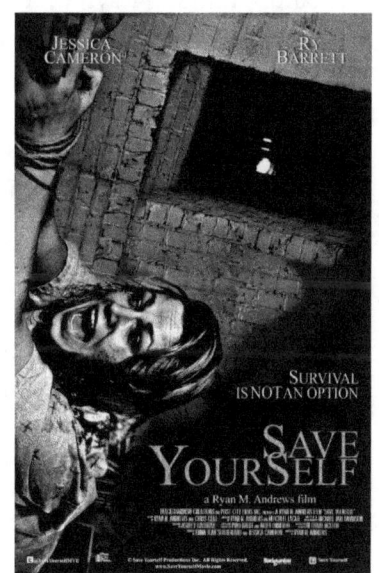

Estados Unidos: Post City Films

Dirección: Ryan M. Andrews

Guión: Ryan M. Andrews, Chris Cull, Mitch Lackie, Mitch Lackie, I.J. Schecter

Fotografía: Michael Jari Davidson

Música: Steph Copeland

Reparto: Jessica Cameron, Tristan Risk, Ry Barrett, Tianna Nori, Caleigh Le Grand, Lara Mrkoci, Elma Begovic, Sydney Kondruss, Marcus Haccius

Duración: 91 min.

Estreno: 28 de noviembre de 2015, en el Blood in the Snow Canadian Film Festival (Canadá)

Esto va de: científico, cine dentro del cine, experimento, secuestro, supervivencia, tortura

Crystal es la realizadora dura; Dawn, la productora a la que solo le preocupan los números; Kim, la atractiva actriz principal; Lizzy, la guionista solitaria; y Sasha, la secundaria promiscua. Todas ellas han rodado una película de terror. De camino a presentarla en un festival de cine, las chicas van a experimentar miedo de verdad cuando se encuentren con un científico loco empeñado en utilizarlas en sus misteriosos experimentos.

El cineasta Ryan M. Andrews, autor de *Black Eve* (2010) y *A New Design* (2011), prosigue su viaje por el terror, ahora con una historia muy centrada en las mujeres.

LE SCAPHANDRIER

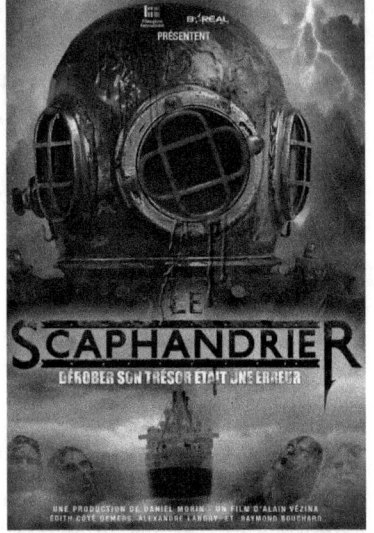

Canadá: Boréal Films

También conocida como: *Deep Below*

Dirección y guión: Alain Vézina

Fotografía: Jean Kavanagh

Reparto: Édith Côté-Demers, Alexandre Landry, Raymond Bouchard, Béatrice Picard, Charles Dauphinais, Christopher Tyson

Duración: 81 min.

Estreno: 20 de febrero de 2015, en Canadá

Esto va de: asesino, barco, máscara, tesoro, slasher, sobrenatural

Tras la aparición de un barco a la deriva con toda su tripulación asesinada, una periodista comienza a investigar el caso. Todos los que figuraban como posibles sospechosos mueren de forma progresiva, por lo que hay quien apunta a que detrás de los hechos solo cabe una explicación sobrenatural.

La vestimenta del submarinista clásico —incluyendo, claro está, la escafandra a la que os remite el título— como uniforme de un asesino fantasmagórico que causa el terror en un pueblo costero, merece un aplauso. Ya con eso, que la película sea buena o mala, es lo de menos, ¿no?

SCHERZO DIABÓLICO

México / Estados Unidos: Salto de Fe Films, Morbido Films, Mr. Blue, rABYa Producciones

Dirección y guión: Adrián García Bogliano

Fotografía: Dario Goldgel

Música: Sealtiel Alatriste

Reparto: Francisco Barreiro, Daniela Soto Vell, Jorge Molina, Milena Pezzi, Vita Vargas, Evan Alducin, Pau Alva, Tito Guillén, Pablo Guisa Koestinger

Duración: 91 min.

Estreno: 17 de abril de 2015, en el Tribeca Film Festival (Estados Unidos)

Esto va de: adolescente, desaparecido, estudiante, máscara, prisionero, secuestro

Aram es un contable cansado con una existencia muy aburrida. Con una esposa gruñona que le reprende por no ser lo suficientemente firme, y un sueldo mísero, en voz baja sufre a la espera de una promoción merecida desde hace tiempo. Pero Arama ha estado preparando en secreto un plan para conseguir lo que él siente que se le debe. Un día afirma su poder cuando secuestra a una colegiala y la mantiene atada en un almacén abandonado. Lo que parece ser el plan perfecto, pronto se revela como su peor pesadilla, y su esquema cuidadosamente construido se derrumba de forma sangrienta pieza por pieza.

Humor negro y un estilo muy personal hace de esta película de Adrián García Bogliano —uno de los directores de *The ABCs of Death* (2012)— una producción original. Una visión diferente al clásico argumento de la caza del gato y el ratón.

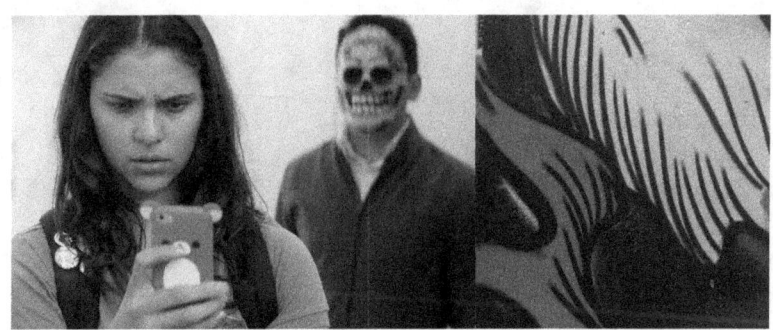

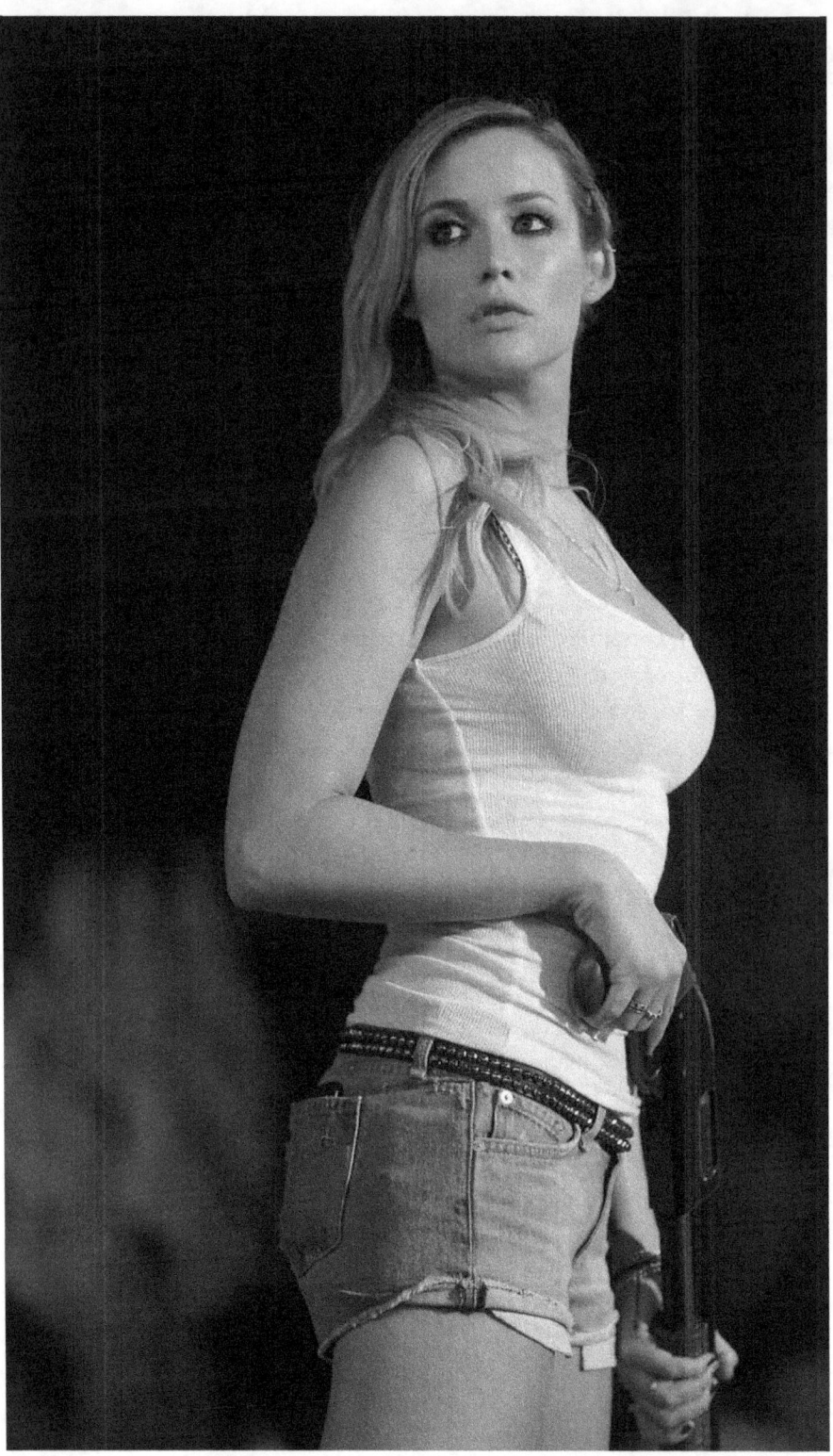

SCOUT'S GUIDE TO THE ZOMBIE APOCALYPSE

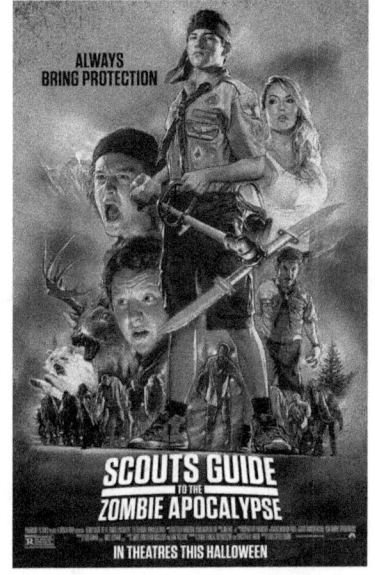

Estados Unidos: Broken Road Productions, Brucks Entertainment, Oops Doughnuts Productions

También conocida como: *A la *&$%! con los Zombis, Como Sobrevivir a Um Ataque Zumbi, La guía Scout para el Apocalipsis zombie, Manuel de survie à l'apocalypse zombie, Les scouts et l'apocalypse des zombies*

Dirección: Christopher Landon

Guión: Emi Mochizuki, Carrie Evans, Lona Williams

Fotografía: Brandon Trost

Música: Matthew Margeson

Reparto: Sarah Dumont, Tye Sheridan, Logan Miller, Patrick Schwarzenegger, David Koechner, Laurel Harris, Jordan Fuller

Duración: 93 min.

Estreno: 23 de octubre de 2015, en Rumanía

Esto va de: accidente, adolescente, bosque, boy-scout, comedia de terror, diario, fiesta, gore, hacha, instituto, laboratorio, zombi

Tres boy-scouts y amigos de toda la vida unen sus fuerzas a una dura camarera para convertirse en el equipo más improbable en el mundo de los héroes. Cuando su tranquila ciudad es asolada por una invasión zombi, los chicos ponen sus habilidades de exploradores a prueba para salvar a la humanidad de los no muertos.

Ya solo la espectacular Sarah Dumont al frente del reparto invita a disfrutar de esta parodia del cine de zombis. La idea de que un grupo de Boys Scouts tengan que salvar a la humanidad de una invasión de muertos vivientes es tan cachonda que no merece ningún desprecio.

SENDERO

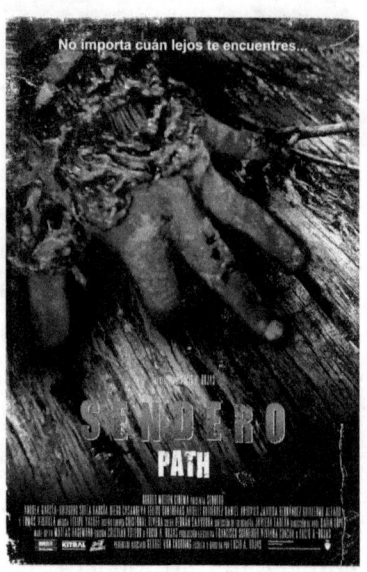

Chile: Border Motion Cinema

Dirección y guión: Lucio A. Rojas

Fotografía: Javiera Farfán

Música: Felipe Yaluff

Reparto: Andrea García-Huidobro, Diego Casanueva, Sofía García, Tomás Vidiella, Javiera Hernández, Guillermo Alfaro, Daniel Antivilo, Claudio Brizuela

Duración: 85 min.

Estreno: 12 de octubre de 2015, en el Festival de Sitges (España)

Esto va de: asesino, familia, gore, psicópata, supervivencia, tortura, universitario, venganza, viaje

Ana es una joven que acaba de ganar una beca para estudiar en el extranjero. Para celebrarlo, viaja fuera de la ciudad junto a unos amigos. En el camino, tras ayudar a una mujer malherida, el grupo cae en manos de una familia de desquiciados, que trabaja para un grupo de alto poder político de la región. Los amigos hacen todo lo posible para escapar, viéndose obligados a llegar hasta sus límites para poder sobrevivir, aunque eso signifique incluso traicionarse los unos a los otros.

El chileno Lucio A. Rojas, que ya mostró su afición para el terror con las producciones *Muerte ciega* (2011) y *Perfidia* (2014), se lanza al *survival film* para meternos en una pesadilla de la que parece difícil huir.

SINISTER 2

Estados Unidos: Automatik Entertainment, Blumhouse Productions, Entertainment One

También conocida como: *A Entidade 2, Siniestro 2, Sinister 2. Achtung, spielende Kinder!, Sinister II*

Dirección: Ciaran Foy

Guión: Scott Derrickson, C. Robert Cargill

Fotografía: Amy Vincent

Música: tomandandy

Reparto: James Ransone, Shannyn Sossamon, Robert Daniel Sloan, Dartanian Sloan, Lea Coco, Tate Ellington, John Beasley, Lucas Jade Zumann, Jaden Klein

Duración: 97 min.

Estreno: 19 de agosto de 2015, en Francia

Esto va de: casas encantadas, demonio, fantasma, gemelo, granja, hermano, madre, mudanza, niño, pesadilla, posesiones, saga, secuela, snuff-film, sobrenatural

Los gemelos de 9 años, Dylan y Zach Collins se han mudado junto a su madre Courtney a una casa rural en Illinois. El hogar y la propiedad están lo suficientemente aisladas como para esconderse del peligroso marido de Courtney, Clint. Lo que desconocen es que la propia casa está marcada por la muerte... El antiguo oficial de policía, So & So, ahora detective privado, está convencido de que la casa es el próximo lugar donde se manifestará el Bughuul. Pero, al encontrar a Courtney y los gemelos allí, se da cuenta del peligro que corren por culpa de Clint, por lo que intenta ayudarles antes de poner en marcha un plan de ataque contra el Bughuul. De lo que no son conscientes Courtney y So & So es de que los niños fantasmas llevan tiempo inquietando a Dylan con sus perturbadoras películas caseras, cada cual más siniestra que la anterior...

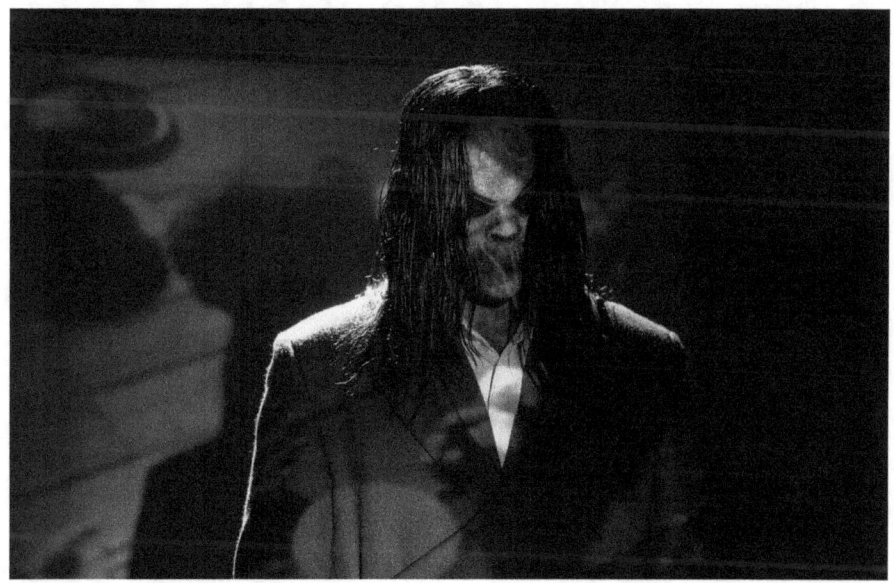

En la película original de *Sinister* (2012), se descubría que el símbolo recurrente de las películas de asesinatos era el de una oscura deidad pagana, que se remontaba a los tiempos de la antigua Babilonia, llamada Bagul. La mitología identificaba a este ser como el Devorador de Niños, un dios de las tinieblas que consumía las almas de niños humanos para sustentar su propia fuerza vital inmortal. A los guionistas se les ocurrió el nombre de Bughuul combinando el de un ser llamado «Bugbear» con el de un tipo de criatura conocida como «ghoul». El guionista Scott Derrickson asegura que «Bughuul fue una creación completamente ficticia. Cargill sabe mucho sobre mitología pagana, así que tenía unas cuantas fuentes de inspiración, pero está básicamente inventado».

Ahora que Bughuul es una entidad «conocida», al menos para quienes vieron *Sinister*. El equipo se propuso hacerlo más aterrador aún en esta secuela. Fue posible gracias al artista de efectos especiales de maquillaje Roy Knyrim. El actor y especialista Nick King volvió a pasarse largas horas sentado para que pudieran ponerle el poco favorecedor maquillaje y repetir su papel del espeluznante ser. En la primera película, hacían falta sesiones de maquillaje de tres horas para dar vida a Bughuul, tras lo cual hacían falta otros 90 minutos para quitar todo el maquillaje. «Esta vez, fue un poco más rápido —comenta King—. Consiguieron ponérmelo en menos de dos horas, aunque todavía hacían falta 90 minutos para quitármelo».

Para rodar la secuela de *Sinister*, el equipo reclutó a los gemelos Shannyn y Robert Daniel Sloan, que atendiendo a las leyes del estado, tenían que combinar sus actuaciones con las clases, que recibían en el mismo plató. Para sustituirles, el equipo empleó a unas dobles de luces, las gemelas idénticas de 22 años Emily y Elizabeth Hinkler.

SOME KIND OF HATE

Estados Unidos: Caliber Media Company, Revek Entertainment
Dirección: Adam Egypt Mortimer
Guión: Brian DeLeeuw, Adam Egypt Mortimer
Fotografía: Benji Bakshi
Música: Robert Allaire, Mads Heldtberg
Reparto: Spencer Breslin, Grace Phipps, Sierra McCormick, Brando

Eaton, Andrew Bryniarski, Lexi Atkins, Noah Segan, Michael Polish, Ronen Rubinstein, Maestro Harrell, Justin Prentice, Audrey Ellis Fox

Duración: 82 min.

Estreno: 2 de mayo de 2015, en el Stanley Film Festival (Estados Unidos)

Esto va de: acoso, adolescente, bullying, espíritu, estudiante, instituto, profesor, reformatorio, venganza, sobrenatural

Lincoln es el objetivo preferido de los matones de su instituto, hasta que un día se harta y agrede a su acosador con tal furia que acaba ingresando en la Academia Mind's Eye, un reformatorio perdido en el desierto de California donde el rector Jack Iverson rehabilita a los chicos con problemas con una extraña conbinación de misticismo y trabajos físicos. Lincoln conoce a Kaitlin, una chica con numerosos problemas, y a Willie, el líder de una pandilla de sociópatas que se obsesionan con hacerle la vida imposible. Un día, Lincoln se tiene que esconder en un sótano abandonado, donde pide un deseo: «Ojalá se murieran todos». A partir de entonces, no hacen más que aparecer cadáveres de miembros de la banda de Willie. Aunque hay quien piensa que se trata de suicidios, Lincoln y Kaitlin descubren que el responsable de los crímenes es el espíritu de Moira Karp, una antigua alumna del instituto que se suicidó al no soportar más el acoso al que fue sometida. Ahora, Moira se ha propuesto vengarse una a una de los acosadores y de los profesores que ocultaron el caso.

Moira Karp toma el testigo de *Candyman* (1992) en este *slasher* sobrenatural, que vuelve a sacar a relucir el tema del bullyng en los centros de enseñanza.

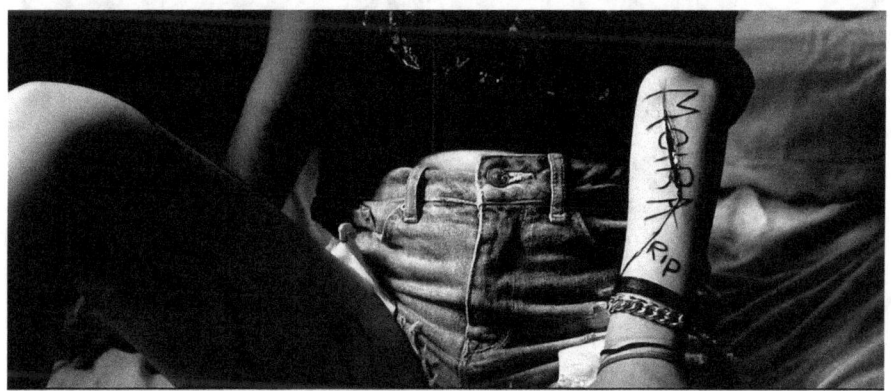

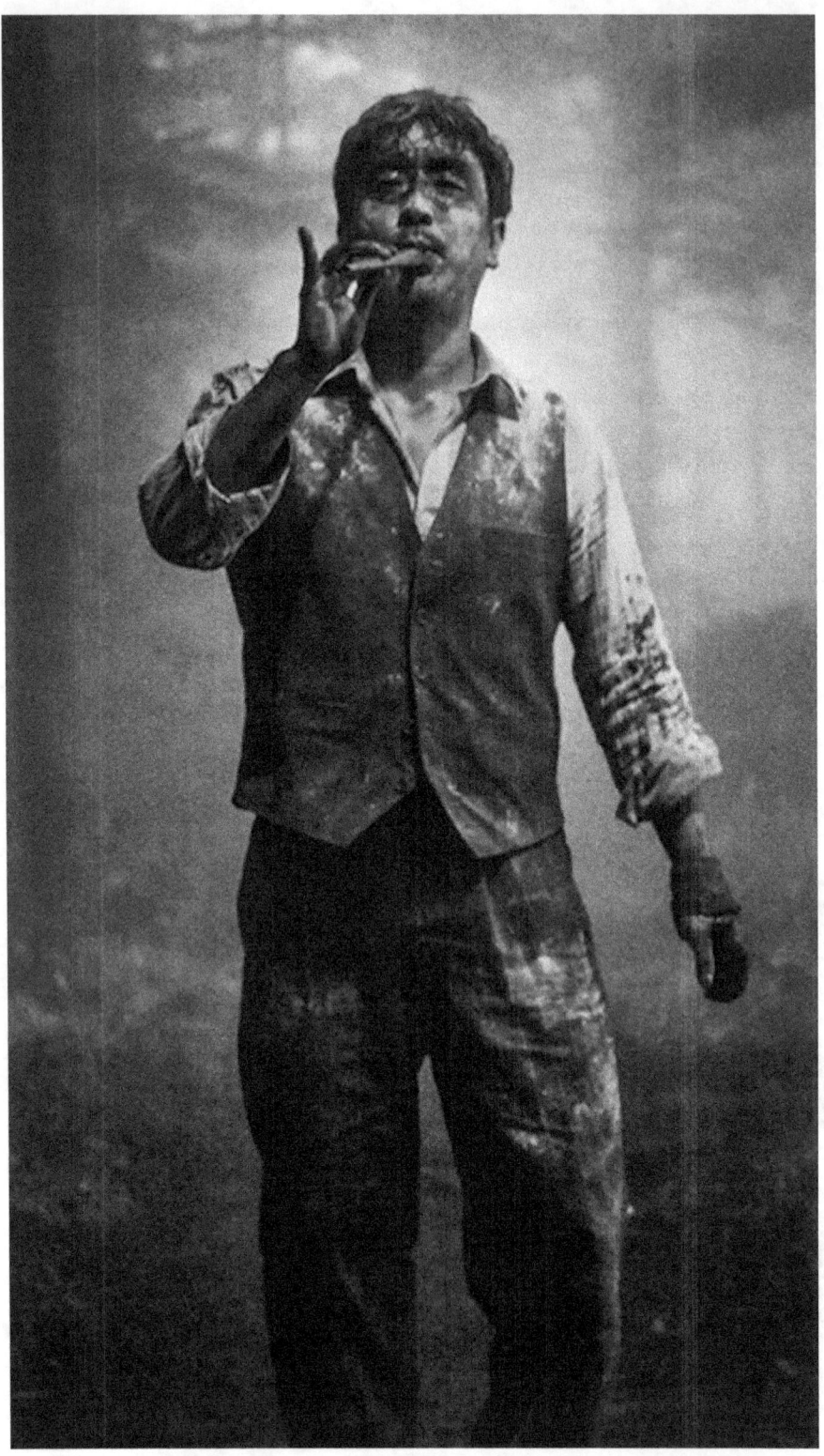

SONNIM

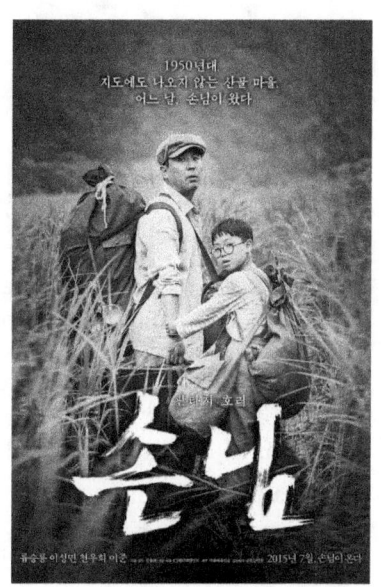

Corea del Sur: UBU Film

También conocida como: *Guest, The Piper*

Dirección y guión: Kim Kwang-tae

Fotografía: Hong Jae-sik

Música: Lee Ji-soo

Reparto: Chun Woo-hee, Lee Joon, Lee Sung-min, Goo Seung-Hyeon, Ryoo Seung-Ryong

Duración: 119 min.

Estreno: 9 de julio de 2015, en Corea del Sur

Esto va de: adaptación cuento, bosque, flautista, plaga, pueblo, rata, venganza

Poco después de la Guerra de Corea, el flautista Woo-ryong y su hijo viajan hacia Seúl. Un día, hacen una parada en un pequeño pueblo en medio de los bosques, que no aparece en los mapas. En comparación con el resto del mundo, los habitantes del pueblo viven en paz y abundancia bajo un gobierno estricto del cabecilla del lugar, pero hay un problema: sufre una grave plaga de ratas. Los habitantes del pueblo hacen un trato con Woo-ryong: si se deshace de las ratas, le ofrecen el dinero suficiente para que pueda curar la enfermedad de su hijo. Woo-ryong aleja las ratas del pueblo con su música, pero cuando llega el momento de cobrar, el jefe del poblado se niega a pagar, una decisión que da lugar a unas consecuencias devastadora.

Los hermanos Grimm fueron los que se encargaron de popularizar la leyenda de *El flautista de Hamelín*, también conocida como *El cazador de ratas de Hamelin*, que narraba los extraños hechos que ocurrieron el 26 de junio de 1284, cuando una invasión de ratas asoló un pequeño pueblo de Alemania. Convencido de la validez de la narración, el director Kim Kwang-tae se inspiró en ella para convertir el cuento en una auténtica historia de terror.

SORGENFRI

Dinamarca: Meta Film

También conocida como: *What We Become*

Dirección y guión: Bo Mikkelsen

Fotografía: Adam Philp

Reparto: Mille Dinesen, Ole Dupont, Mikael Birkkjær, Troels Lyby, Marie Hammer Boda, Benjamin Engell, Therese Damsgaard, Diana Axelsen, Rita Angela

Duración: 81 min.

Estreno: 13 de octubre de 2015, en el Festival de Londres (Reino Unido)

Esto va de: cuarentena, familia, infección, niño, virus, zombi

El plácido verano de la familia Johansson finaliza de forma repentina cuando se declara una virulenta epidemia de gripe en el barrio. Los cadáveres se apilan por las aceras y las autoridades ordenan acordonar la zona primero y cerrar las casas herméticamente después. El joven Gustav espía como puede el exterior para darse cuenta de que la situación está fuera de control. Ahora, se ha quedado aislado del resto del mundo junto al resto de su familia, confiando en que ninguno de los suyos se haya infectado de ese extraño virus.

Experimentado editor y debutante en el mundo de los largometrajes, el danés Bo Mikkelsen firma una historia de auténtico terror, en el que aborda el universo de los zombis desde una perspectiva tan original como efectiva. Como en *Maggie*, la familia vuelve a ser el centro de gravedad de la historia, aunque en el caso de *Sorgenfri*, el argumento de la película resulta mucho más inquietante que el del largometraje protagonizado por Schwarzenegger.

STRANGE BLOOD

Estados Unidos: Teo Ward Prod., Compound B, Cozy Seal Entertainment

También conocida como: *Algo extraño en la sangre*, *Extraño parásito*, *Sangre extraña*, *Yanlis Tedavi*

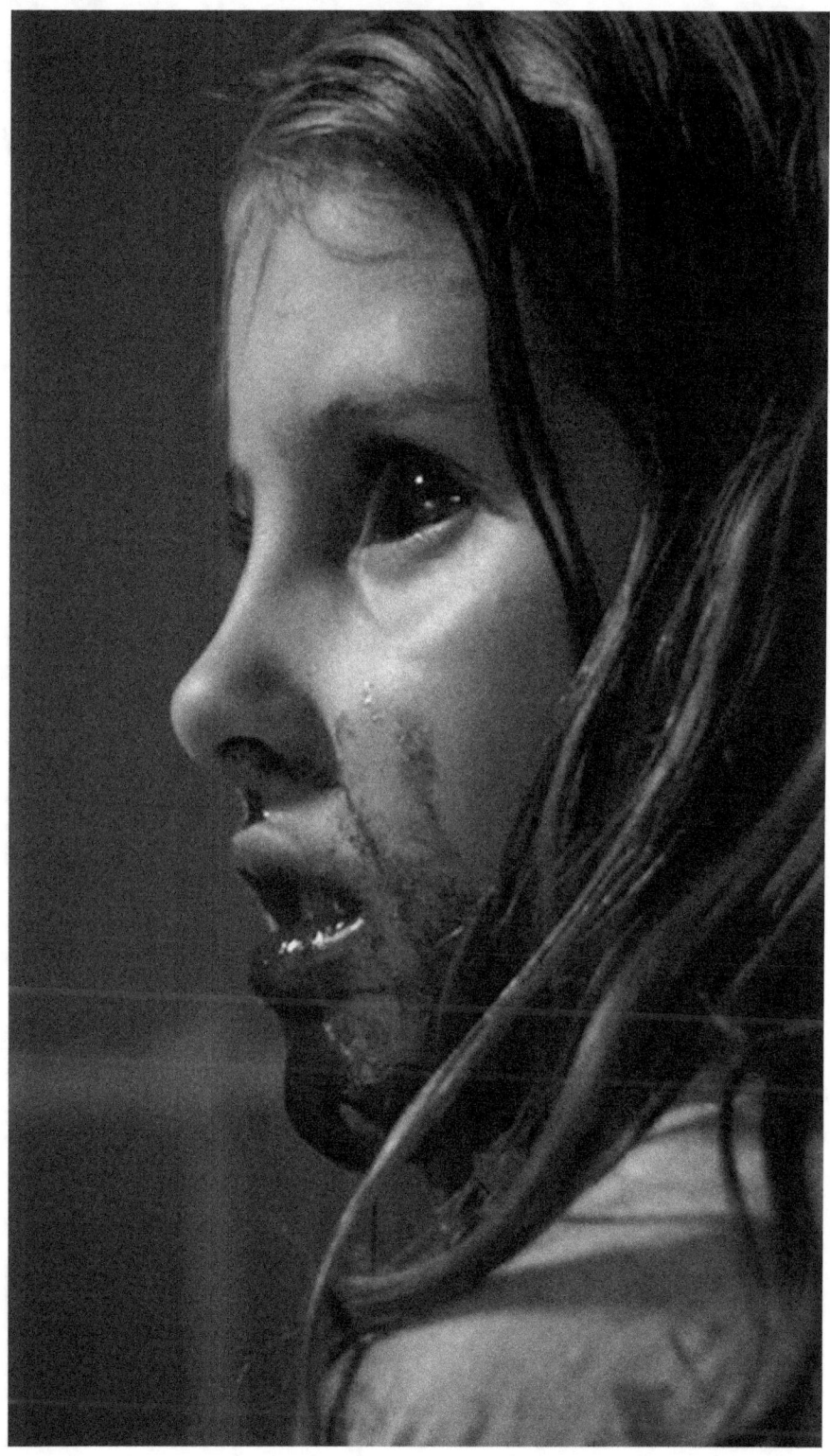

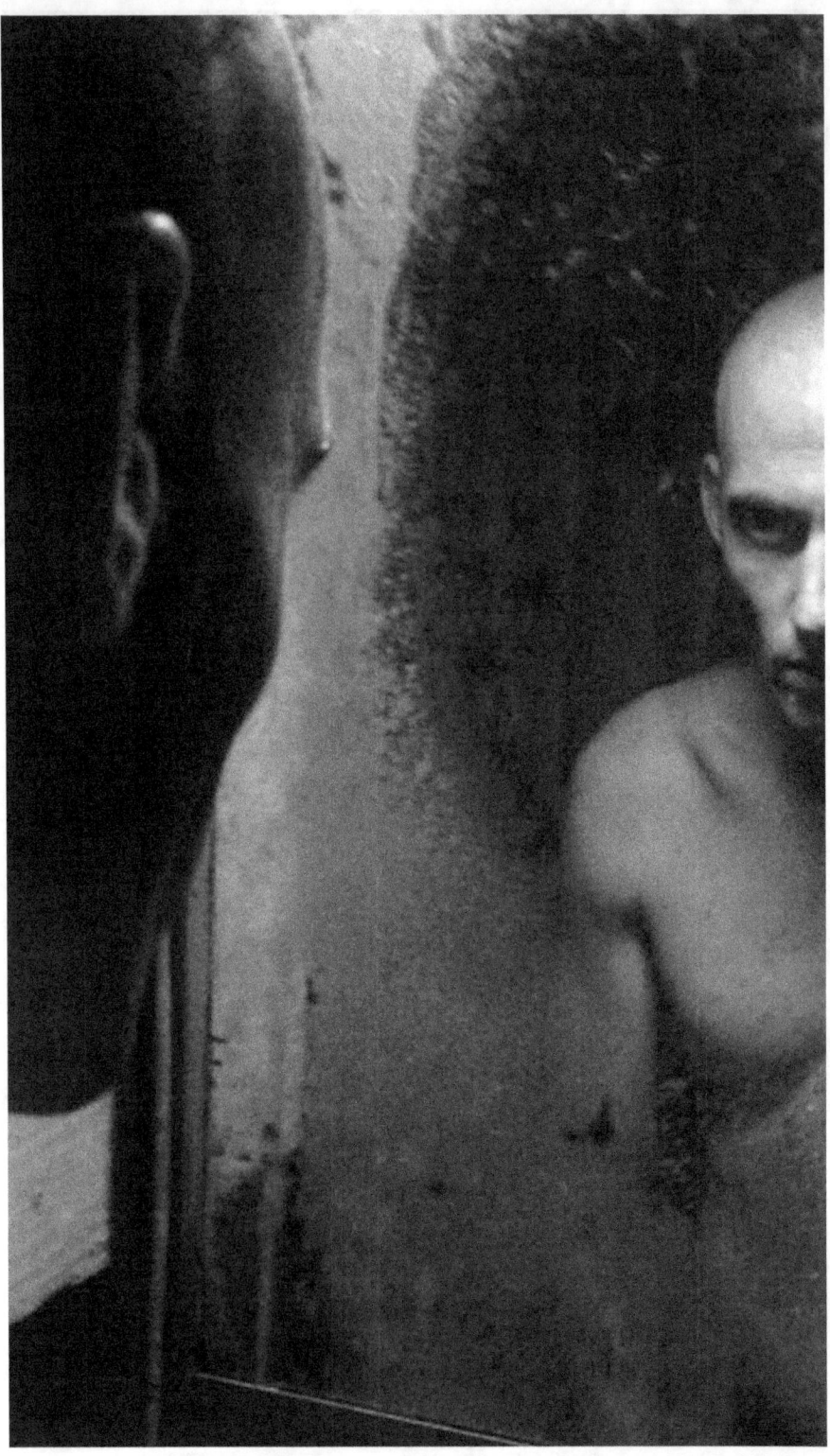

Dirección: Chad Michael Ward

Guión: Pearry Reginald Teo, Chad Michael Ward

Fotografía: Oscar Rivera

Música: Holly Amber Church

Reparto: Robert Brettenaugh, Alexandra Bard, James Adam Lim, Scott Harders, Michelle Gabriela Lamarr, Rosie Zwaduk, Thomas O'Halloran, Anna Harr

Duración: 83 min.

Estreno: 30 de enero de 2015, en Turquía

Esto va de: científico, infección, locura, monstruo, obsesión, parásito, slasher

Cuando un científico brillante pero obsesivo va a los extremos para desarrollar una cura universal para todas las enfermedades, se encuentra infectado por un parásito extraño que comienza a transformarlo en un loco sediento de sangre. Se acaba el tiempo, debe encontrar una manera de detener al monstruo que está creciendo dentro de él y evitar que el resto del mundo sea «curado».

Una interesante combinación de *slasher* y científico loco con la que Chad Michael Ward firma su ópera prima.

STUNG

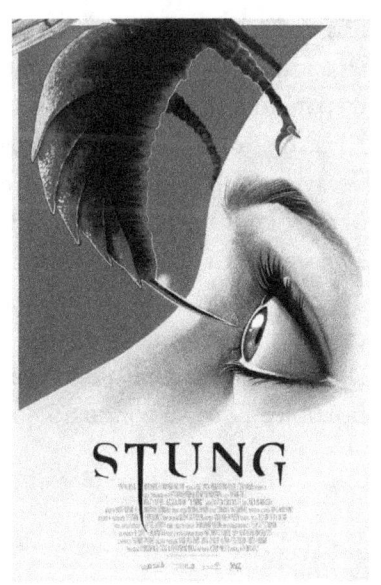

Alemania: Rat Pack Filmproduktion, XYZ Films

También conocida como: *Avispas mutantes*

Dirección: Benni Diez

Guión: Adam Aresty

Fotografía: Stephan Burchardt

Música: Antonio Gambale, David Menke

Reparto: Peter Stormare, Lance Henriksen, Clifton Collins, Jessica Cook, Matt O'Leary

Duración: 82 min.

Estreno: 17 de abril de 2015, en el Tribeca Film Festival (Estados Unidos)

Esto va de: accidente, animal, avispa, camarero, comedia de terror, fiesta, gore, infección, insecto, mansión, monstruo, mutación, picadura

La señora Perch, una anciana y poderosa mujer de la América rural prepara su tradicional fiesta en el jardín de su remota villa. Todo se organiza como los anteriores años, con la excepción de que, en esta ocasión, ha importado de forma ilegal un nuevo fertilizante para sus plantas. Como resultado, una especie de avispas asesinas se convierten en monstruos depredadores de enorme tamaño, que caen sobre los invitados sin piedad. Paul y Julia, dos camareros del catering, tendrán que intentar detener a las criaturas, luchar por sus vidas y, si queda tiempo, iniciar incluso un romance entre ellos.

Con gran sentido del humor, Benni Diez —responsable de los efectos visuales de *Melancolía* (2011)—, recupera el cine de los bichos gigantes, tan de moda en la década de los 50, que nos hizo disfrutar de títulos inolvidables, tipo *La humanidad en peligro* (1954), *El ataque de los cangrejos gigantes* (1957) o *La mujer avispa* (1959).

«El origen de la idea de *Stung* surgió desde la experiencia de Paul, el camarero y héroe de la película muy a su pesar. Un verano acepté un trabajo de camarero en mi estado natal de Nueva Jersey. No tenía muchas ambiciones, salvo la de hacer dinero suficiente para después poder pagar mis actividades fuera de la universidad. Ya en esa época sufría un miedo irracional por las avispas. Solo al oír el rumor de su vuelo cerca de mí, dispara todas las alarmas, pese a que sé que solo pican cuando las molestas. El caso es que el bar donde trabajaba tenía al lado un nido de una especie de avispa conocida como la cigarra asesina, un insecto nativo del este que tenía el tamaño de un puño. Sin embargo, mi trabajo me obligaba a pasar cerca de ellas a diario. Con el fin de combatir el miedo, dejé que mi imaginación se disparara hacia lo fantástico. ¿Qué pasaría si esas enormes avispas comenzaran a atacar a la gente? ¿Cómo reaccionaríamos si, después de sufrir una picadura, alguien agradable se mutara en un ser horrible? Esto se convirtió en la semilla del guión de *Stung*.»

Adam Aresty (guionista).

SUMMER CAMP

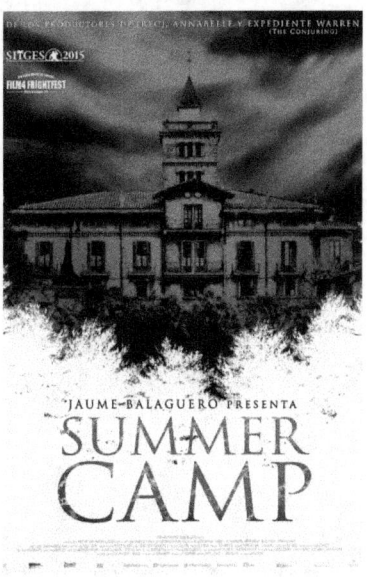

España: Filmax, The Safran Company, Rebelión Terrestre

También conocida como: *El campamento del terror*

Dirección: Alberto Marini

Guión: Alberto Marini, Danielle Schleif

Fotografía: Pablo Rosso

Música: Arnau Bataller

Reparto: Diego Boneta, Maiara Walsh, Jocelin Donahue, Andrés Velencoso, Mark Schardan, Rick Zingale, Xavier Capdet

Duración: 85 min.

Estreno: 30 de agosto de 2015, en el Film4 FrightFest (Reino Unido)

Esto va de: bosque, campamento, gore, infección, locura, supervivencia, virus

En la búsqueda de diversión y nuevas experiencias, cuatro jóvenes se apuntan como monitores de un campamento. La noche anterior a la llegada de los niños y sin motivo aparente, comienzan a atacarse furiosamente entre ellos. Algo les convierte temporalmente en seres totalmente enloquecidos. Empieza entonces un juego del gato y el ratón sin tregua, en el que tan pronto son cazadores como intercambian sus roles para ser cazados. Para sobrevivir sólo tendrán una opción: encontrar el origen de la infección que les permita acabar con la terrible pesadilla.

Jaume Balagueró —el creador de la saga *REC*, junto a Paco Plaza— asume, por primera vez, la labor de productor ejecutivo en una película y respalda en primer trabajo como director al italiano Alberto Marini, que hasta ahora había sido uno de sus habituales productores.

«No es la primera vez que un campamento de verano se convierte en la localización central de una película de terror. De hecho ¿qué lugar mejor que lejos de casa, en un lugar aislado y en compañía de desconocidos (y donde no resulta una sacada de manga de guion que no haya cobertura móvil), para evocar nuestros miedos más innatos? Junto con la guionista Danielle Schleif, quisimos partir de una localización muy conocida para

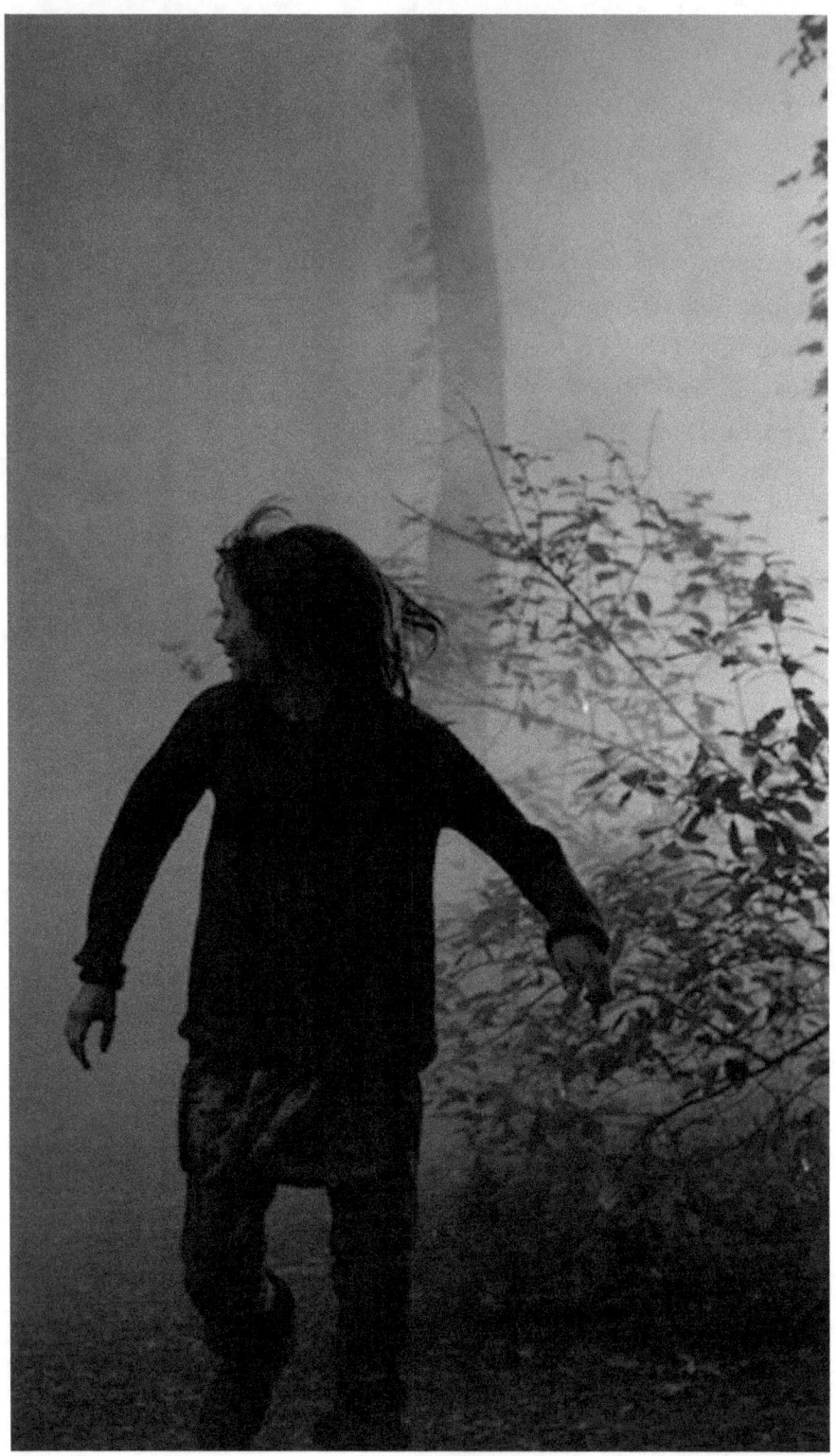

el público de género, evocadora de sensaciones de terror, atmósferas y villanos concretos… para después sorprender con algo inesperado. Si es inevitable que *Summer Camp* nos traiga a la memoria títulos de los años setenta y ochenta que han llegado a crear una especie de saga dentro de los *slashers*, los verdaderos referentes de nuestra película residen posiblemente en otros títulos, como *Posesión infernal* (1981), *[REC]* (2007) o *Deliverance / Defensa* (1972). Sin ponernos trascendentales, intentábamos aquí que la amenaza y el terror no viniesen por donde te lo esperas. *Summer Camp* juega con un concepto simple: una lucha por la supervivencia en la que quien escapa y quien persigue se intercambian continuamente los papeles… sin tener el control sobre las reglas del juego. Quisimos relatar una cacería en la que cazadores y presas, buenos y villanos, protagonistas y antagonistas, cambian de rol más allá de sus intenciones y voluntades. Una especie de "escapa, caza, vuelve a escapar". De hecho, un elemento que se ha revelado clave a la hora de convencer al equipo artístico ha sido precisamente el reto que cada actor tiene a la hora de interpretar dos roles dentro del mismo personaje, el de perseguidor y el de perseguido, pasando de intentar conseguir la empatía y simpatía del público, a tener que provocar odio y rechazo… y vuelta a empezar. Con Pablo Rosso, director de fotografía, nos apuntamos al juego, experimentando y jugando con opciones de iluminación muy pocos convencionales en un bosque, alternando momentos muy sobrios y naturalistas a momentos de pura psicodelia. Con *Summer Camp* intentamos ofrecer al público una película de terror adrenalínica, inesperada y gamberra. Sobre todo, gamberra.»

Alberto Marini (director y guionista).

SURVIVORS

Reino Unido: Initiative Motion Pictures, Organised Chaos TV & Film
Dirección: Adam Spinks
Guión: Adam Spinks, Laurence Timms
Fotografía: Daniel Gahnstrom
Música: Buz
Reparto: David Anderson, Adrian Annis, Simon Burbage, Lucy Chappell, Ali Currey, Steve Davis, Nathaniel Francis, Joanne Gale, Lisa Gifford
Duración: 92 min.

Estreno: 18 de octubre de 2015, en el Horror in the Hills (Estados Unidos)

Esto va de: arma, atrapado, infección, investigación, militar, periodista, reportero, supervivencia, virus, zombi

La periodista Kate Meadows y su cámara Duke se embarcan en una misión para descubrir si un contratista de armas del gobierno está utilizando en secreto seres humanos como conejillos de indias en la aplicación de una nueva arma. Cuando profundizan en su investigación, obtienen una visión brutal de lo ocurrido. Los sujetos de prueba se han escapado y propagan con ellos un nuevo contagio mortal que estaba previsto ser usado en la guerra biológica. Los periodistas se encuentran en una carrera para garantizar su propia supervivencia, como los militares que han perdido el combate contra los infectados. En un mundo sin leyes, sin orden y sin vigilancia, ¿hasta dónde serías capaz de llegar para sobrevivir?

Adam Spinks, guionista y director apasionado por el cine de terror, lanza una violenta historia de supervivencia en el clásico Apocalipsis zombi.

SUSPENSION

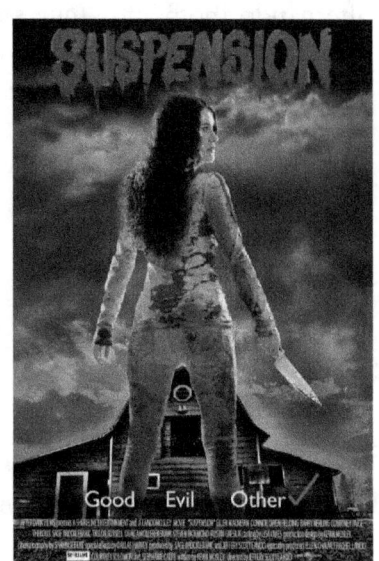

Estados Unidos: Suspended Reality Productions

Dirección: Jeffery Scott Lando

Guión: Kevin Mosley

Fotografía: Shawn Seifert

Música: Steve London

Reparto: Ellen MacNevin, Sage Brocklebank, Kylee Bush, Chilton Crane, Connor Fielding, Owen Fielding, Rustin Gresiuk, Craig March, Shaelah Matechuk

Duración: 87 min.

Estreno: 31 de agosto de 2015, en el Film4 FrightFest (Reino Unido)

Esto va de: adolescente, asesino, bullying, estudiante, hermano, hijo, instituto, manicomio, padre, psicópata, slasher

Entre clase y clase, Emily dibuja viñetas de asesinatos sangrientos. Quizá la obsesión por hacer este tipo de imágenes reside en el hecho de que su padre protagonizara una serie de asesinatos que le llevaron hasta el hospital psiquiátrico en el que reside. Una noche, Emily se queda al cuidado de su hermano pequeño mudo, mientras su madre se ha tenido que ausentar de la ciudad por motivos de trabajo. Lo que la chica desconoce es que su padre se ha escapado y ha decidido volver a casa, aunque por el camino va dejando un terrible reguero de sangre.

Jeffery Scott Lando, director de *La maldición de Hollow Glen* (2010) y *Super Tanker* (2011), se lanza al *slasher* más clásico. Tom, el loco asesino de la película, hasta utiliza una absurda máscara para cometer sus atroces crímenes. Y lo hace armado, por supuesto, con una asombrosa variedad de armas blancas. Para nostálgicos de la saga de *Viernes 13*.

SWEET HOME

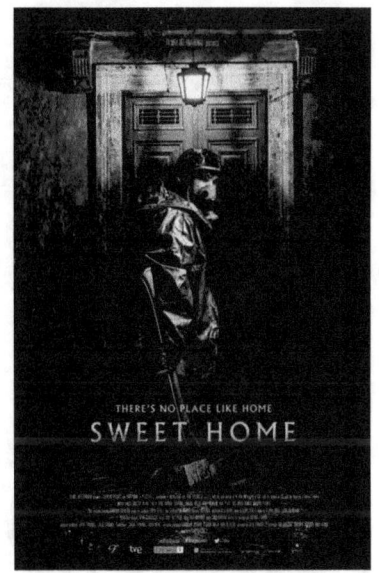

España: Castelao Pictures, Filmax, Film Produkcja

También conocida como: *Dulce hogar, Dulce y sangriento hogar*

Dirección: Rafa Martínez

Guión: Rafa Martínez, Teresa de Rosendo, Ángel Agudo

Fotografía: Antonio J. García

Música: Ginés Carrión Espí

Reparto: Ingrid García Jonsson, Bruno Sevilla, Oriol Tarrida, Eduardo Lloveras, Miguel Ángel Alarcón, Luka Peros, José María Blanco, Mariona Perrier

Duración: 80 min.

Estreno: 8 de mayo de 2015, en España

Esto va de: asesino, atrapado, banda criminal, hacha, pareja, slasher

Alicia trabaja para como asesora inmobiliaria para el Ayuntamiento. Para sorprender a su pareja, le monta una cena sorpresa en un edificio semiabandonado, donde ya solo reside un inquilino. Pero cuando están

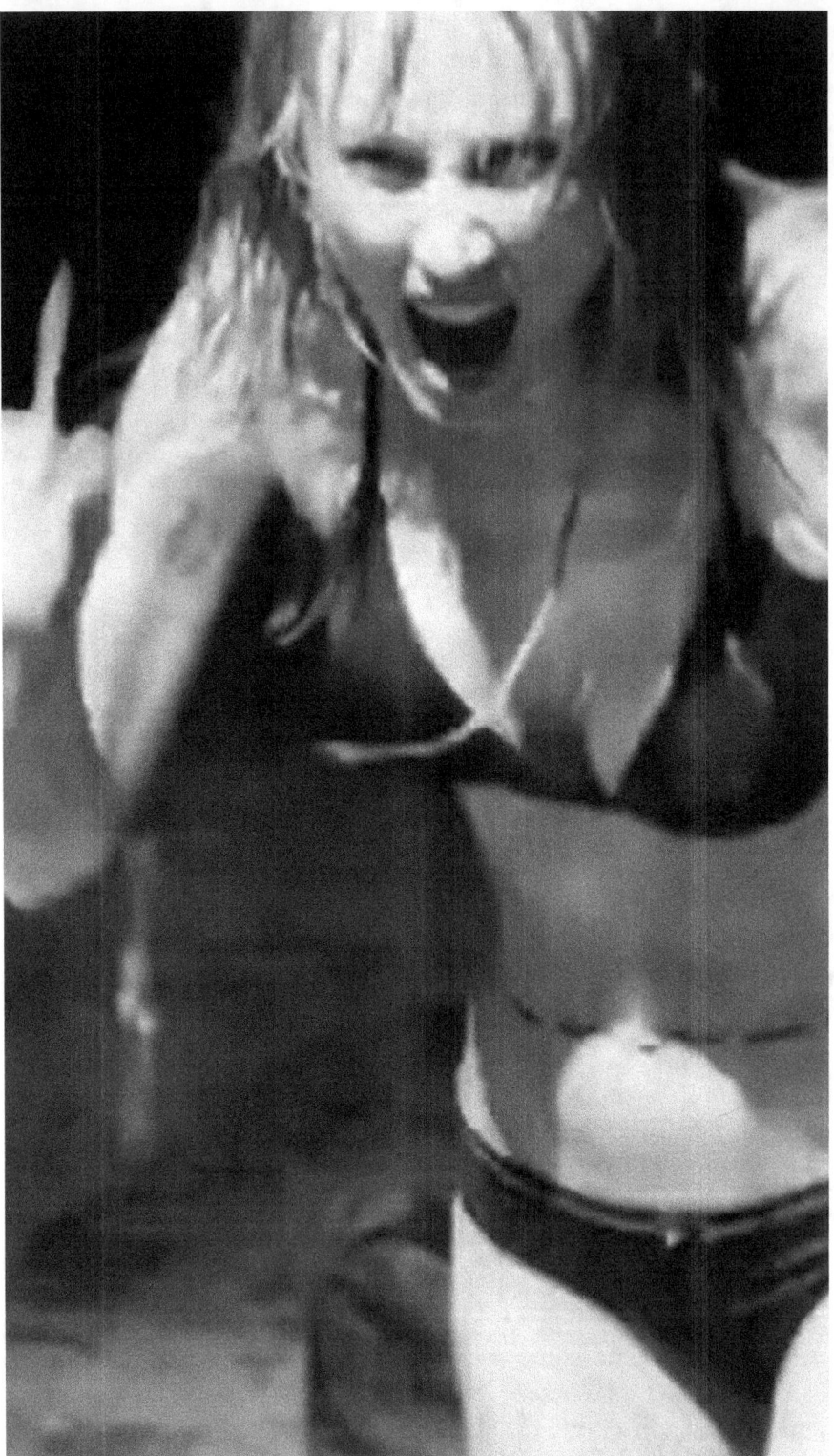

allí, oyen cómo entra un grupo de encapuchados y asesinan al único vecino. Los asesinos se dan cuenta de que en el edifico hay alguien más y deciden acabar con los testigos. Sin embargo, Alicia y su novio se defienden con valentía. Cuando ven que las cosas se complican, los encapuchados reclaman la presencia de un Liquidador.

«Cuando los tres guionistas nos planteamos escribir *Sweet Home* lo que más nos apetecía era situar la acción en un entorno cotidiano, muy cercano al espectador. Queríamos hacer una película realista y claustrofóbica, sin perder de vista la parte lúdica del terror que más nos interesa. Queríamos llevar el miedo a un lugar terrorífico, pero muy reconocido por todos; un portal, una escalera, un ascensor, en definitiva, nuestra casa… y convertir un edificio del centro de una gran ciudad, en un tren de la bruja lleno de sustos, aventuras y sorpresas. Para hacer *Sweet Home* aún más realista, nos planteamos una temática de actualidad, el *mobbing* inmobiliario. Ésta realidad es tan frecuente en nuestro país, que resulta realmente aterradora. Así que nos pareció perfecto como tema detonador de una historia de género. No hay nada más terrorífico que el que no puedas estar seguro ni en tu propia casa.»

Rafa Martínez (director y guionista).

TALES OF HALLOWEEN

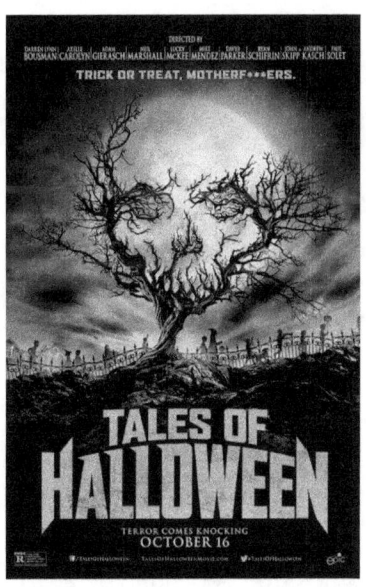

Estados Unidos: Epic Pictures Group, Film Entertainment Services, October Society

Título original: *Cuentos de Halloween, Cuentos de terror*

Dirección: Darren Lynn Bousman, Axelle Carolyn, Adam Gierasch, Andrew Kasch, Neil Marshall, Lucky McKee, Mike Mendez, Dave Parker, Ryan Schifrin, John Skipp, Paul Solet

Guión: Darren Lynn Bousman, Axelle Carolyn, Andrew Kasch, Neil Marshall, Lucky McKee, Mike Mendez, Dave Parker, Ryan Schifrin, Clint Sears

Fotografía: Jan-Michael Losada, Zoran Popovic, Alex Vendler, Richard J. Vialet, Joseph White, Scott Winig

Música: Joseph Bishara, Haim Frank Ilfman

Reparto: Barry Bostwick, Lin Shaye, John Savage, Pat Healy, Booboo Stewart, Grace Phipps, Alex Esso, Kristina Klebe, Greg Grunberg, Katie Silverman, Keir Gilchrist, Samuel Witwer, Sam Witwer, James Duval, Jose Pablo Cantillo, Joe Dante, John Landis, Adrienne Barbeau, Adrianne Curry

Duración: 92 min.

Estreno: 24 de julio de 2015, en el Fantasia International Film Festival (Canadá)

Esto va de: animal, bruja, conjuro, demonio, espíritu, extraterrestre, Halloween, película de episodios

Diez historias ambientadas en la noche de Halloween en una zona residencial de Estados Unidos, nos permiten disfrutar de un variado conjunto de demonios, asesinos, fantasmas y hasta extraterrestres decididos a dar auténticos sustos a los vecinos.

Agotada la carrera criminal del inolvidable Michael Myers, surgido de la imaginación de John Carpenter para *La noche de Halloween* (1978), la célebre fiesta del «truco o trato» sigue arraigada con fuerza en Estados Unidos, lo que obliga a los productores a agudizar el ingenio y ofrecer alguna propuesta escalofriante para la noche del 31 de octubre. En esta ocasión, recurrimos al clásico formato de historias breves y variadas para entretenimiento del personal.

TOEMA: MUNYEOKUL

Corea del Sur: Flow6, 9ers Entertainment

También conocida como: *The Chosen: Forbidden Cave, Exorcist, Toemasa*

Dirección y guión: Kim Hwi

Reparto: Ye-ryeon Cha, Ho-jin Chun, Hye-seong Kim, Seong-gyoon Kim, Kim Sung Kyun, Seon Yu,

Duración: 100 min.

Estreno: 24 de julio de 2015, en el Bucheon International Fantastic Film Festival (Corea del Sur)

Esto va de: animal, cueva, demonio, exorcismo, exorcista, monstruo, posesiones, psiquiatra, serpiente, sobrenatural

Jin-myung es un reconocido psiquiatra que también realiza labores como exorcista. Junto a su ayudante, Ji-kwang, viaja por Corea del Sur para atender a víctimas de posibles posesiones diabólicas. Su última misión consiste en atender a la joven Geum-Joo, que presenta un extraño cuadro en el que no se hacen visibles los síntomas habituales de la posesión. Antes de ejecutar un exorcismo sobre la chica, el psiquiatra decide investigar el caso en profundidad, lo que le lleva hasta una alejada y olvidada cueva, que parece ser el origen de diversas oscuras leyendas.

La novela de terror de Shin Jin-o es la base de este largometraje que vuelve a dar una nueva aproximación al tema de las posesiones diabólicas y a los exorcismos, aunque en esta ocasión presenta algunas variantes interesantes en la resolución del argumento.

TRUE LOVE WAYS

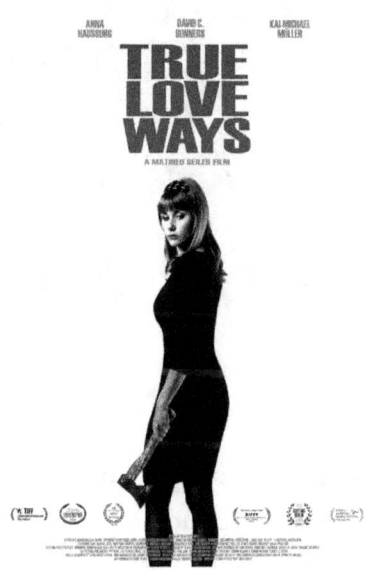

Alemania: Grand Hotel Pictures, Klusfilm Berlin, ARRI Film and TV Services

Dirección y guión: Mathieu Seiler

Fotografía: Oliver Geissler

Música: Beat Solèr

Reparto: Anna Hausburg, David C. Bunners, Kai Michael Müller, Michael Greiling, Axel Hartwig, Beat Marti, Margarita Ruhl, Marcel Schneider

Duración: 95 min.

Estreno: 20 de mayo de 2014, en Francia

Esto va de: abusos sexuales, bosque, obsesión, pareja, pesadilla, rescate, secuestro, supervivencia, venganza, voyeur

Después de tener un sueño recurrente, Séverine decide alejarse de su novio Tom por tiempo. Ante el temor de perderla, Tom hace un trato con un hombre que conoce en un bar para que finja pretender secuestrar a

Séverine. De este modo, Tom la rescata de las garras de los secuestradores, y se convierte en su salvador. Sin embargo lo que Tom no sabe es que su nuevo amigo tiene un plan diferente para Séverine. Cuando la chica se da cuenta de que alguien la sigue, busca refugio en una mansión que encuentra en mitad del bosque. La chica se esconde y es testigo de un horrible crimen. A partir de ese momento, comprende que no tiene más remedio que luchar para poder escapar.

El director del thriller Der Ausflug (2012), Mathieu Seiler, rueda en blanco y negro una claustrofóbica historia de venganzas en clave de thriller erótico.

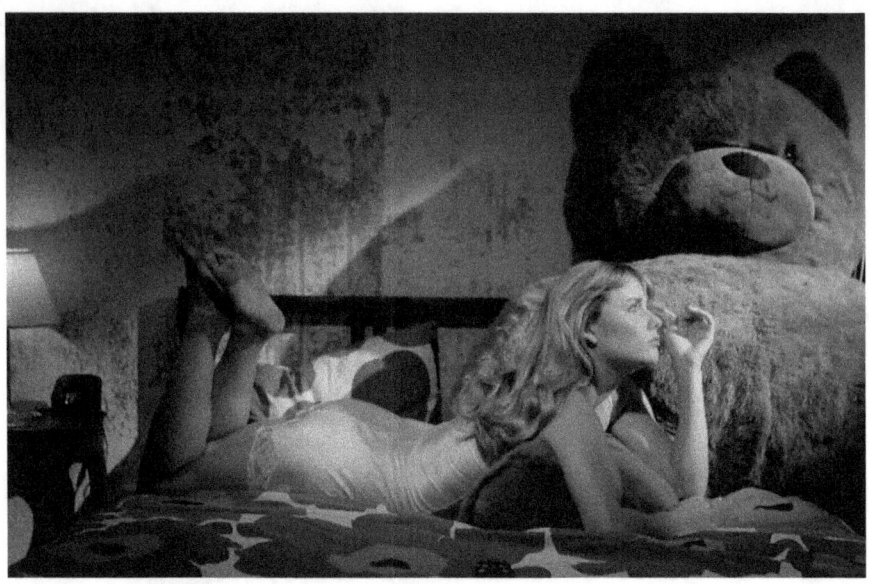

UNFRIENDED

Estados Unidos: Universal

También conocida como: *Amizade Desfeita, Cybernatural, Eliminado, Eliminar amigo, Offline, Unknown User*

Dirección: Levan Gabriadze

Guión: Nelson Greaves

Fotografía: Adam Sidman

Reparto: Cal Barnes, Matthew Bohrer, Courtney Halverson, Shelley Hennig, Renee Olstead, Will Peltz, Mickey River, Heather Sossaman

Duración: 82 min.

Estreno: 13 de marzo de 2015, en el South by Southwest Film Festival (Estados Unidos)

Esto va de: adolescente, amigo, asesino, estudiante, bullying, cyberbulling, instituto, nuevas tecnologías, ordenador, suicidio, venganza, webcam

Blaire y su novio Mitch empiezan a chatear desde sus respectivos ordenadores. Al rato se suman a la conversación sus amigos Jess, Adam, Ken y Val. No pasan más que unos minutos hasta que se une a ellos un usuario llamado «Billie227», que no está invitado en el grupo. Todos piensan que es un fallo y siguen chateando. Blaire empieza a recibir mensajes en Facebook y correos electrónicos de alguien que asegura ser Laura Barns, la chica de su instituto que se suicidó hace un año. Poco después, Billie les plantea un siniestro desafío: averiguar quién colgó el vídeo deshonroso de Laura, el mismo que la empujó a matarse, para salvar la vida. Al grupo de amigos no le queda más remedio que hablar de cosas que no debían salir nunca a la luz, mientras un espíritu diabólico los atormenta con claros deseos de venganza.

El productor y director Timur Bekmambetov, autor de *Guardianes de la noche* (2004), *Wanted* (2008) y *Abraham Lincoln: cazador de vampiros* (2012), divide su tiempo entre Estados Unidos y Rusia, con empresas en ambos países, pasando gran parte de su vida delante del ordenador. De ahí nació la idea de *Eliminado*: «Pensé que alguien tenía que hacer una película acerca del tiempo que pasamos conectados al ordenador. Durante años compartí mi visión con otros cineastas, con productores, buscando a alguien que me ayudara a sacar esta película adelante. Explicaba mi idea, esperando que despertara algo, pero me di cuenta de lo difícil que era convencer a una persona para que se apartara del cine tradicional y se arriesgara. Entendí que la única forma de hacer la película era dejando de darle vueltas y lanzándome yo de cabeza a producirla».

Levan Gabriadze, director georgiano nacido en la localidad de Tbilisi, fue el elegido para ponerse al frente de este singular largometraje que se iba a rodar, de forma íntegra como si el espectador asistiera a una conversación de chat desde una pantalla de ordenador. Algo tan original como arriesgado, que desde luego condicionó todo el proceso de producción. Por ejemplo, durante la selección del reparto, los actores leían en una sala delante del productor-guionista y del director, pero vieron rápidamente que las pruebas debían transcurrir frente a una

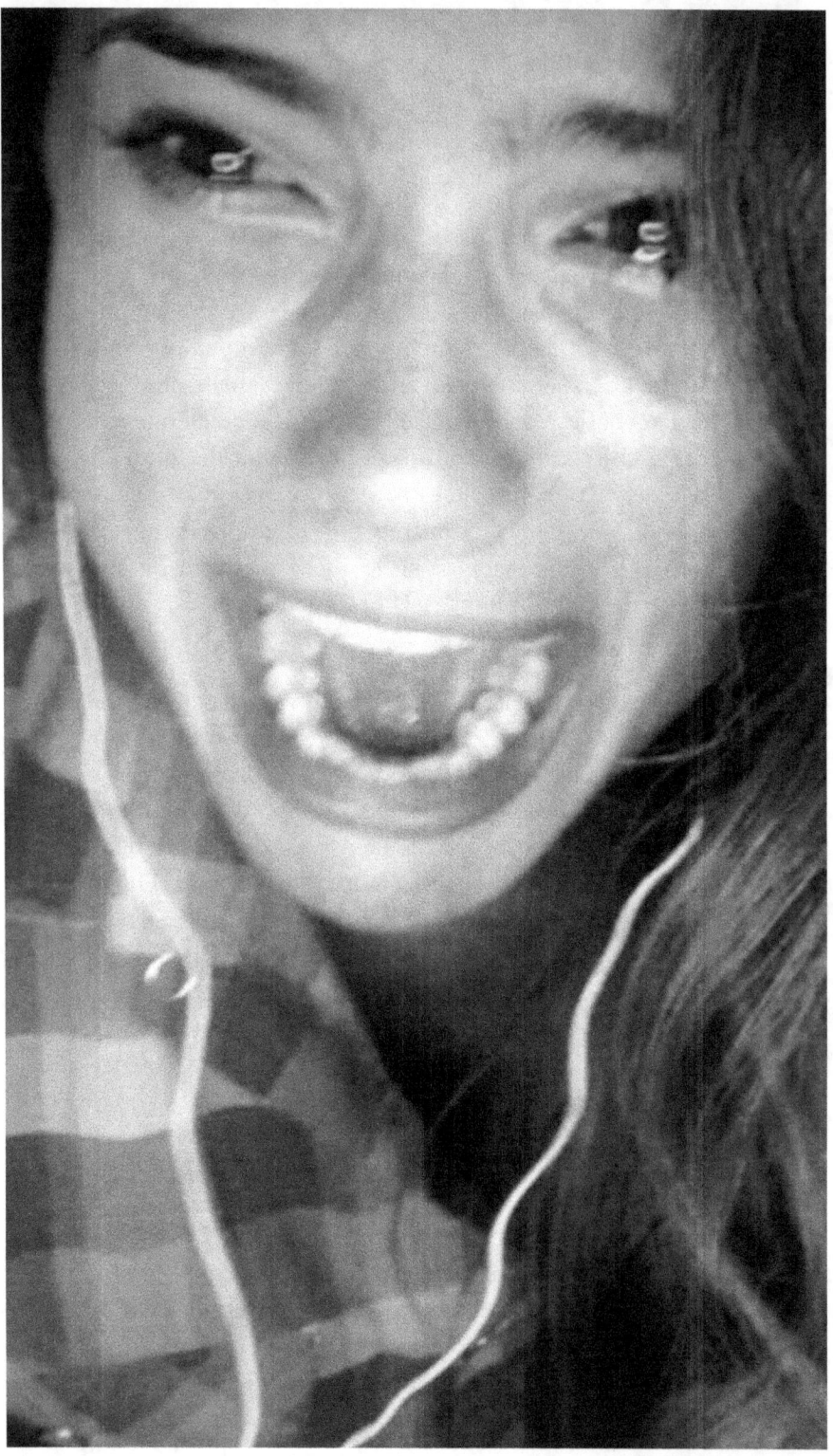

pantalla de ordenador. A partir de ese momento, el casting se realizó mediante una conexión de vídeo en dos salas diferentes y los actores fueron seleccionados a partir de estas pruebas. Después de una primera selección, Leo Gabriadze les separó en grupos de seis personas y les pidió que interpretaran una escena completa en la que debían encontrar la personalidad y lugar de su personaje en cada grupo. Era esencial que todos los actores se sintieran cómodos para aceptar cambios rápidos y una cierta dosis de improvisación. Tras esta prueba, el realizador escogió a los actores definitivos.

UNNATURAL

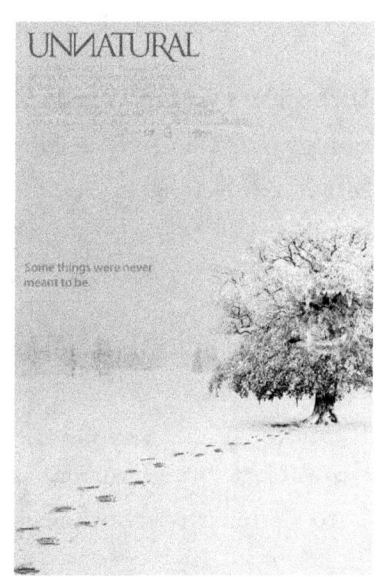

Estados Unidos: August Heart Entertainment

También conocida como: *Maneater, Ölüm Pençeleri*

Dirección: Hank Braxtan

Guión: Ron Carlson, Arch Stanton

Fotografía: Marc Carter

Música: Edwin Wendler

Reparto: James Remar, Sherilyn Fenn, Ron Carlson, Graham Greene, Allegra Carpenter, Ray Wise, Ivana Korab, Q'orianka Kilcher, Stephanie Hodes

Duración: 89 min.

Estreno: 16 de octubre de 2015, en Estados Unidos

Esto va de: animal, bikini, cambio climático, cazador, científico, experimento, laboratorio, locura, naturaleza, nieve, oso, pareja, supervivencia

El cambio climático lleva a una corporación científica a realizar una serie de modificaciones genéticas en animales con resultados inesperados. Un enorme oso polar, uno de los animales modificados genéticamente, escapa del laboratorio. Poco después, los paisajes helados de Alaska se convierten en un auténtico infierno. Un experimentado cazador tratará de poner a salvo a un fotógrafo de modas y a su equipo, que estaban tratando de sacar partido a los bellos paisajes para una insólita sesión de ropa de baño femenina.

Veteranos en horas bajas, como James Remar y Sherilyn Fenn, se ponen al frente de esta película de naturaleza salvaje con oso polar sanguinario ajustando las cuentas a todo el que se cruza por su camino.

VAMPYRES

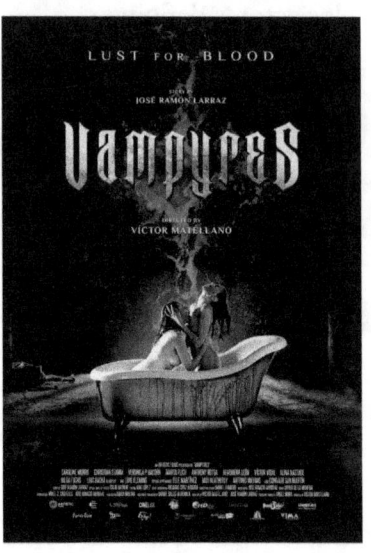

España: Artistic Films, Fonofox Servicios Audiovisuales, The Other Side Films

Dirección y guión: Víctor Matellano

Fotografía: Daniel Salas Alberola

Música: José Ignacio Arrufat

Reparto: Fele Martínez, Caroline Munro, Marta Flich, Almudena León, Christian Stamm, Verónica Polo, Anthony Rotsa, Víctor Vidal, Luis Hacha, Alina Nastise

Duración: 82 min.

Estreno: 29 de mayo de 2015, en el Festival Nocturna (España)

Esto va de: artista, bosque, gore, mansión, orgía, remake, vampiro

Un grupo de jóvenes artistas y un hombre de enigmático pasado llegan simultáneamente a un bosque en el que desaparecen personas. La clave estará en un caserón en el que viven dos extrañas mujeres. Allí habitan dos hermosas mujeres que invitan a los recién llegados a celebrar fiestas desbordantes de pasión. Fiestas que terminan en un baño de sangre, dado que las mujeres son vampiras.

En 1974 se estrena *Vampyres*, una innovadora película de terror de producción inglesa, escrita y dirigida por un español emigrado, José Ramón Larraz. La película narra la historia de dos insaciables mujeres que captan viajeros para orgías de sangre y sexo, donde acaban desangrando a los recién llegados. *Vampyres* cosechó un importante éxito, y hoy es un film de culto. Cuarenta años después, José Ramón Larraz participa como promotor y coguionista en un nuevo acercamiento a esta historia, con

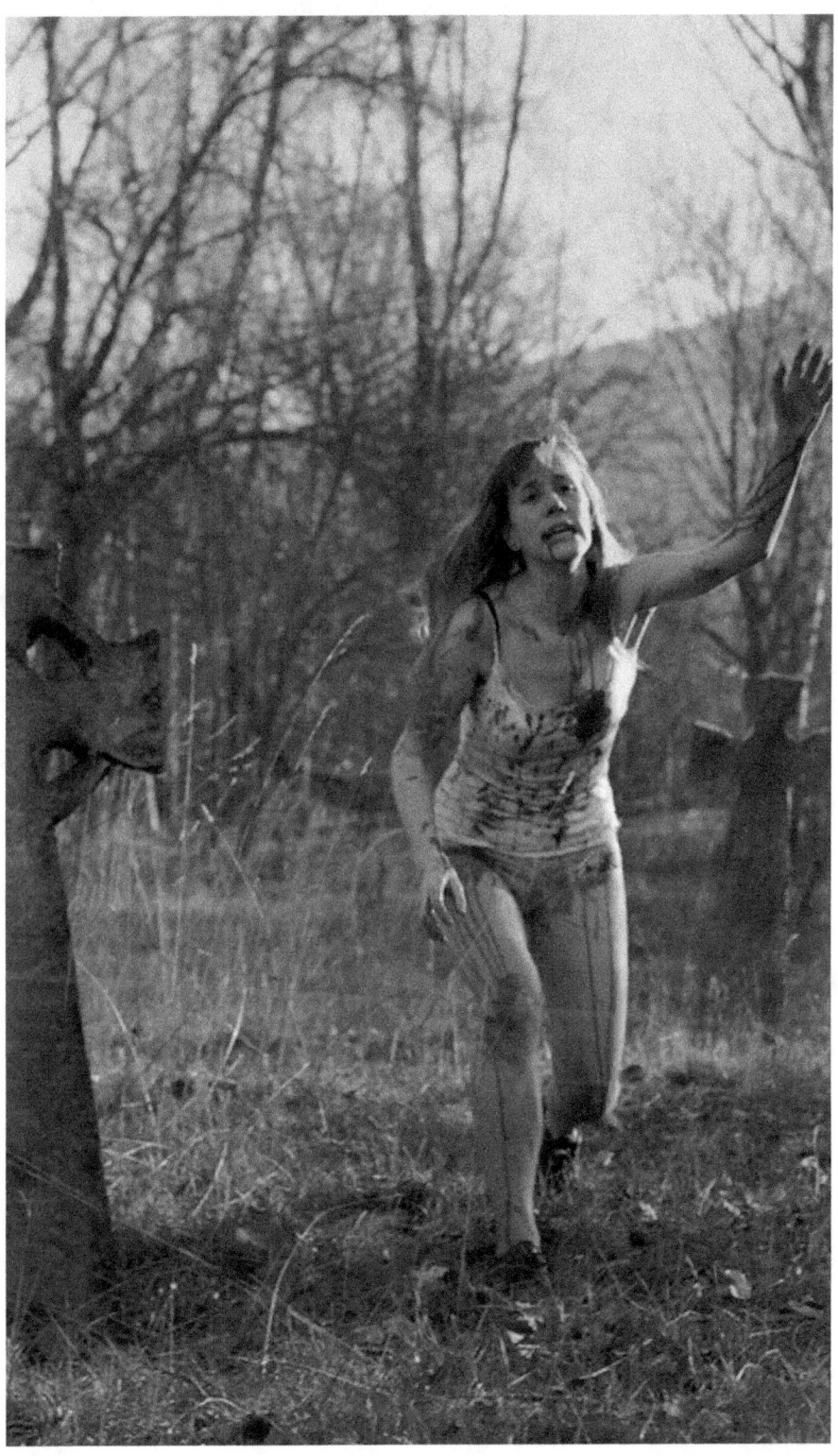

dirección de Víctor Matellano. Toma elementos de la primigenia historia pero la trama se desarrolla de diferente forma.

«*Nuestro Vampyres* es una mezcla de horror y sensualidad. La película maneja la intriga y el suspense y el desarrollo dramático de personajes, no siendo únicamente una película de sustos y sangre. La atmósfera enrarecida es uno de los elementos fundamentales. Un cuento de brujas para adultos.»

Víctor Matellano (director y guionista).

THE VATICAN TAPES

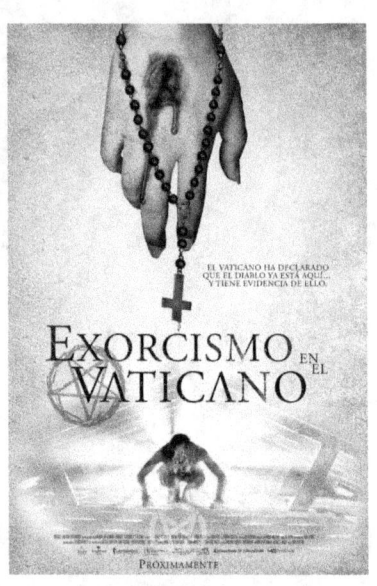

Estados Unidos: H2F Entertainment, Lakeshore Entertainment, Lionsgate

También conocida como: *Les Dossiers Secrets du Vatican, Exorcismo en el Vaticano, Exorcistas do Vaticano, The Vatican Tapes: O Regresso do Mal*

Dirección: Mark Neveldine

Guión: Chris Morgan, Christopher Borrelli

Fotografía: Gerardo Mateo Madrazo

Música: Joseph Bishara

Reparto: Michael Peña, Olivia Taylor Dudley, Dougray Scott, Kathleen Robertson, Djimon Hounsou, John Patrick Amedori, Michael Paré

Duración: 91 min.

Estreno: 23 de julio de 2015, en Chile.

Esto va de: cumpleaños, demonio, exorcismo, exorcista, hospital, iglesia, policía, posesiones, sacerdote, sobrenatural

Angela Holmes lleva una vida completamente normal hasta que su presencia empieza a provocar sucesos terribles a su alrededor, causando dolor y muerte a todos los que le rodean. Los expertos creen que Holmes está poseída, pero cuando acuden al Vaticano para realizar un exorcismo descubren que su posesión es una fuerza satánica mucho más poderosa de lo que jamás habían imaginado. El padre Lorenzo tendrá que luchar contra el mal para salvar no sólo el alma de Angela, sino el mundo tal y como lo conocemos.

El actor de sangre latina Michael Peña, habitual secundario en el cine de lujo, salta al papel principal de esta película de posesiones como un entregado exorcista. La historia, que no ofrece demasiadas novedades y que tiene menos que ver con el Vaticano de lo que parece, está dirigida por Mark Neveldine, el autor de *Crank* (2006) y *Jonah Hex* (2010).

VICTOR FRANKENSTEIN

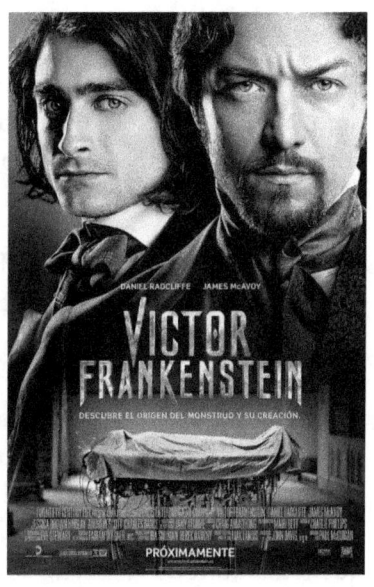

Estados Unidos: Davis Entertainment, Twentieth Century Fox Film Corporation

También conocida como: *Docteur Frankenstein, Frankenstein, Igor, Victor: La storia segreta del dott. Frankenstein, Victor Frankenstein: Genie und Wahnsinn, Víctor Frankenstein*

Dirección: Paul McGuigan

Guión: Max Landis

Fotografía: Fabian Wagner

Música: Craig Armstrong

Reparto: Daniel Radcliffe, James McAvoy, Jessica Brown Findlay, Mark Gatiss, Andrew Scott, Louise Brealey, Alistair Petrie, Daniel Mays, Freddie Fox, Adrian Palmer, Adrian Schiller, Spencer Wilding

Duración: 109 min.

Estreno: 10 de noviembre de 2015, en Estados Unidos

Esto va de: accidente, adaptación novela, científico, circo, época victoriana, experiemento, incendio, jorobado, laboratorio, monstruo, payaso

Año 1860. El jorobado Igor Strausman lleva toda su vida en el circo, trabajando como payaso. Aunque el dueño y sus compañeros de actuación le maltrataban e incluso abusaban de él, Igor se ha convertido en un brillante cirujano, curando a los artistas y animales. Los libros y la medicina son su refugio entre tantas circunstancias complicadas. En una visita al circo en busca de partes de cuerpos de animales, el cinetífico Víctor Frankenstein rescata a Igor después de presenciar cómo realiza un audaz procedimiento de emergencia a un compañero herido. Víctor lo lleva a su apartamento y elabora una fórmula con la que realiza un veloz procedimiento médico sobre su nuevo «paciente». Momentos después, la joroba de Igor se ha corregido. A partir de entonces, Víctor y su protegido comparten la noble visión de ayudar a la humanidad a través de sus revolucionarias investigaciones en busca de la inmortalidad. Pero los experimentos de Víctor van demasiado lejos y su obsesión tiene terribles consecuencias. Solo Igor puede hacer que recupere la cordura y salvarlo de su monstruosa creación.

Víctor Frankenstein está inspirada en la clásica novela de Mary Shelley, pero la reinterpretación del guionista Max Landis se centra en la relación entre Víctor y su mejor amigo y ayudante, Igor. De hecho, se trata de la primera historia que se cuenta desde el punto de vista de Igor.

El rodaje tuvo lugar en el Reino Unido durante 60 días. Durante la producción, el Reino Unido sufrió unas de las peores tormentas registradas, lo que hizo que algunas tomas exteriores de noche se convirtieran en un desafío extremo para el reparto y el equipo. La producción hizo un uso creativo de las tormentas para una de las escenas más simbólicas de la película: la creación del monstruo, con uno de los escenarios más impresionantes, el interior del castillo y el laboratorio, donde Víctor da vida a su «experimento». El escenario cilíndrico de 18 metros de alto, que tenía un techo abierto, se construyó en un periodo de cuatro meses en los estudios Longcross Studios, en Surrey. Las escenas exteriores se realizaron en el castillo de Dunnottar, una espectacular fortaleza derruida en lo alto de un acantilado con vistas al mar, en Aberdeenshire (Escocia).

El monstruo de la historia se llama, de manera acertada, Prometeo, por el personaje histórico que intentó robar fuego de los dioses, que es lo que, a su manera, está intentando hacer Víctor: robar de Dios el poder de dar la vida. La versión final del personaje fue encarnada por el actor de 2,08 metros de altura Guillaume Delaunay, que vistió un traje protésico diseñado por Rob Mayor, de Millennium FX, uno de los principales distribuidores de efectos de maquillajes especiales de Europa. Para capturar la sensación del monstruo de una vida perdida y recuperada, Delaunay estudió con un entrenador de movimientos. En realidad, Prometeo es la versión 2.0 del trabajo de Víctor. Un intento

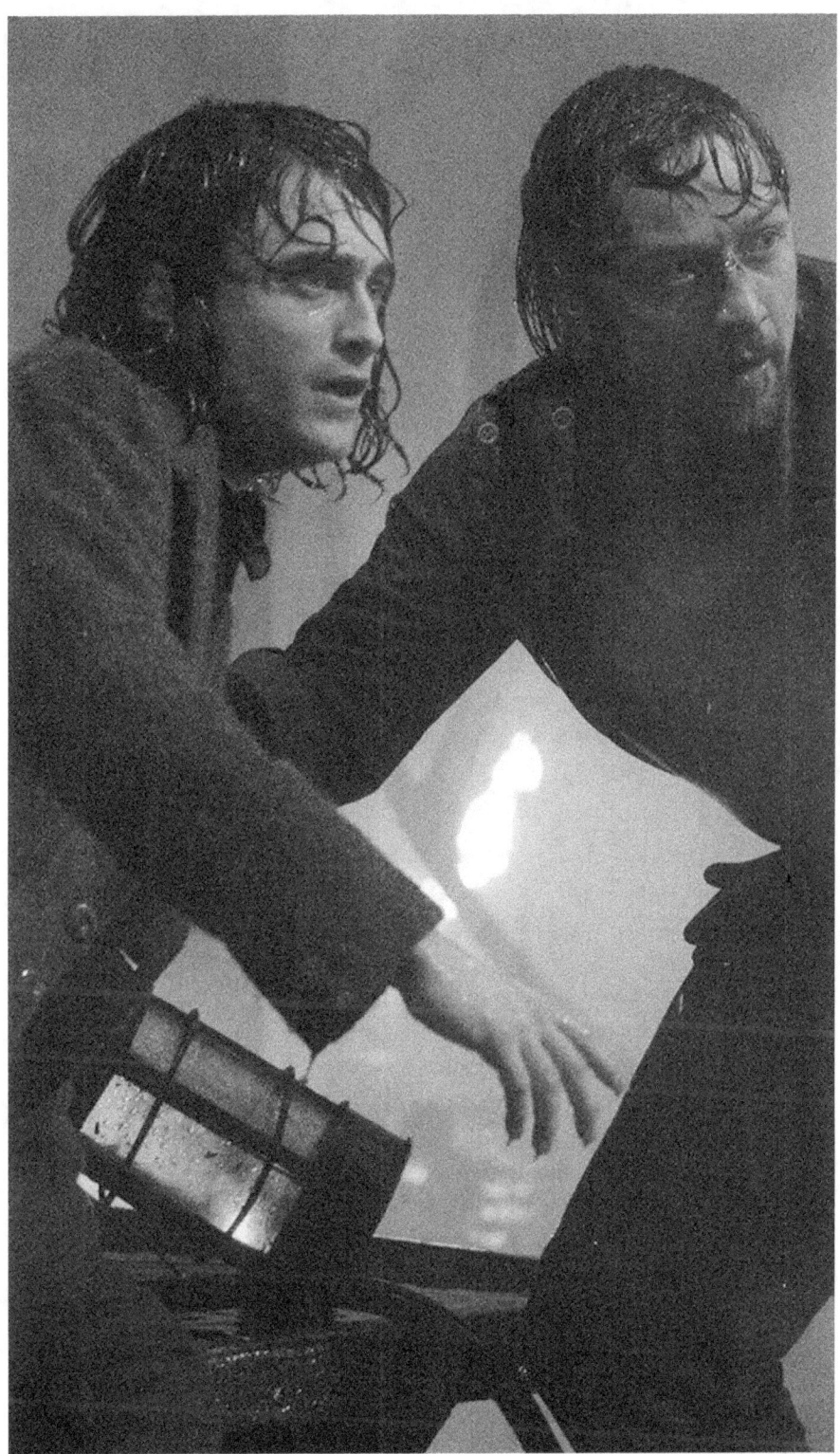

previo de crear vida a partir de la muerte se llama Gordon y tiene un aspecto aún más terrorífico que Prometeo. Gordon es un revoltijo de partes de animales, como la pata de una hiena, la cabeza de un mono y la pata de un perro.

VIOLENT SHIT: THE MOVIE

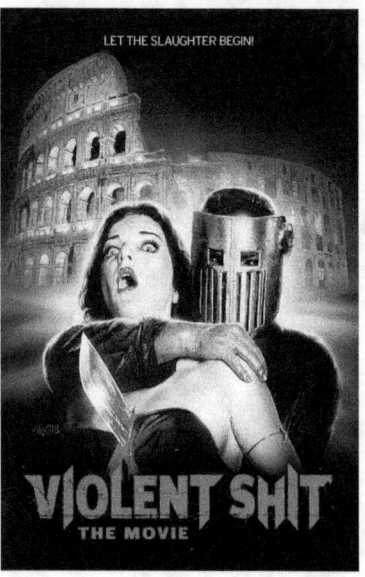

Italia / Alemania: LPLM Produktion, Reel Gore Productions
Dirección: Luigi Pastore
Guión: Emanuele Barbera, Luigi Pastore, Lucio Massa, Steve Aquilina, Andreas Schnaas
Fotografía: Luigi Pastore
Música: Claudio Simonetti
Reparto: Giovanni Lombardo Radice, Antonio Zequila, Lilli Carati, Simone Destrero, Erika Kamese, Steve Aquilina, Vincenzo Pezzopane
Duración: 82 min.
Estreno: 17 de julio de 2015, en el Bucheon International Fantastic Film Festival (Corea del Sur)
Esto va de: asesino, gore, máscara, psicópata, saga, secuela, slasher

Roma se estremece por una serie de horribles asesinatos que tiñen la Ciudad Eterna de rojo oscuro. Las primeras pistas hacen sospechar que estos crímenes atroces están conectados con el regreso de uno de los asesinos en serie más sanguinarios de todos los tiempos: Karl el Carnicero.

En 1989, Andreas Schnaas dirigió y protagonizó *Violent Shit*, una producción alemana consagrada a un piscópata enmascarado no muy espabilado que recorría los campos alemanes descuartizando a cualquier que se cruzara en su camino. Pese a que la película era bastante mala, este nuevo héroe del *slasher* cayó en gracia entre determinados aficionados, quienes posibilitaron la existencia de una saga formada por *Violent Shit 2: Mother Hold My Hand* (1992), *Violent Shit 3: Infantry of Doom* (1999) y *Violent Shit 4: Karl the Butcher V. Axe* (2010). Ahora, el italiano Luigi

Pastore recupera el papel del sanguinario asesino en lo que es la quinta entrega de la saga: *Violent Shit: The Movie*, en la que el actor Simone Destrero toma el relevo a Schnaas para interpretar a Karl el carnicero.

VISIONS

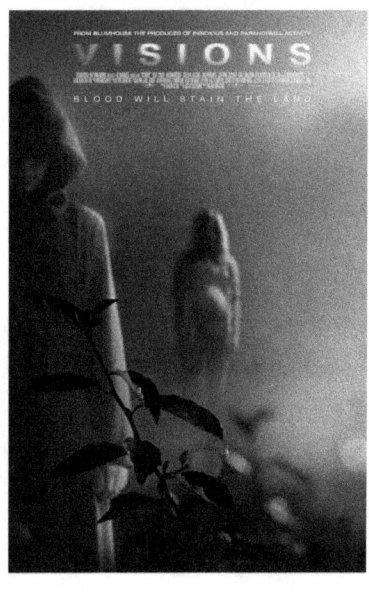

Estados Unidos: Blumhouse Productions, Chapter One Films

También conocida como: *Geçmisin Laneti, Visiones, Viziuni*

Dirección: Kevin Greutert

Guión: L.D. Goffigan, Lucas Sussman

Fotografía: Michael Fimognari

Música: Anton Sanko

Reparto: Isla Fisher, Anson Mount, Jim Parsons, Gillian Jacobs, Eva Longoria, Joanna Cassidy, Bryce Johnson, Jeff Branson, Roberto Sánchez, Christine Corpuz

Duración: 82 min.

Estreno: 28 de agosto de 2015, en Turquía

Esto va de: accidente, casas encantadas, embarazada, encapuchado, espíritu, fantasma, locura, matrimonio, médico, mudanza, sobrenatural, visiones

Tras un accidente de tráfico, Eveleigh y David deciden mudarse a una tranquila casa de campo, para que ella pueda encarar con la máxima tranquilidad su embarazo. Pero en el hermoso viñedo en el que se instalan, Eveleigh siente ruidos extraños y comienza a atormentarse por la visión de una siniestra figura encapuchada. Como nadie lo ve más que ella, David comienza a temer que su esposa haya quedado más afectada de lo previsto por culpa del accidente. Dispuesta a demostrar que no ha perdido la cabeza, Eveleigh consulta a un médico local, el doctor Mathison, quien le revela una historia sobrenatural sobre el viñedo en el que ella reside. Poco a poco, la mujer va encajando piezas hasta que descubre la existencia de una oscura conspiración que pone en peligro su vida y la del bebé que está aún por nacer.

Isla Fisher, la chica de *Ahora me ves…* (2013), y la televisiva Eva Longoria se ponen al frente del reparto de esta inquietante producción de mujeres embarazadas, ruidos extraños y visiones escalofriantes, firmada por el realizador de las últimas entregas de la saga *Saw*.

THE VISIT

Estados Unidos: Blumhouse Productions, Blinding Edge Pictures

También conocida como: *Los huéspedes, Sundowning, A Visita, La visita, La visite*

Dirección y guión: M. Night Shyamalan

Fotografía: Maryse Alberti

Reparto: Olivia DeJonge, Ed Oxenbould, Deanna Dunagan, Peter McRobbie, Kathryn Hahn, Celia Keenan-Bolger, Samuel Stricklen

Duración: 94 min.

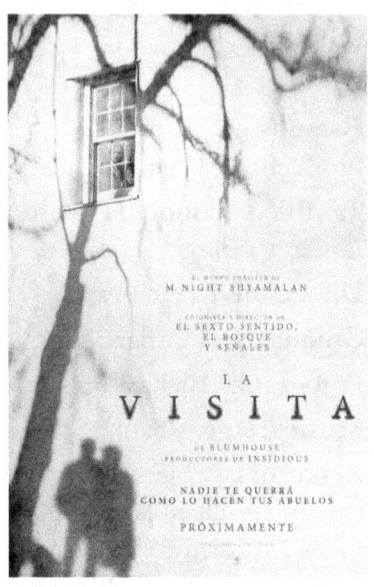

Estreno: 30 de agosto de 2015, en Irlanda

Esto va de: abuelo, adolescente, cumpleaños, familia, granja, horno, locura, metraje encontrado, nieve, niño, psicópata

Becca, una adolescente que graba en vídeo un trabajo para su instituto, y Tyler, su hermano pequeño, que se considera toda una estrella del rap, viajan a una remota granja de Pensilvania para conocer a sua abuelos maternos, con los que su madre no ha mantenido relación en los últimos años. Al llegar, una adorable pareja de ancianos les esperan en la estación del tren. La estancia promete ser de lo más divertida hasta que, la primera noche, el abuelo les pide que se retiren muy temprano a su dormitorio y que no salgan de él. Por la noche, los niños se despiertan al oír extraños ruidos en el pasillo. A partir de ese momento, comprueban que sus abuelos se comportan de una forma un tanto extraña.

El director de *El sexto sentido* (1999), M. Night Shyamalan vuelve a demostrar su capacidad para crear atmósferas tensas en una historia que parece querer ser una revisión moderna del cuento clásico de *Hansel y Gretel*. Con unas buenas dosis de humor negro y un gran manejo de los

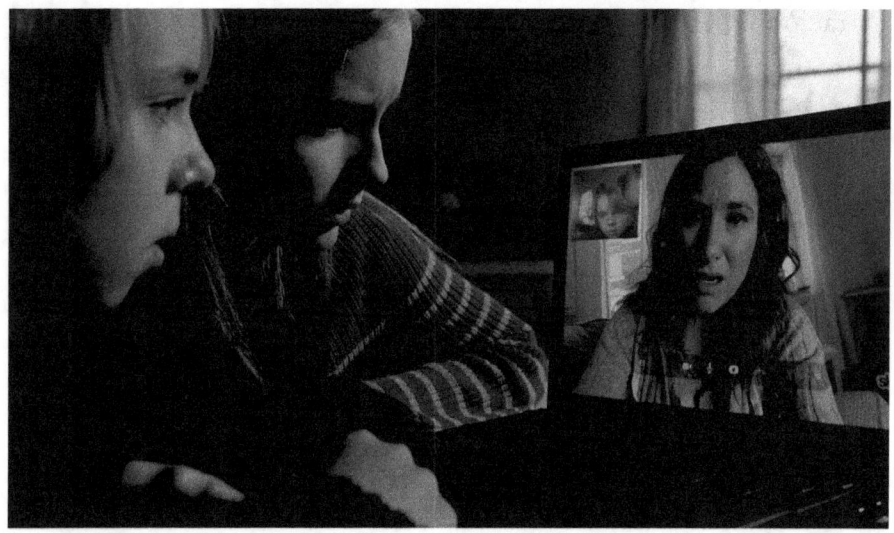

giros de guión, el cineasta da una lección magistral de cómo aplicar con inteligencia la técnica del metraje encontrado.

«La película está rodada como un documental y se cuenta en primera persona, lo que permite alcanzar un nivel de autenticidad mucho mayor que la reflejada en el guión. La gran ventaja de películas como *Paranormal Activity* y *El proyecto de la bruja de Blair* es que son rodajes espontáneos, transmiten autenticidad. El formato de *La visita* es diferente de cualquier otra película. Me entusiasma, pero también es peligroso. El personaje principal es una chica de quince años que cree en el poder del cine. Como yo de adolescente preguntándome si creía en la magia del cine.»

M. Night Shyamalan (director y guionista).

THE WARNING

País: Estados Unidos

Producción: Happy Day Productions

Dirección: Dirk Hagen

Guión: Summer Moore

Fotografía: Chris Warren

Música: Nick Di Felice

Reparto: Summer Moore, Jeff Allen, Tiffany Joy Williams, Christina Pascucci

Duración: 91 min.

Estreno: marzo de 2015, en Estados Unidos

Esto va de: desaparecido, investigación, leyenda, ocultismo, periodista, reportero, secta

Decidida a hacerse un hueco en el competitivo mundo del periodismo televisivo, la joven reportera Taylor Skye comienza a investigar lo que hay de realidad detrás de una leyenda local que habla de personas que desaparecen en manos de una secta satánica. Poco después de iniciar sus pesquisas, la chica se da cuenta de que ella misma se ha convertido en la presa de algo diabólico.

La actriz Summer Moore es la protagonista y autora del guión de esta floja historia sobre periodismo y sectas satánicas.

WE ARE STILL HERE

Estados Unidos: Snowfort Pictures, Dark Sky Films

También conocida como: *Ainda Estamos Aquí, Aquí estamos todavía, The Eating House, Espíritus malignos, Espíritus vengativos, El sacrificio*

Dirección: Ted Geoghegan

Guión: Ted Geoghegan, Richard Griffin

Fotografía: Karim Hussain

Música: Wojciech Golczewski

Reparto: Barbara Crampton, Andrew Sensenig, Lisa Marie, Larry Fessenden, Monte Markham, Susan Gibney, Michael Patrick Nicholson

Duración: 80 min.

Estreno: 15 de marzo de 2015, en el South by Southwest Film Festival (Estados Unidos)

Esto va de: accidente, casas encantadas, demonio, espíritu, fantasma, maldición, mansión, matrimonio, mudanza, nieve, sacrificio, sobrenatural

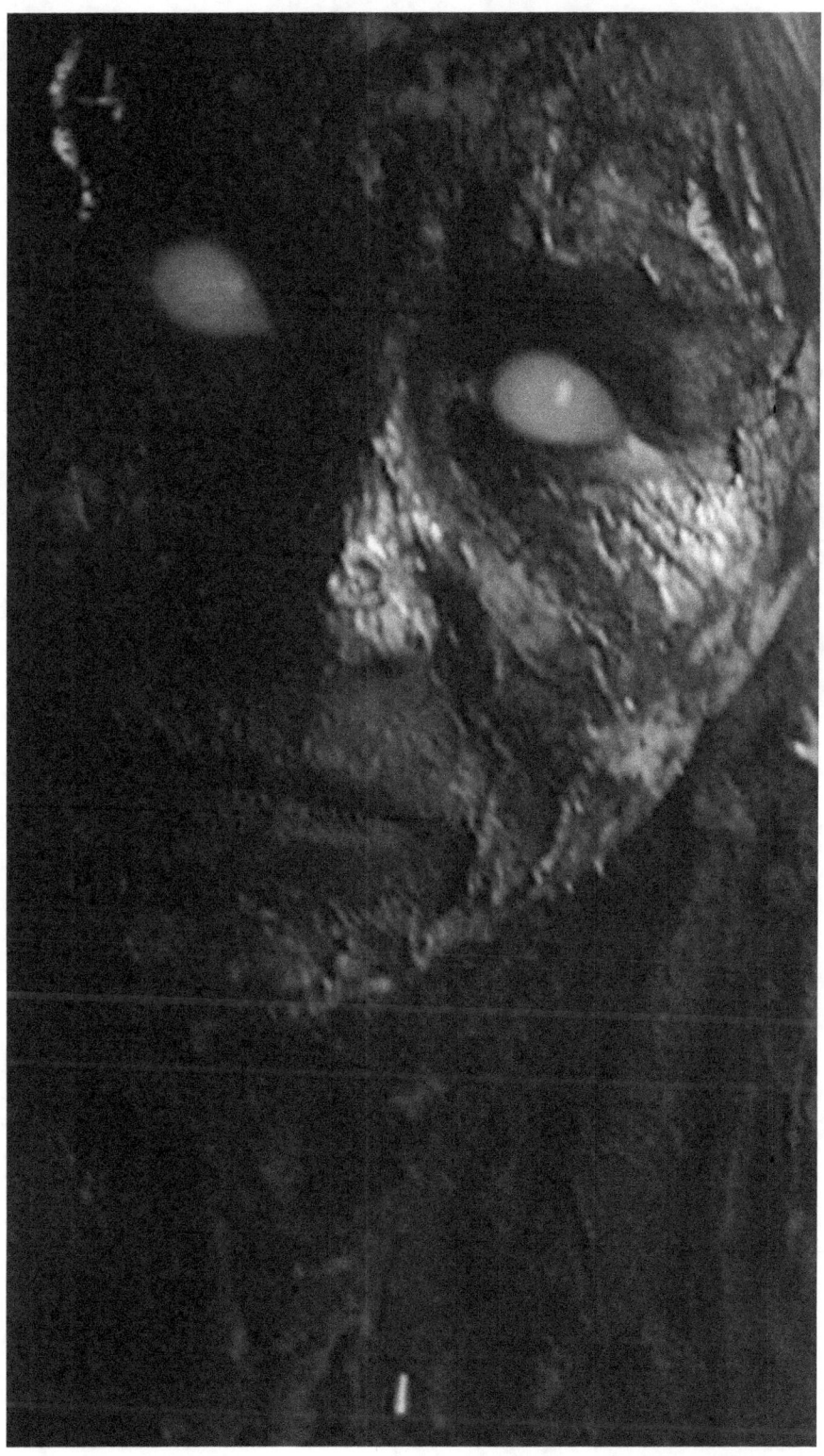

Tras la muerte de su hijo adolescente en un accidente de tráfico, Paul Sacchetti y su esposa Anne se mudan hasta una tranquila casa de campo en Nueva Inglaterra con la intención de empezar una nueva vida. En su nueva mansión, la mujer comienza a notar una presencia extraña, lo que le lleva a pensar que el espíritu de su hijo está con ellos. Esta idea hace que contacte con una extraña pareja de iluminados para que les ayuden a llegar al fondo de la cuestión. Descubren que ellos no son la primera familia que reside en la mansión. Una fuerza misteriosa habita en el edificio y despierta cada 30 años para exigir la sangre fresca de una nueva familia.

Guionista y productor largamente asociado al género del terror, Ted Geoghegan se lanza a realizar su primer largometraje.

«Cuando las películas de casas encantadas tipo *Expediente Warren*, *Insidius* y *Sinister* se hicieron más populares, vi una oportunidad única para combinar influencias clásicas —el tono y el ritmo de las películas de género de los 70 y 80— con la estética de terror modernas para crear algo nuevo. El resultado final es un drama onírico, oscuro, humano que resulta familiar, pero que a la vez se diferencia de cualquier cosa que hayamos visto en mucho tiempo.»
Ted Geoghegan (director y guionista).

THE WITCH

Estados Unidos / Canadá / Reino Unido: A24, Code Red Productions, Pulse Films, Scythia Films, Rooks Nest, Maiden Voyage Pictures, Mott Street Pictures

También conocida como: *La bruja*

Dirección y guión: Robert Eggers

Fotografía: Jarin Blaschke

Música: Mark Korven

Reparto: Anya Taylor-Joy, Ralph Ineson, Kate Dickie, Harvey Scrimshaw, Lucas Dawson, Ellie Grainger, Julian Richings, Bathsheba Garnett

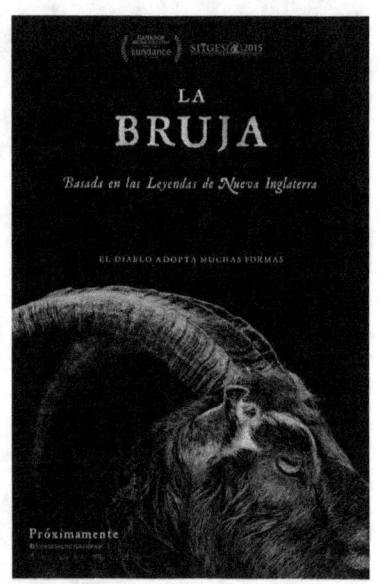

Duración: 87 min.

Estreno: 23 de enero de 2015, en el Festival de Sundance (EE UU)

Esto va de: bosque, bruja, desaparecido, familia, sacrificio, sobrenatural

Nueva Inglaterra, 1630. Ante la amenaza de ser repudiado por su iglesia, un granjero inglés decide abandonar el pueblo y establecerse en plena naturaleza con su esposa y cinco hijos, en medio de un bosque donde habita algo maléfico. Empiezan a pasar cosas extrañas: los animales se vuelven agresivos, la cosecha no prospera, uno de los niños desaparece mientras que otro parece estar poseído… Las sospechas y la paranoia aumentan, y la familia acusa de brujería a Thomasin, la hija adolescente, algo que ella niega. Las circunstancias empeoran, y la fe, lealtad y afecto de los miembros de la familia son puestos a prueba de manera inimaginable.

Ópera prima de Robert Eggers, galardonado con el premio al mejor realizador en la Sección narrativa estadounidense de Sundance 2015. *La bruja* es una propuesta ambientada en la época previa a los juicios de las brujas de Salem en 1692, en la que reinaba el temor de Dios en Nueva Inglaterra llevando las convicciones religiosas a la histeria colectiva.

«Crecí en Nueva Inglaterra y, desde mi más tierna infancia, el pasado de la zona ha formado parte de mi conciencia, las brujas han poblado mis pesadillas. Quería crear una historia de terror arquetípica para Nueva Inglaterra, un mal sueño que surge del pasado, una película que trasladara la pesadilla vivida por una familia puritana y, a la vez, llevar al espectador al lugar donde las brujas son reales y aterradoras.»

Robert Eggers (director y guionista).

THE WOMAN IN BLACK 2: ANGEL OF DEATH

Reino Unido: Hammer Film Productions

También conocida como: *L'angelo della norte*, *La dama de negro 2: El ángel de la muerte*, *La dame en noir: Ange de la mort*, *Die Frau in Schwarz 2: Engel des Todes*, *La mujer de negro: el ángel de la muerte*

Dirección: Tom Harper

Guión: Jon Croker

Fotografía: George Steel

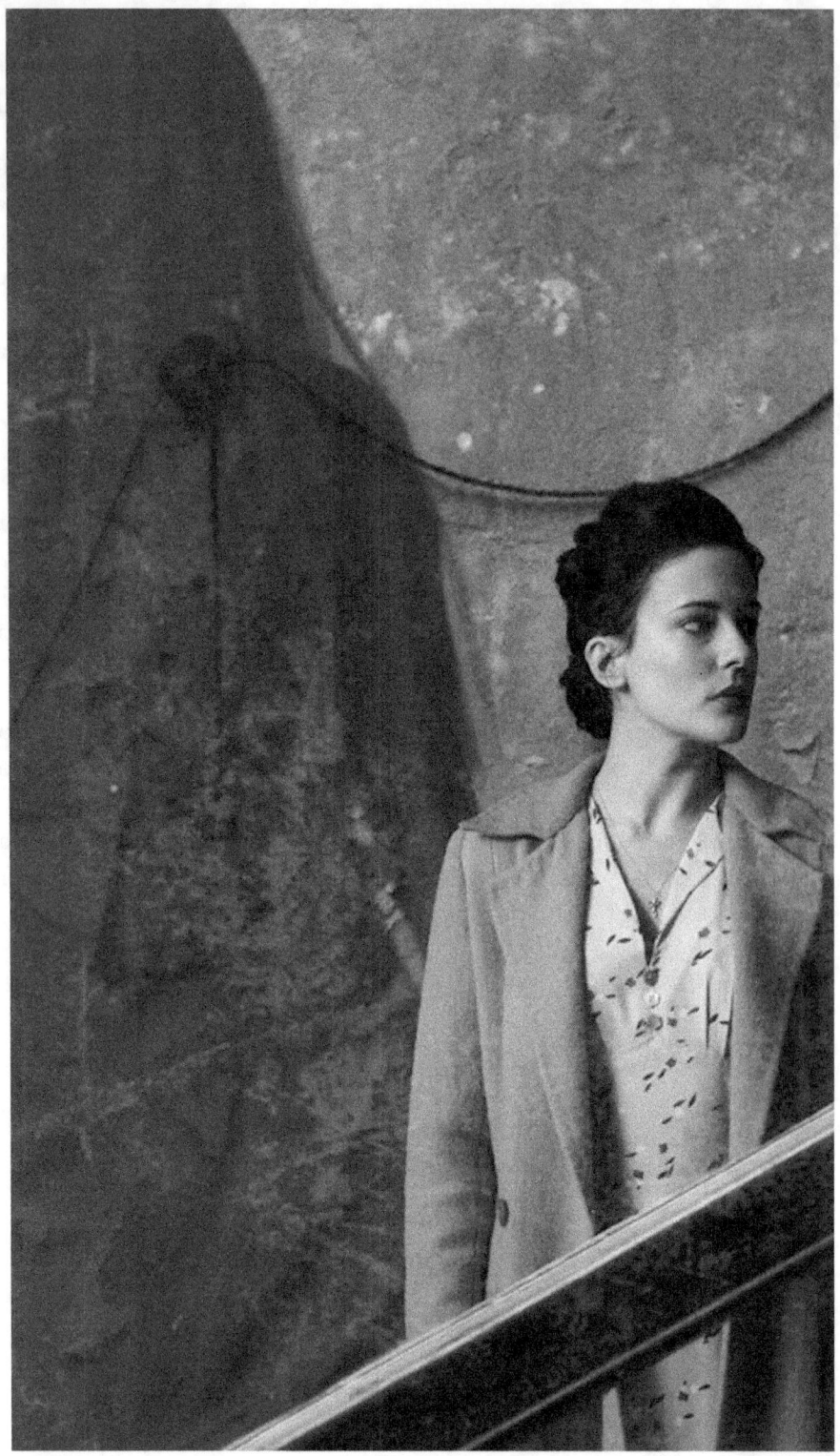

Música: Marco Beltrami, Brandon Roberts

Reparto: Helen McCrory, Jeremy Irvine, Phoebe Fox, Oaklee Pendergast, Adrian Rawlins, Ned Dennehy, Faith Elizabeth, Jorge Leon Martinez, Leanne Best

Duración: 98 min.

Estreno: 30 de diciembre de 2014, en Dubái (Emiratos Árabes Unidos)

Esto va de: casas encantadas, cementerio, demonio, fantasma, hospital, huérfano, militar, niño, profesor, secuela, sobrenatural

Un grupo de ocho escolares, acompañados por la directora Jean Hogg y la joven profesora Eve Parkins, se ven evacuados de Londres durante la Segunda Guerra Mundial y trasladados a la casi desierta aldea de Crythin Gifford. Allí conocen a Harry Burnstow, un piloto de la RAF que tiene el mismo destino que ellos, la ruinosa casa Eel Marsh, situada en una isla conectada a tierra firme únicamente por la carretera de las Nueve Vidas, una calzada que desaparece con las mareas. En busca de refugio de los horrores de la guerra, su presencia no tarda sin embargo en despertar una fuerza malévola que surge de la oscuridad y lleva décadas rondando esta imponente y aislada edificación: la mujer de negro.

La mujer de negro ya era un libro superventas y una obra de teatro que había batido récords cuando se convirtió en una película de gran éxito en 2012. Simon Oakes, consejero delegado y presidente del célebre estudio Hammer, declara: «Para Hammer, *La mujer de negro* supuso una emocionante posibilidad, porque nos interesaba explorar distintos tipos de terror y vimos en ella una excelente oportunidad de combinar en la gran pantalla la historia gótica de fantasmas de Susan Hill con una sensibilidad moderna».

La película *La mujer de negro*, basada en el clásico relato de fantasmas escrito por Susan Hill, estaba ambientada a finales del siglo XIX y protagonizada por Daniel Radcliffe, y trataba sobre un abogado llamado Arthur Kipps y sus aterradoras experiencias en la mansión encantada de Eel Marsh. «Estábamos encantados con el éxito del filme —explica Oakes—, pero siempre habíamos visto *La mujer de negro* como más que una sola película».

Esta segunda entrega retoma el relato original más de 40 años después, durante la Segunda Guerra Mundial, provocando el terror entre un grupo de niños que vuelven a habitar la misteriosa casa de Eel Marsh.

WRECKER

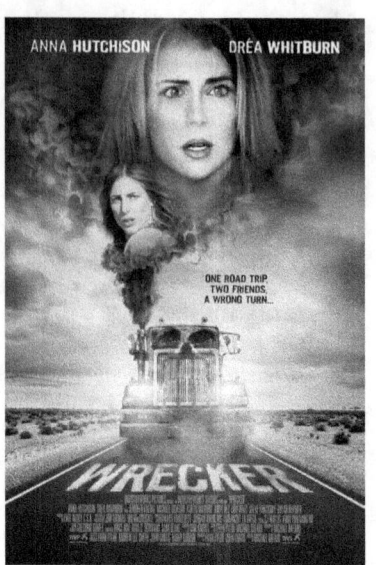

Canadá: IW Wrecker Productions

Dirección: Michael Bafaro

Guión: Michael Bafaro, Evan Tylor

Fotografía: Ian MacDougall, Jon Thomas

Reparto: Anna Hutchison, Andrea Whitburn, Jennifer Koenig, Don Knodel, Michael Dickson, Kurtis Maguire, Lori Watt, Ashley Evans, Riley Schutz

Duración: 83 min.

Estreno: 6 de noviembre de 2015, en Estados Unidos

Esto va de: accidente, acoso, atrapado, camión, carretera, coche

Dos buenas amigas, Emily y Lesley, van de viaje en coche atravesando el desierto. Con la idea de hacer algo más corto el trayecto, Emily decide salirse de la carretera principal. Poco después, se convierten en el objetivo de un camionero piscópata que les fuerza a plantear un mortal juego del gato y el ratón.

Desde que Steven Spielberg nos regalara *El diablo sobre ruedas* (1971), su fantástico debut detrás de las cámaras, han sido varios los largometrajes que han tratado de advertirnos de lo terrible que puede ser cruzarnos en la carretera con algún psicópata que vaya al volante de un vehículo. Michael Bafaro, director de películas como *Destellos asesinos* (1998) o *11:11 el mal tiene un nuevo número* (2004), hace su particular propuesta al tema en una producción de bajo presupuesto pero entretenida.

WRITERS RETREAT

Reino Unido: MoliFilms Entertainment

Dirección: Diego Rocha

Guión: Jeremy Sheldon, C.M. Taylor

Fotografía: Luke Bryant

Música: Rob Lord

Reparto: Poppy Drayton, Alix Wilton Regan, Christopher Fairbank, Camilla Beeput, Rupert Young, James Weber Brown, Jacqueline King, Brad Moore

Duración: 90 min.

Estreno: 16 de octubre de 2015, en el Festival de Sitges (España)

Esto va de: asesino, escritor, granja, isla, slasher, supervivencia, tortura

Mark Twain dijo la famosa frase: «Escribe de lo que sabes». Pero ¿hasta dónde serías capaz de llegar para encontrar material que te asegure el éxito de ventas final? Una granja situada en una isla aislada, se celebra un seminario entre aspirantes a novelistas para mejorar sus obras. Lo dirige la escritora de éxito Zandra, que se encuentra a sí misma en medio de un grupo de desconocidos que se enfrentan a sus secretos más oscuros mientras escriben. Cuando un miembro del seminario desaparece de forma misteriosa, Zandra comienza a sospechar que haya una presencia siniestra atrapada en la isla con ellos.

Escritores y asesinos. Un slasher original y bien intencionado que funciona a ráfagas, y que busca recuperar el estilo de las películas de la Hammer, creando atmósferas aterradoras. El primer largometraje del director brasileño Diego Rocha se rodó íntegramente en la isla de Osea, propiedad privada en Essex, que ya había servido de escenario a otras producciones del género, como *La mujer de negro*.

YOU'RE KILLING ME

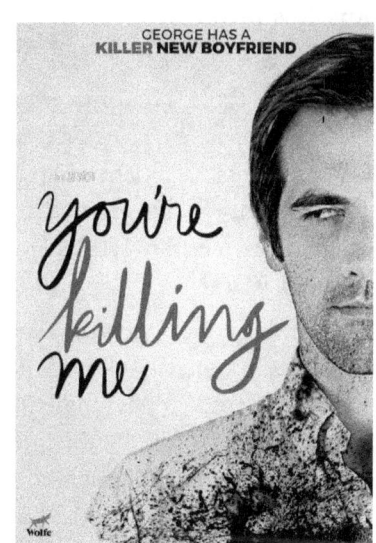

Estados Unidos: The Orphans

Dirección: Jim Hansen

Guión: Jim Hansen, Jeffery Self

Fotografía: Janine Sides

Reparto: Shaughn Buchholz, James Cerne, Mindy Cohn, Ranney Draper, Drew Droege, Carolyn Hennesy

Duración: 88 min.

Estreno: 15 de julio de 2015, en el Outfest Los Angeles (Estados Unidos)

Esto va de: asesino, gore, homosexual, incendio, mansión, piscópata

George es un gay que aspira a convertirse en una nueva estrella de Internet, para lo que sube frecuentes vídeos en YouTube. Un día, conoce a Joe y entre ambos surge un inmediato flechazo. Cuando George le pregunta a su nueva pareja por su profesión, él le confiesa que es un asesino en serie. Por supuesto, George se lo toma en broma. No tanto sus amigos, que ven a Joe como un tipo del que no fiarse demasiado. Son precisamente ellos los que empiezan a desaparecer, motivo que provoca que George dude sobre los auténticos instintos homicidas de Joe.

¿Una comedia homosexual con toques de terror gore? ¿Es que no van a dejar nada por inventar dentro del género?

«Nuestro elenco de personajes son chicos homosexuales súper sociales que están tan ensimismado que nunca escuchan lo que el asesino está diciendo. Nuestro asesino se presenta en este mundo porque es bien parecido. Ellos perdonan su extraño comportamiento, porque disfrutan de tener audiencia, y nunca lo toman en serio. Oprah o Maya Angelou dijo que la gente te dice lo que es si tú eres capaz de escuchar. Nuestros personajes no escuchan, y van a pagar un precio.»

Jim Hansen (director).

ZOMBIEWORLD

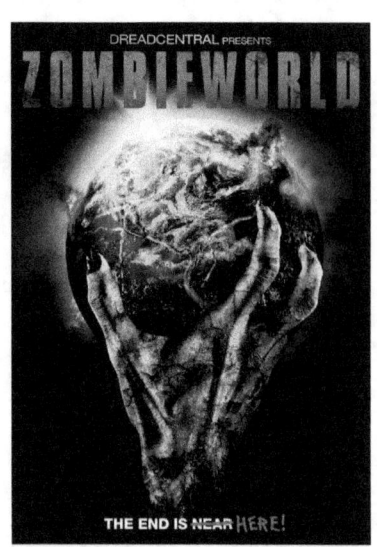

Estados Unidos: Dread Central Media, Ruthless Pictures

Dirección: Jesse Baget, Adrián Cardona, Rafa Dengrá, Luke Guidici, Phil Haine, Peter Horn, Jared Marshall, Cameron McCulloch, David Muñoz, Adam O'Brien, Zachary Ramelan, Paul Shrimpton, Vedran Marjanovic Wekster, Tommy Woodard

Guión: Jonathan Brown, Alex Chandon, Raven Cousens, Luke Guidici, Peter Horn, Jared Marshall, Cameron McCulloch, David Muñoz, Adam O'Brien, Zachary Ramelan, Paul Shrimpton, Graham Taylor, Tommy Woodard

Fotografía: Humberto Estrada, Paco Ferrari, John Matysiak, Paul Shrimpton, Karl Siemon, Tinny Tang

Música: Leigh Dunning, J.R. Hunter, Cameron McCulloch, Jeff McDonough, J. Oskura Nájera

Reparto: Noé Blancafort, Lauren Brady, Jeff Newman, Bill Oberst Jr., Zack Price, Trevor Snarr, Marc Velasco

Duración: 100 min.

Estreno: 24 de febrero de 2015, en Estados Unidos

Esto va de: comedia de terror, extraterrestre, Navidades, Papá Noel, paranoia, película de episodios, post-apocalipsis, supervivencia, zombi

No hay donde esconderse … donde correr … el Apocalipsis zombie ha llegado, y nuestro mundo ahora pertenece a los muertos! Desde Irlanda, Canadá, Australia, Europa y en todo los EE.UU., los informes de noticias escalofriantes cuentan la misma historia horripilante, cadáveres ambulantes aterrorizan y devorar a los vivos. Sólo unos pocos seres humanos desesperados encuentran el coraje de ponerse de pie y luchar por su última oportunidad de supervivencia. Pero las hordas de no muertos siguen llegando, y sólo hay una cosa en el menú: nosotros.

Zombieworld es una antología de terror centrada en los supervivientes del mundo en su lucha por superar circunstancias terribles cuando una pandemia provoca un Apocalipsis zombie. La recolección de sangre, tripas, y el caos la retratan un grupo de directores nuevos venidos de distintos rincones del mundo. Cada director trae su visión de un mundo ahora poblado de cadáveres carnívoros. Zombies, alienígenas, e incluso Santa Claus hacen acto de presencia en esta divertida recopilación lanzada directamente para el mercado del DVD.

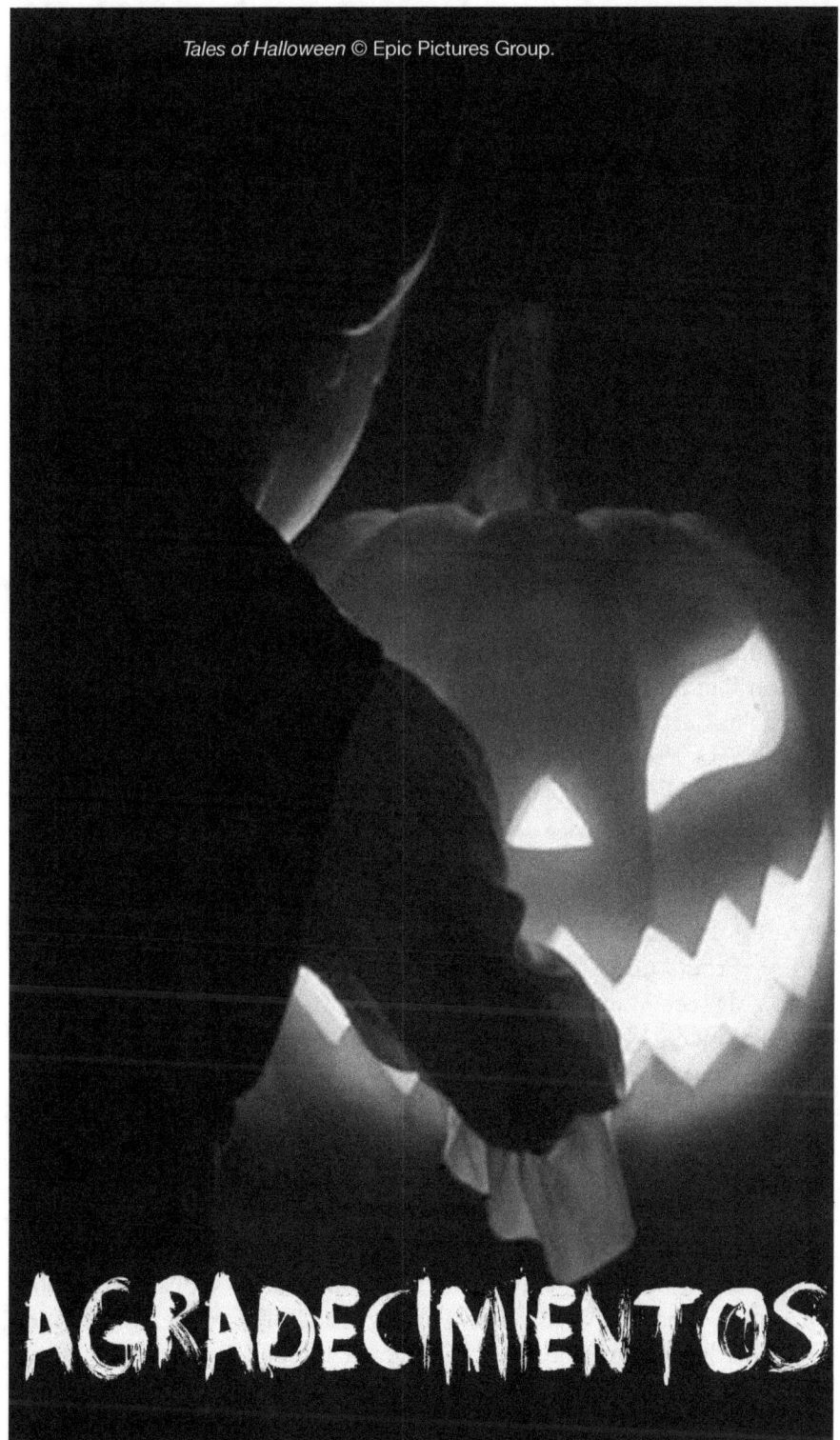

Tales of Halloween © Epic Pictures Group.

Seal Entertainment, Creandus Films, Dalia Films, Darius Films, Dark Dunes Productions, Dark Factory Entertainment, Darksky Films, Davis Entertainment, De Angeles Films, Demarest Films, Demon Girl Productions, Dentsu, Di Bonaventura Pictures, Dimension Films, Django Film, Dread Central Media, E3W Productions, Eclectic Pictures, Eclectik Vision, Entertainment One, Epic Pictures Group, Fantastic Films, Film Colony, Film Entertainment Services, Film Produkcja, Film Sciencie, Filmax, Filmoon Pictures, FilNation Entertainment, First Generation Films, First Point Entertainment, Fonofox Servicios Audiovisuales, Fortress Features, Fox 2000 Pictures, Fuji Television Network, Future Proof Films, Gamechanger Films, Gateway Films, Geißendörfer Film und Fernsehproduktion (GFF), Ghost House Pictures, Glacier Films, Gloucester Place Films, Gold Star FIlms, Gramercy Pictures, Grand Hotel Pictures, Green Screen Productions, Grotesque, Groupe M6, GyaO, H2F Entertainment, Hallow Films, Hammer Film Productions, Happy Day Productions, Herrick Entertainment, High Window Films, Hollywood Media Bridge, Hollywood Media Bridge, Hyperion Media Group, iDiC Entertainment, Idyabooster, Illium Pictures, IM Global, Indomitable Entertainment, Infinite Lives Entertainment, Initiative Motion Pictures, Intrepid Pictures, Invitation, IW Wrecker Productions, J.B.J. Film, Jeff Rice Films, Jeva Films, Jo-Jo the Dog Films, Kataskop Film, Kazak Productions, KDDI Corporation, Klusfilm Berlin, KOJO, Kosakowski Films, Krakow Festival Office, Kyoraku Industrial Holdings, La Ferme! Productions, Lakeshore Entertainment, Laokoon Filmgroup, Lascaux Media, Latefox Pictures, Lava Films, LBI Entertainment, Lege Artis, Legendary Digital Media, Legendary Pictures, Legendary Pictures, Lightning Entertainment, Lionsgate, Lotus Entertainment, LPLM Produktion, LStar Capital, LWH Entertainment, Madisonian Films, Magnet Man Film, Management 360, Management Production Entertainment, Matador Pictures, Maybe This Year Productions, Media Circus, Meta Film, Metalheads, MGM, MICA Entertainment, Midnight Kitchen Productions, Midnight Road Entertainment, Mo Film, Mod Producciones, MoliFilms Entertainment, Morbido Films, Moving Picture Company (MPC), MPI Media Group, Mr. Blue, NBCUniversal Entertainment, New Line Cinema, New Zealand Film Commission, Nikkatsu, Noel Films, Norberfilms, Occupant Entertainment, Ombra Films, Ontario Media Development Corporation, Oops Doughnuts, Organised Chaos TV & Film, The Orphans, The Other Side Films, Overdose Joint, Pantelion Films,Pantelion, Pantelion, Paramount Pictures, Paris Film, Parts and Labor, Paul Schiff Productions, Paz Films, Pierpoline Films, Playtime Movies, Polluted Pictures, Post City Films, Preferred Film

& TV, Prescience, Primal Pictures, Purple Pictures, rABYa Producciones, Rat Pack Filmproduktion, Ratio Film, Raven Banner Entertainment, The Readmond Company, Rebelion Terrestre, Revek Entertainment, Reel Gore Productions, Robot Communications, Rooks Nest Entertainment, Roxbury, RT Features, Ruthless Pictures, Safady Entertainment, The Safran Company, Salto de Fe Films, Scatena & Rosner Films, Sedic Deux, Shoreline Entertainment, Silendum Films, Silesia Film, SIlver Reel, Silvio Entertainment, Sinister Siblings Films, Snoot Entertainment, Snowfort Pictures, Solar Productions, Sony Pictures Animation, South Australia Film Corporation, SpectreVision, SpectreVision, Stage 6 Films, Stage 6 Films, Starchild Pictures, Starfire Movies, Storm Alley Entertainment, Storm Vision Entertainment, Street Justice Films, Studio ADI, STX Entertainment, Summerstorm, Sunny Day Media, Supergravity Pictures, Suspended Reality Productions, Svenska Filminstitutet (SFI), Sveriges Television (SVT), Tall Man Films, Telefilm Canada, Telefonica Studios, Telewizja Polska, Temple Hill Entertainment, Teo Ward Productions, Terror Films, The Chimney Pot, The Safran Company, The Sfaran Company, The Sfaran Company, Throne Productions, Toho Pictures, Transfax Film Productions, Transylvania Productions, Traveling Picture Show Company, Tremendum Pictures, TSG Entertainment, UBU Film, Unbroken Pictures, Universal Pictures, Universal Studios Sound Facilities, Vaca Films, Valentín Diment, Vertical Entertainment, Vicarious Entertainment, Village Roadshow Pictures, Vitamin M, Voltage Films, Wajda Studio, Walking to the Moon Productions, Warner Bros., Wild Eye Releasing, WithanO Productions, Workshed Films, WT Canada Productions, XYZ Films, Zed Filmworks, Zipper Bros Films.

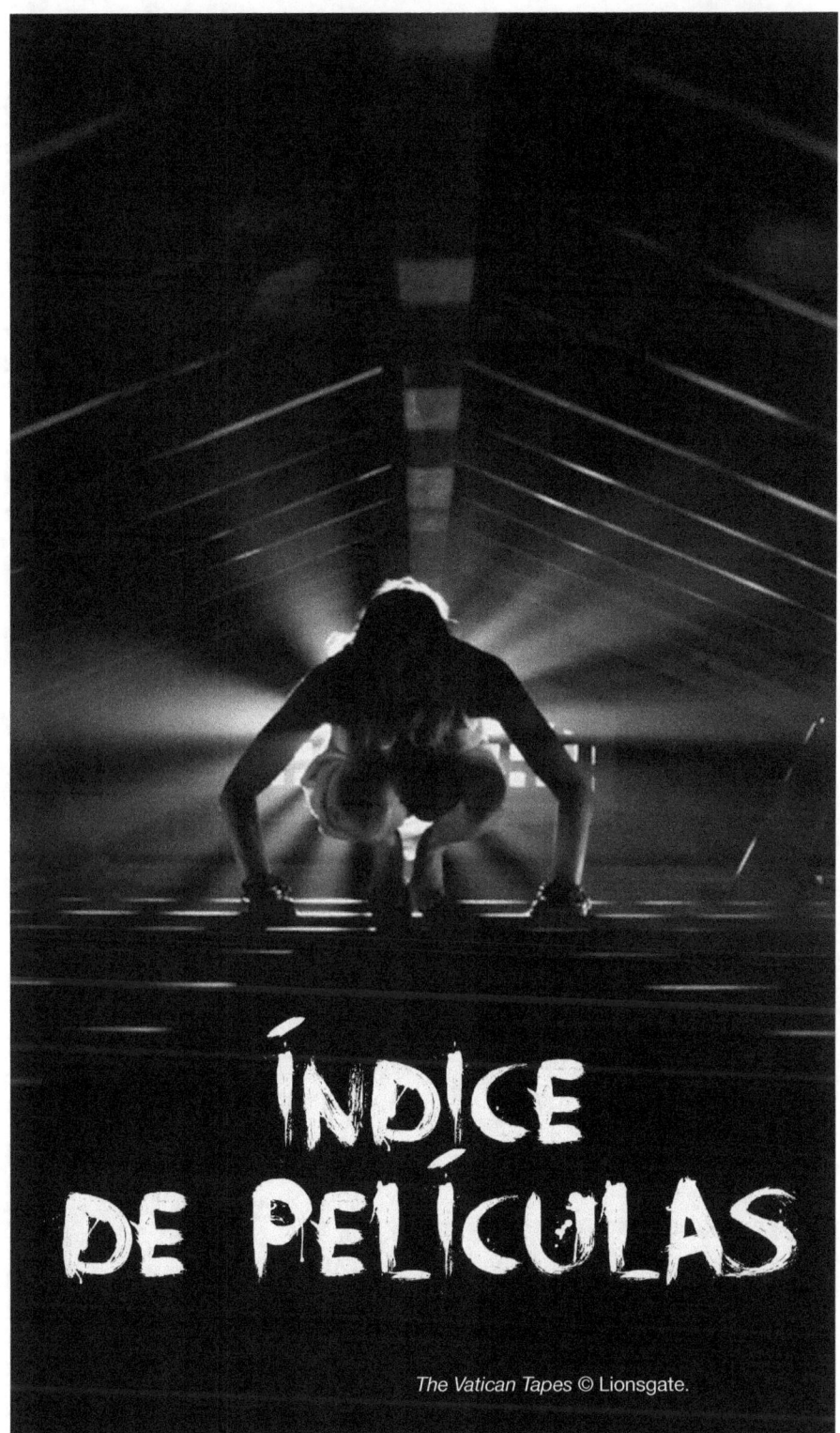

The Vatican Tapes © Lionsgate.

Símbolos

11:11 el mal tiene un nuevo número 218

¿Quién puede matar a un niño? 48

[REC] 191

A

ABCs of Death, The 175

Abraham Lincoln: cazador de vampiros 199

Abre los ojos 169

A Casa do Medo. *Véase* INTRUDERS, THE

A casa dos mortos. *Véase* Cooties

A casa maligna. *Véase* Cooties

A CHRISTMAS HORROR STORY 14

Activité paranormale: La dimension fantôme. *Véase* PARANORMAL ACTIVITY: THE GHOST DIMENSION

A Entidade 2. *Véase* SINISTER 2

A Forca. *Véase* GALLOWS, THE

Age of the Dead. *Véase* A

A God Without a Universe. *Véase* GUDSFORLADT

A.G.W.A.U.. *Véase* GUDSFORLADT

A Holiday Horror Story. *Véase* A

Ahora me ves 210

Ainda Estamos Aquí. *Véase* WE ARE STILL HERE

Aislamiento. *Véase* POD

A la *&$%! con los Zombis. *Véase* SCOUT'S GUIDE TO THE ZOMBIE APOCALYPSE

ALENA 16

Algo extraño en la sangre. *Véase* STRANGE BLOOD

Alien, el octavo pasajero 103

Aliens 103

Alien vs. Predator 94

ALL THROUGH THE HOUSE 17

Alma rebelde 50

Ambulancia, La 157

AMERICAN POLTERGEIST 19

American Psycho 53

Amizade Desfeita. *Véase* UNFRIEN-DED

ANABEL 20

Anarchy: La noche de las bestias 67

A New Design 174

ANGELICA 21

Angelo della norte, La. *Véase* WOMAN IN BLACK 2: ANGEL OF DEATH, THE

ANGER OF THE DEAD 22

Anguish 62

Aniquilador, El. *Véase* Cooties

ANSATSU KYÔSHITSU THE MOVIE 23

Any Day 52

Apocalipse. *Véase* EXTINCTION

Apocalisse Zero: Anger of the Dead. *Véase* A

Aquí estamos todavía. *Véase* WE ARE STILL HERE

Assassination Classroom. *Véase* ANSATSU KYÒSHITSU THE MOVIE

Asylum, The 75

Átame 142

Ataque de los cangrejos gigantes, El 188

Atividade Paranormal: Dimensão Fantasma,. *Véase* PARANORMAL ACTIVITY: THE GHOST DIMENSION

Atracción fatal 133

Attack the Block 112

ATTICUS INSTITUTE, THE 24

Aullido. *Véase* HOWL

Aullidos de la muerte. *Véase* HOWL

Ausflug, Der 198

Avispas mutantes. *Véase* STUNG

AWAITING 26

B

Backmask. *Véase* EXETER

Baskin 9

BASTARD 28

Bata Antes de Entrar. *Véase* KNOCK KNOCK

Bathory. *Véase* LADY OF CSEJTE

BE MY CAT: A FILM FOR ANNE 28

Bestia del otro mundo, La. *Véase* HAR-

BINGER DOWN
BITE 31
Black Eve 174
Bloodsucking Bastards 9
Bloodsucking Bosses. *Véase* ANSATSU KYÒSHITSU THE MOVIE
Blue Ruin 100
BONE TOMAHAWK 34
BOUND TO VENGEANCE 35
BOY, THE 37
Bride Wore Blood, The 152
Bruja, La. *Véase* WITCH, THE
BUNKER, DER 39
Bunker: Es gibt kein Entkommen. *Véase* HOARDER, THE
Bunker, The. *Véase* BOUND TO VENGEANCE
BUNNY THE KILLER THING 40
Buried 25
Burning Dead, The 164

C

Caballero oscuro: La leyenda renace, El 29
Cabaña en el bosque, La 41
CADÁVER DE ANNA FRITZ, EL 41
Cadeau, Le 94
Callejón, El 21
Campamento del terror, El. *Véase* SUMMER CAMP
Candyman 181
Carne muerta 87
Carretera al infierno 56
Carrie 129
Casa del demonio, La. *Véase* Cooties
Casa de Lizzie Borden, La. *Véase* A
Casa de los muertos, La. *Véase* Cooties
Casi humanos 148
Castillo de Dragonwyck, El 50
Cementerio General 43
CEMENTERIO GENERAL 2 43
Chair de poule. *Véase* Goosebumps
Chasing World, The. *Véase* RIARU ONIGOKKO
Child. *Véase* BOUND TO VENGEANCE
Chosen: Forbidden Cave, The. *Véa-*

se TOEMA: MUNYEOKUL
Chronicles of the Ghostly Tribe. *Véase* JIU CENG YAO TA
Cinderella. *Véase* PLAYING WITH DOLLS
Cin Kuyusu 112
Cockneys vs Zombies 150
Coleccionista, El 142
Colmena de los malditos, La. *Véase* HIVE, THE
Colmena, La. *Véase* HIVE, THE
Como Sobreviver a Um Ataque Zumbi. *Véase* SCOUT'S GUIDE TO THE ZOMBIE APOCALYPSE
CONDEMNED 45
Contagious: Epidemia mortale. *Véase* MAGGIE
Contracted 62
Contracted: Phase II 62
Cooties 8
Corazón de tinta 55
Corpse of Anna Fritz, The. *Véase* BOUND TO VENGEANCE
Cosa, La 103
Crank 205
Crepúsculo 155
Crimen perfecto, El. *Véase* OLD 37
CRIMSON PEAK 49
Cronos 50
ctividad Paranormal: La dimensión fantasma. *Véase* PARANORMAL ACTIVITY: THE GHOST DIMENSION
Cuento de terror de Navidad, Un. *Véase* A
Cuentos de Halloween 57. *Véase* TALES OF HALLOWEEN
Cuentos de terror. *Véase* TALES OF HALLOWEEN
CULLING, THE 52
Cumbre escarlata, La. *Véase* Cooties
CURSE OF DOWNERS GROVE, THE 53
CURVE 55
Curve: Insidia mortale. *Véase* Cooties
Curve (La curva de la muerte). *Véase* Cooties

Cybernatural. *Véase* UNFRIENDED

D

Dama de negro 2: El ángel de la muerte, La. *Véase* WOMAN IN BLACK 2: ANGEL OF DEATH, THE
Dame en noir: Ange de la mort, La. *Véase* WOMAN IN BLACK 2: ANGEL OF DEATH, THE
Dar. *Véase* GIFT, THE
Dark Feed 116
Dark Possession. *Véase* Cooties
Dark Side of Venus, The. *Véase* GODDESS OF LOVE
DARK SUMMER 56
Dark, The 67
Dark Water 91
Dead Rising: el atalaya. *Véase* Cooties
DEAD RISING: WATCHTOWER 57
DEAD ROOM, THE 58
DEATHGASM 59
Deep Below. *Véase* SCAPHANDRIER, LE
DEEP DARK 60
Déjame entrar 134
Delicatessen 45
DEMENTIA 61
DEMOLISHER, THE 62
DEMON 64
Demon from the Dark. *Véase* FROM THE DARK
Demoniaco. *Véase* Cooties
DEMONIC 66
Demon Trilogy 117
Descent, The 112
Desde la oscuridad. *Véase* FROM THE DARK
Destellos asesinos 218
Destino final 70
DEVIL'S CANDY, THE 67
Devil's Chosen, The. *Véase* Cooties
Devil's Work, The 117
Diablo sobre ruedas, El 218
DIABOLICAL, THE 69
Doce Vingança 3: A Vingança é Minha. *Véase* I SPIT IN YOUR GRAVE: VENGEANCE IS MINE

Docteur Frankenstein. *Véase* VICTOR FRANKENSTEIN
DON'T SPEAK 70
Doomsday 112
Dossiers Secrets du Vatican, Les. *Véase* VATICAN TAPES, THE
Dulce hogar. *Véase* SWEET HOME
Dulces criaturas. *Véase* Cooties
Dulce venganza. *Véase* Escupiré sobre tu tumba
Dulce venganza 3. *Véase* I SPIT IN YOUR GRAVE: VENGEANCE IS MINE
Dulce y sangriento hogar. *Véase* SWEET HOME

E

Eating House, The. *Véase* WE ARE STILL HERE
Efeito Lazarus, O. *Véase* LAZARUS EFFECT, THE
Eindringlinge, Die. *Véase* INTRUDERS, THE
Eliminado. *Véase* UNFRIENDED
Eliminar amigo. *Véase* UNFRIENDED
Encerrada 116
Endangered. *Véase* INTO THE GRIZZLY MAZE
En el bosque sobrevive 121
En el laberinto Grizzly. *Véase* INTO THE GRIZZLY MAZE
En lo profundo de la oscuridad. *Véase* Cooties
Ente diabólico. *Véase* DIABOLICAL, THE
Enterrando a la ex novia 154
ENTIDAD, LA 72
Entity, The. *Véase* ENTIDAD, LA
Éramos pocos y llegaron los aliens. *Véase* FREAKS OF NATURE
Escalofríos 97
Escupiré sobre tu tumba 114
Escupiré sobre tu tumba 3. La venganza es mía. *Véase* I SPIT IN YOUR GRAVE: VENGEANCE IS MINE
ESLABÓN PODRIDO, EL 73

Espinazo del diablo, El 50
Espíritus malignos. *Véase* WE ARE
STILL HERE
Espíritus vengativos. *Véase* WE ARE
STILL HERE
Eva al desnudo 91
EXCESS FLESH 74
EXETER 75
ExitUs: Play it backwards. *Véase* EXE-
TER
Exorcismo de Molly Hartley, El.
Véase EXORCISM OF MOLLY
HARTLEY, THE
Exorcismo en el Vaticano. *Véase* VATI-
CAN TAPES, THE
EXORCISM OF MOLLY HARTLEY,
THE 76
Exorcist. *Véase* TOEMA: MUN-
YEOKUL
Exorcista, El 8
Exorcistas do Vaticano. *Véase* VATI-
CAN TAPES, THE
EXTINCTION 77
Extraño parásito. *Véase* STRANGE
BLOOD

F

Family Demons 117
FINAL GIRLS, THE 81
Fluch von Downers Grove, Der. *Véa-
se* Cooties
Footloose 55
FORSAKEN, THE 82
Frankenstein (2015). *Véase* VICTOR
FRANKENSTEIN
Frau in Schwarz 2: Engel des Todes, Die.
Véase WOMAN IN BLACK 2:
ANGEL OF DEATH, THE
FREAKS OF NATURE 85
FROM THE DARK 86
Futuro incierto. *Véase* RESIDUE

G

Gänsehaut. *Véase* Goosebumps
Gantz 113
Geçmisin Laneti. *Véase* VISIONS

GEKIJÔUREI 91
GERMAN ANGST 92
Ghost 147
Ghost Theater. *Véase* GEKIJÔUREI
GHOUL 93
Ghouls, The. *Véase* MOJIN. THE LOST
LEGEND
GIFT, THE 94
GODDESS OF LOVE 95
GOKUDÔ DAISENSÔ 96
Good People, The. *Véase* HALLOW,
THE
Goosebumps: Monstros e Arrepios.
Véase Goosebumps
Grandes esperanzas 50
GREEN ROOM 99
Gritos de la noche. *Véase* HOWL
Grizzly. *Véase* INTO THE GRIZZLY
MAZE
Guardianes de la noche 199
GUDSFORLADT 100
Guerra Mundial Z: el origen. *Véa-
se* NAVY SEALS vs. ZOMBIES
Guerrero americano, El 151
Guest. *Véase* SONNIM
Guía Scout para el Apocalípsis zombie,
La. *Véase* SCOUT'S GUIDE TO
THE ZOMBIE APOCALYPSE
Guǐ Chuī Dēng Zhī Xún Lóng Jué. *Véa-
se* MOJIN. THE LOST LEGEND

H

HALLOW, THE 101
Happy Tears 22
HARBINGER DOWN 103
Harbinger Down: Es gibt kein zurück.
Véase HARBINGER DOWN
Harry Potter (saga) 171
Haunted Peak. *Véase* Cooties
Haunting of Borden House, The. *Véa-
se* A
Haunting of Molly Hart, The 77
HELEN KELLER vs. NIGHTWOLVES
105
Hellions 8
HELLIONS 105
HE NEVER DIED 104

Henley. *Véase* BOUND TO VENGEAN-
CE
Hick 53
HIDDEN 106
Hidden: Die Angst holt dich ein. *Véa-
se* HIDDEN
Hidden: terror en Kingsville. *Véa-
se* HIDDEN
Hijos del Diablo, Los. *Véase* HALLOW,
THE
Historia de terror de Navidad, Una.
Véase A
HIVE, THE 108
HOARDER, THE 109
Hobbit, El 135
Honeymoon. *Véase* LUNA DE MIEL
Horca, La 89
Hostel 132
House of Horror. *Véase* Cooties
House of Lizzie Borden, The. *Véase* A
House of the Dead. *Véase* Cooties
House on Haunted Hill 70
HOUSE ON PINE STREET, THE 110
HOWL 111
HÜDDAM 112
Huéspedes, Los. *Véase* VISIT, THE
Humanidad en peligro, La 188
Humans vs Zombies 150

I

I AM A HERO 113
iCarly (serie) 124
Igor. *Véase* VICTOR FRANKENSTEIN
Inanimate. *Véase* HARBINGER DOWN
In Fear 87
Infectée. *Véase* MAGGIE
Infernales. *Véase* HELLIONS
INFINI 115
Infinito. *Véase* INFINI
INHABITANTS, THE 116
Inmundo. *Véase* MUCK
INNER DEMON 116
Insidieux 3. *Véase* INSIDIOUS: CHAP-
TER 3
Insidious 120
Insidious: Capítulo 2 120
Insidious: capítulo 3. *Véase* INSIDIOUS:

CHAPTER 3
INSIDIOUS: CHAPTER 3 118
Instituto Atticus, El. *Véase* ANSATSU
KYÒSHITSU THE MOVIE
Instituto siniestro, El. *Véase* ANSATSU
KYÒSHITSU THE MOVIE
INTO THE GRIZZLY MAZE 120
INTRUDERS 121
Intrusos, Los. *Véase* INTRUDERS, THE
Invasión en Jeruzalem. *Véase* JERUZA-
LEM
INVITATION, THE 124
Isla mínima, La 72
I SPIT IN YOUR GRAVE: VENGEAN-
CE IS MINE 114
I Spit on Your Grave 3. *Véase* I SPIT IN
YOUR GRAVE: VENGEANCE
IS MINE

J

Jerusalém. *Véase* JERUZALEM
JERUZALEM 126
JIU CENG YAO TA 128
Jonah Hex 205
Jo, qué noche 45
Joyû-rei 91
Juego de la Ouija, El. *Véase* OUIJA
EXORCISM, THE
Juegos del mal, Los. *Véase* A
Juegos demoniacos. *Véase* GHOUL
Jugando con muñecas. *Véase* PLAYING
WITH DOLLS
Jumanji 103
JUNE 129

K

KISEIJÛ 131
Kitchen Sink, The 85
KNOCK KNOCK 132
Knock Knock: Seducción Fatal. *Véa-
se* KNOCK KNOCK
KONG BU YOU YONG GUAN 134
K-Pax 55
KRAMPUS 15
Krampus: El terror de la Navidad. *Véa-
se* KRAMPUS

Krampus. Maldita Navidad. *Véase* KRAMPUS
Krampusz. *Véase* KRAMPUS

L

Lado oscuro del deseo. *Véase* KNOCK KNOCK
Lado peligroso del deseo, El. *Véase* KNOCK KNOCK
LADY OF CSEJTE 135
La posesión del diablo,. *Véase* EXETER
Lazarus. *Véase* LAZARUS EFFECT, THE
LAZARUS EFFECT, THE 136
Lengua asesina, La 31
Leñador maldito, El 140. *Véase* LUMBERJACK MAN
Little Red Riding Hood 164
Lo diabólico. *Véase* DIABOLICAL, THE
Loved Ones, The 67
Love Hurts 17
LUDO 138
LUMBERJACK MAN 140
LUNA DE MIEL 142

M

Madness of Many 101
Maggie 6
MAGGIE 143
Maggie: el Apocalípsis ahora. *Véase* MAGGIE
Maldición de Downers Grove, La. *Véase* Cooties
Maldición de Hollow Glen, La 193
MALDICIÓN DE LA CASONA, LA 144
MALDITA VENGANZA 144
Malditos psicópatas. *Véase* OLD 37
Malvado Zaroff, El 164
Manada, La. *Véase* PACK, THE
Maneater. *Véase* UNNATURAL
Mania. *Véase* GODDESS OF LOVE
Manuel de survie à l'apocalypse zombie. *Véase* SCOUT'S GUIDE TO THE ZOMBIE APOCALYPSE
MARTYRS 146

Martyrs (2008) 146
Matanza de Texas, La 76
Matanza, La. *Véase* Cooties
Melancolía 188
Memento 109
MESSENGER, THE 146
Milfs vs. Zombies 150
Mimic 50
MIND'S EYE, THE 147
Misterioso Caso de Judith Winstead, O. *Véase* ANSATSU KYÒSHITSU THE MOVIE
MOJIN. THE LOST LEGEND 148
Molly Hartley 2: Der Exorzismus. *Véase* EXORCISM OF MOLLY HARTLEY, THE
Momia, La 149
Monster House 167
Monstrosity 101
Mosca, La 32
MUCK 149
Muck: Feast of Saint Patrick 150
Muerte ciega 178
Muerte creciente. *Véase* Cooties
Muerte en batalla, La. *Véase* NAVY SEALS vs. ZOMBIES
Mugre. *Véase* MUCK
Mujer avispa, La 188
Mujer de negro: el ángel de la muerte, La. *Véase* WOMAN IN BLACK 2: ANGEL OF DEATH, THE
Mujer de negro, La 112
Murder Party 100

N

Natural Selection 86
Naufragio mortal. *Véase* HARBINGER DOWN
Navidades infernales 19
NAVY SEALS vs. ZOMBIES 150
NIGHTLIGHT 151
NIGHTMARE, THE 152
NI LE CEL, NI LA TERRE 151
NINA FOREVER 153
Ninjas vs. Zombies 150
Niño 44, El 94
Noche de Halloween, La 196

Noche del demonio: capítulo 3, La. *Véase* INSIDIOUS: CHAPTER 3
Noche de paz, noche de muerte 19
Noćna Mora. *Véase* NIGHTMARE, THE
Nokku nokku. *Véase* KNOCK KNOCK

O

OBSERVANCE 155
Obsesionada 70
Oculto. *Véase* HIDDEN
Oculus 30
Office, The (serie) 33
Offline. *Véase* UNFRIENDED
OLD 37 156
Ölüm Pençeleri. *Véase* UNNATURAL
O Presente. *Véase* GIFT, THE
Origen de los malditos, El. *Véase* Cooties
Oscuro verano, Un. *Véase* Cooties
Otros, Los 170
Ouija 158
Ouija 2 30
OUIJA EXORCISM, THE 157

P

PACK, THE 158
Pago maldito. *Véase* PAY THE GHOST
Pájaros, Los 159
Paranormal Activity 160
Paranormal Activity 5. *Véase* PARANORMAL ACTIVITY: THE GHOST DIMENSION
Paranormal Activity: Dimensión fantasma. *Véase* PARANORMAL ACTIVITY: THE GHOST DIMENSION
Paranormal Activity (saga) 43
PARANORMAL ACTIVITY: THE GHOST DIMENSION 159
Parasyte. *Véase* KISEIJÛ
PATCHWORK 160
PAY THE GHOST 161
Perdidos 142
Perfidia 178
Pesadilla navideña. *Véase* A

Pesadillas. *Véase* Goosebumps
Pesadillas (documental). *Véase* NIGHTMARE, THE
Piccoli brividi. *Véase* Goosebumps
Piper, The. *Véase* SONNIM
Piraña 3D 173
PLAGUE 162
PLAYING WITH DOLLS 164
Playing with Dolls: Bloodlust 164
POD 165
POLTERGEIST 70
Poltergeist (1982) 167
Poltergeist, juegos diabólicos. *Véase* POLTERGEIST
Posesión del diablo, La 75
Posesión demoniaca. *Véase* ANSATSU KYÒSHITSU THE MOVIE
Posesión infernal 191
Potence, La. *Véase* GALLOWS, THE
Precio de la ley, El. *Véase* ANSATSU KYÒSHITSU THE MOVIE
Presencias misteriosas. *Véase* INTRUDERS, THE
Prey for Death 164
Profecía, La 69
Projekt Lazarus. *Véase* LAZARUS EFFECT, THE
Projet Atticus, Le. *Véase* ANSATSU KYÒSHITSU THE MOVIE
Prometheus 115
Pro Wrestlers vs Zombies 150
Proyecto 666. *Véase* EXETER
Proyecto Atticus, El. *Véase* ANSATSU KYÒSHITSU THE MOVIE
Proyecto de la bruja de Blair, El 89
Pueblo de los malditos, El 72
Puertas de la oscuridad. *Véase* PAY THE GHOST

R

Ravenous 34
Reawakening. *Véase* LAZARUS EFFECT, THE
REC (saga) 189
Red Machine: Hunt or Be Hunted. *Véase* INTO THE GRIZZLY MAZE
Regalo, El. *Véase* GIFT, THE

REGRESIÓN 168
Regressão. *Véase* REGRESIÓN
Regression. *Véase* REGRESIÓN
Regresso do Mal. *Véase* PAY THE GHOST
Renacer de los muertos, El. *Véase* Cooties
Renascida do Inferno. *Véase* LAZARUS EFFECT, THE
Repulsión 21
Resident Evil (saga) 70
RESIDUE 171
Resplandor, El 69
Resucitados. *Véase* LAZARUS EFFECT, THE
Reversal. *Véase* BOUND TO VENGEANCE
RIARU ONIGOKKO 171
Ring 91
Ritual 165
Rookie Blue (serie) 106
Rosa púrpura del Cairo, La 81
Rotten Link, The 73

S

Sacrificio, El. *Véase* Cooties; *Véase* WE ARE STILL HERE
Sádicas, Las 132
SAND, THE 172
Sangre extraña,. *Véase* STRANGE BLOOD
SAVE YOURSELF 173
Saw (saga) 210
Saw V 121
Scanners 148
SCAPHANDRIER, LE 174
SCHERZO DIABÓLICO 175
Scouts et l'apocalypse des zombies, Les. *Véase* SCOUT'S GUIDE TO THE ZOMBIE APOCALYPSE
SCOUT'S GUIDE TO THE ZOMBIE APOCALYPSE 177
Scream Girl. *Véase* FINAL GIRLS, THE
Seasoning House, The 112
Sed de venganza. *Véase* BOUND TO VENGEANCE
Semilla del diablo, La 69

SENDERO 178
Señor de los anillos, El 135
Sexto sentido, El 210
Shut In. *Véase* INTRUDERS
Siniestro 2. *Véase* SINISTER 2
Sinister 180
SINISTER 2 178
Sinister 2. Achtung. *Véase* SINISTER 2
Sinister 2. Achtung, spielende Kinder!. *Véase* SINISTER 2
Sinister II. *Véase* SINISTER 2
Skyline 103
Sobrenatural: A Origem. *Véase* INSIDIOUS: CHAPTER 3
SOME KIND OF HATE 180
Somnia. *Véase* ANSATSU KYÒSHITSU THE MOVIE
SONNIM 183
SORGENFRI 184
Space Battleship Yamato 131
Stage Fright. *Véase* GALLOWS, THE
Starship Troopers 103
Star Trek 15
STUNG 187
Suicide Club (El club del suicidio) 172
SUMMER CAMP 189
Sundowning. *Véase* VISIT, THE
Superman Returns 135
Superstition. *Véase* GALLOWS, THE
Super Tanker 193
SURVIVORS 191
SUSPENSION 192
SWEET HOME 193

T

Tag. *Véase* RIARU ONIGOKKO
TALES OF HALLOWEEN 195
Teenagers (serie) 106
Terror en el Harbinger. *Véase* HARBINGER DOWN
Terror en la noche. *Véase* NIGHTLIGHT
Terroríficamente muertos 45
Terror nos Bastidores. *Véase* FINAL GIRLS, THE
Tesis 169
They Returned. *Véase* DIABOLICAL,

THE

Toc Toc. *Véase* KNOCK KNOCK

TOEMA: MUNYEOKUL 197

Toemasa. *Véase* TOEMA: MUN-
YEOKUL

Tomb Raider 149

Tombstone 34

Tortu. *Véase* RESIDUE

Touching Gold: The Lost Legend. *Véase* MOJIN. THE LOST LEGEND

Tropa espacial. *Véase* INFINI

TRUE LOVE WAYS 197

Twin Peaks (serie) 72

U

Últimas supervivientes, Las 81

Ultra Violence 165

Um Presente do Passado. *Véase* GIFT,
THE

UNFRIENDED 198

Unidad 37. *Véase* OLD 37

Unknown User. *Véase* UNFRIENDED

UNNATURAL 201

V

Vagina dentada 22

VAMPYRES 202

Vatican Tapes: O Regresso do Mal, The.
Véase VATICAN TAPES, THE

VATICAN TAPES, THE 204

Ventana indiscreta, La 156

Venus. *Véase* GODDESS OF LOVE

Víctima y psicópata. *Véase* ANSATSU
KYÒSHITSU THE MOVIE

VICTOR FRANKENSTEIN 205

Víctor Frankenstein. *Véase* VICTOR
FRANKENSTEIN

Victor Frankenstein: Genie und
Wahnsinn. *Véase* VICTOR
FRANKENSTEIN

Victor: La storia segreta del dott.
Frankenstein. *Véase* VICTOR
FRANKENSTEIN

Viernes 13 8

Violencia del sexo, La 114

Violent Shit 208

Violent Shit 2: Mother Hold My Hand
208

Violent Shit 3: Infantry of Doom 208

Violent Shit 4: Karl the Butcher V. Axe
208

VIOLENT SHIT: THE MOVIE 208

Visiones. *Véase* VISIONS

VISIONS 209

Visita, A. *Véase* VISIT, THE

Visita, La. *Véase* VISIT, THE

Visite, La. *Véase* VISIT, THE

VISIT, THE 210

Viziuni. *Véase* VISIONS

W

Wakhan Front, The. *Véase* NI LE CEL,
NI LA TERRE

Walking Dead, The (serie) 23

Wanted 199

WARNING, THE 211

WE ARE STILL HERE 212

Weirdo. *Véase* GIFT, THE

Welcome to Harmony. *Véase* EXTINC-
TION

What We Become. *Véase* SORGENFRI

Who in the Pool. *Véase* KONG BU YOU
YONG GUAN

WITCH, THE 214

WOMAN IN BLACK 2: ANGEL OF
DEATH, THE 215

Woods, The. *Véase* HALLOW, THE

WRECKER 218

WRITERS RETREAT 218

X

X-Men 2 135

XXX 94

Y

Yacuza Apocalypse. *Véase* GOKUDÔ
DAISENSÔ

Yanlis Tedavi. *Véase* STRANGE BLOOD

YOU'RE KILLING ME 219

Z

Zombieland 47

Pablo Mérida

Zombies Vs. Strippers 150
ZOMBIEWORLD 220

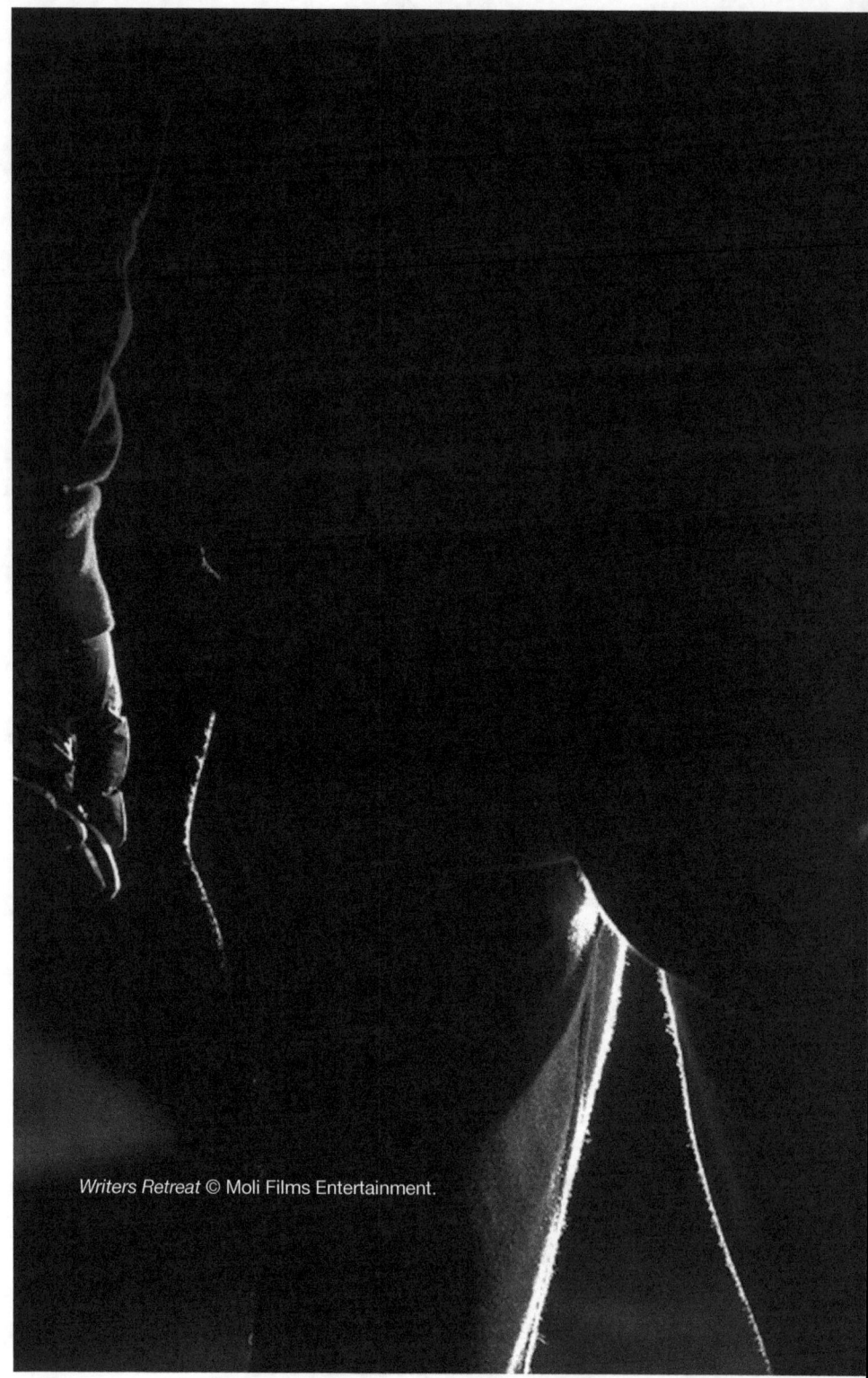

Writers Retreat © Moli Films Entertainment.

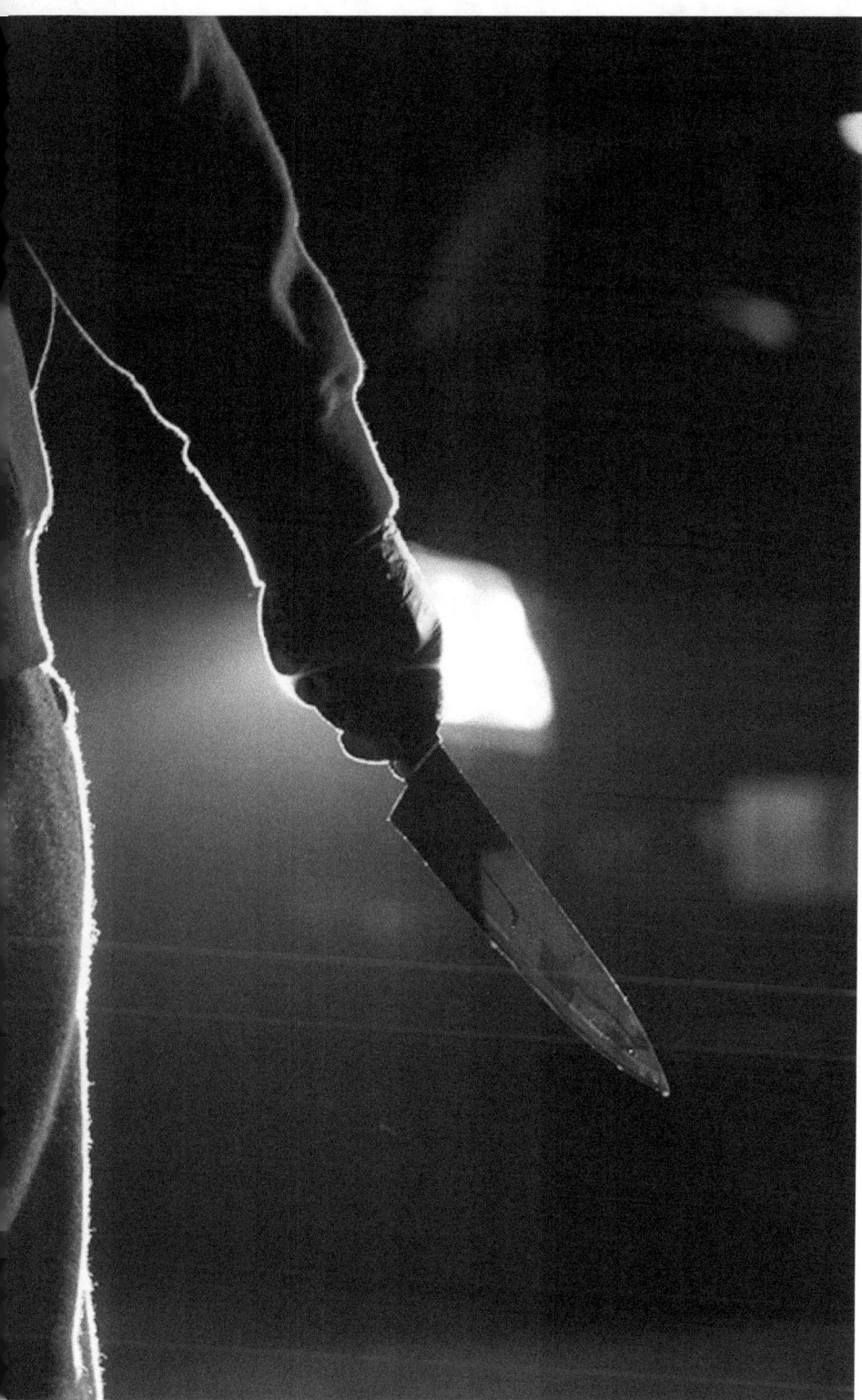